汽车维修从入门到精通

马思驰 主编

电子工业出版社
Publishing House of Electronics Industry
北京·BEIJING

内 容 简 介

本书共19章，第1章为汽车维修概述，除介绍汽车的总体外，还介绍了汽车维修设备、维修实务及电路图识读等内容；第2章～第4章讲解汽车动力系统（发动机、混合动力系统、电动系统）的构造、原理与维修；第5章～第8章介绍汽车传动、行驶、转向、制动四大系统的构造、原理与维修；第9章～第16章讲解汽车电气系统各组成部件的构造、原理与维修；第17章介绍汽车驾驶辅助系统的技术原理；第18章讲解汽车车载网络的技术原理；第19章简略介绍汽车车身系统。

本书图文并茂，通过动画演示构造原理，借助视频讲解拆装检测，并整理了各类检修数据、电路图及维修资料等作为维修参考。

作为一个入门者和初学人员，也许对汽车这个"庞然大物"从未深入了解，也许从未接触过汽车维修，也许只是出于兴趣，也许刚刚步入这个全新的领域，那么，本书都适合您阅读使用。

未经许可，不得以任何方式复制或抄袭本书之部分或全部内容。

版权所有，侵权必究。

图书在版编目（CIP）数据

汽车维修从入门到精通 / 马思驰主编 . —北京：电子工业出版社，2023.3
ISBN 978-7-121-44894-2

Ⅰ.①汽… Ⅱ.①马… Ⅲ.①汽车－车辆修理 Ⅳ.① U472.4

中国国家版本馆 CIP 数据核字（2023）第 014866 号

责任编辑：管晓伟
印　　刷：北京宝隆世纪印刷有限公司
装　　订：北京宝隆世纪印刷有限公司
出版发行：电子工业出版社
　　　　　北京市海淀区万寿路173信箱　邮编：100036
开　　本：787×1092　1/16　印张：23　字数：589千字
版　　次：2023年3月第1版
印　　次：2024年3月第3次印刷
定　　价：100.00元

凡所购买电子工业出版社图书有缺损问题，请向购买书店调换。若书店售缺，请与本社发行部联系，联系及邮购电话：(010) 88254888，88258888。
质量投诉请发邮件至zlts@phei.com.cn，盗版侵权举报请发邮件至dbqq@phei.com.cn。
本书咨询联系方式：(010) 88254460；guanphei@163.com；197238283@qq.com。

前言

据我国公安部交通管理局发布的数据，2020年全国机动车保有量达3.72亿辆，其中汽车为2.81亿辆。随着我国经济的高速发展，人们生活水平普遍提高，汽车已逐步成为大部分家庭都消费得起的出行代步工具。而作为行不离车、如影相随的这样一个移动产品，在使用中也经常容易出现种种不可预知的故障或交通事故，再加上定期保养与日常维护必做的一些项目，不难想象，这背后隐藏着一个多么大的维修服务市场。

汽车由上万个零件组成，随着汽车电子化、电动化、网联化、智能化的普及，应用于汽车的各种新型技术与系统日益增多。学习汽车维修，第一要掌握的就是产品本身的构造和原理、系统部件的功能作用及技术特性；之后才可以进入基本的维护保养、拆装更换的工作实践环节；进一步掌握机件测量、电气检测、波形与数据分析诊断及系统编程，全面提升维修技能，实现从"检查、换件、修复"的"汽车护士"到"分析、诊断"的"汽车医生"的华丽转变。

学好汽车维修技术需要掌握哪些理论和技能，在个人水平、精力和时间都有限的情况下，怎样更好、更快地掌握汽车维修技术，这是很多初学者都有的疑问。编者试着从解决这些问题入手，针对大部分汽车维修受训者理论基础薄弱，维修经验缺乏，动手能力缺失，并有掌握维修技术的强烈愿望的现状，编写了本书。从描述对象来说，它囊括了当今市面上所能见到的所有在用汽车（乘用车）样式，在技术层次，既涉及电路基础知识，也讲解了检测与部件拆装内容；既有硬件故障的分析与排除，也有系统设置编程；既有汽车维修（机械）和电工技术，也有车身修复的钣金与喷涂。既从理论上介绍了汽车总成系统的构造及原理，也从实践工作方面介绍了维修经验与方法技巧。

任何一门维修技术，都强调四个字：心灵手巧，汽车维修也不例外。所谓"心灵"就是要想得到，要有分析能力和诊断思路，根据检测结果能建立一套行之有效的修复故障的方案。这就要求维修人员具有一定的理论基础作为故障分析的保障，透过现象能看到本质，既知道是什么，也知道为什么。至于"手巧"，指的是手头的工夫，一切动手能力包括拆装、检测、修复、改装及编程操作，无不要求操作者"胆大心细"，有如庖丁解牛，游刃有余。

故障分析能力的培养离不开平日一车一修的经验积累和不断的理论学习。出众的动手能力离不开大量的维修操作训练。

除图文表述外，本书在各个章节结合实际情况，搭配了大量的动画（扫码观看）用来演示系统构造与功能原理，还有大量的视频（扫码观看）以供实操讲解拆装的要点、维护保养操作的步骤；本书的另一个创新之处在于根据厂家资料整理了一些主流新款车型的维修数据、电路图样与技术资料（扫码下载），以便为读者呈现一个立体的"图文影音"+"维修资料库"的汽车维修技术学习空间。

本书的编写特点可以概括为新颖、全面、实用、速成。从2015年开始，我国新能源汽车的产销量连续6年位居全球第一，新能源汽车成为大热项目。相对于传统燃油汽车，除动力系统外，其他变化并不大，新能源汽车的"新"在于它的"新能源系统"，即"电动化系统"或"高压系统"。汽车技术日益更新，这就要求汽车维修技术人员与时俱进、不断学习，熟悉和掌握多种类型汽车的构造原理与维修技能。许多工作都力求快速高效。本书能否让读者快速掌握汽车维修这门技术，需要读者在读完本书后给出结论。"听十不如观一，观十不如行一"。成功的关键在于实践，实践出真知。本书所要达到的目的就是让读者在有限的时间内快速地对汽车维修技术有比较全面的认知和了解，以指导后续实践操作。如果只是纸上谈兵，不去动手操作，不愿多做多想，始终无法践行知识的真理。

本书共19章，第1章为汽车维修概述，除汽车的总体认识外，还介绍了汽车维修工具设备、实际维修事务与经验及电路图的识读方法等；第2章～第4章讲解汽车动力系统，包括发动机、混合动力系统、电动系统的构造原理与维修；第5章～第8章介绍汽车传动、行驶、转向、制动四大系统的构造原理与维修；第9章～第16章讲解汽车车身电气系统各组成部分的构造原理与维修；第17章介绍汽车驾驶辅助系统的技术原理；第18章讲解汽车车载网络的技术原理；第19章简要介绍汽车车身系统。需要注意的是，各章节有详有略，有的仅供了解和参考，如组成部件的拆装，不同车型因结构不同而有差异，具体的方法步骤及参数应以制造商公开的维修技术手册为准。汽车电路图以及制造商公开的资料为准，不同制造商采用的元器件图形符号均有区别，或与国家（或行业）标准中的不同。

由于编者的水平和知识有限，书中错漏之处在所难免，还望广大读者多多指正。同时，也感谢那些曾将自己的所思所想、所做所得写出来的维修智者，是他们的创作使本书的编写得到了更多的参考信息。

本书由马思驰主编，参与编写工作的还有朱如盛、彭斌、彭启凤。在本书编写过程中，参考了大量汽车制造商的技术文献和数据资料，在此，谨向这些资料信息的原创者们表示由衷的感谢！

编　者

扫码看全书视频

目录

01 第1章 汽车维修概述

第1节 汽车总体	1	
1.1.1 汽车类型	1	
1.1.2 汽车构成	5	
1.1.3 汽车性能	10	
1.1.4 汽车编码	10	
第2节 汽车维修设备	11	
1.2.1 汽车维修工具	11	
1.2.2 汽车举升设备	16	
1.2.3 汽车检测设备	17	
1.2.4 汽车故障诊断仪	22	
第3节 汽车维修实务	24	
1.3.1 汽车保养与维护	24	
1.3.2 汽车机修技术	37	
1.3.3 汽车电工技术	40	

第4节 汽车维修基础知识	52	
1.4.1 汽车故障及分类	52	
1.4.2 汽车电路控制方式与电路故障类型	53	
1.4.3 汽车电气系统的故障类型	56	
1.4.4 汽车维修思路	60	
1.4.5 汽车维修方法	60	
1.4.6 汽车维修规范	66	
第5节 汽车电路图识读	70	
1.5.1 汽车电路图基础知识	70	
1.5.2 汽车电路图形符号	71	
1.5.3 汽车电路图类型	83	
1.5.4 汽车电路图识读方法	86	

02 第2章 汽车发动机

第1节 发动机概述	89	
2.1.1 汽车发动机的类型与构造	89	
2.1.2 汽车发动机的工作原理	90	
2.1.3 汽车发动机术语解析	92	
第2节 汽油发动机	94	
2.2.1 汽油发动机的构造	94	
2.2.2 汽油发动机总成拆装	111	
2.2.3 汽油发动机部件检修	112	
第3节 柴油发动机	117	

2.3.1 柴油发动机的构造	117	
2.3.2 柴油发动机总成拆装要点	119	
2.3.3 柴油发动机部件检修	119	
第4节 发动机电控系统	120	
2.4.1 系统组成与原理	120	
2.4.2 电控系统部件检修	127	
2.4.3 电控系统故障诊断	130	
2.4.4 电控系统编程	133	

03 第3章 汽车混合动力系统

第1节 混合动力系统概述		137
3.1.1 混合动力系统的类型		137
3.1.2 混合动力系统的工作原理		140
第2节 混合动力系统维修		142
3.2.1 混合动力系统的部件拆装		142
3.2.2 混合动力系统的故障诊断		143

04 第4章 汽车电动系统

第1节 电动系统概述		145
4.1.1 电动汽车的结构		145
4.1.2 电动汽车的工作原理		145
第2节 高压安全		147
4.2.1 高压安全基础知识		147
4.2.2 高压解除与重启		148
4.2.3 高压作业规范		149
第3节 高压系统		152
4.3.1 高压蓄电池		152
4.3.2 车载充电机		155
4.3.3 高压配电箱		156
4.3.4 电力驱动系统		158
第4节 整车控制器		161
4.4.1 整车控制器的功能		161
4.4.2 整车控制器的诊断		162

05 第5章 汽车传动系统

第1节 离合器		166
5.1.1 离合器的构造与工作原理		166
5.1.2 离合器维修		167
第2节 手动变速器		169
5.2.1 手动变速器的构造与工作原理		169
5.2.2 手动变速器维修		172
第3节 自动变速器		175
5.3.1 行星齿轮变速器		175
5.3.2 双离合器变速器		177
5.3.3 无级变速器		179
5.3.4 电动无级变速器		181
5.3.5 自动变速器维修		182
第4节 驱动桥		183
5.4.1 驱动桥的构造		183
5.4.2 驱动桥维修		185
第5节 分动器		187
5.5.1 分动器的构造		187
5.5.2 分动器维修		188
第6节 传动轴		189
5.6.1 传动轴的构造		189
5.6.2 传动轴维修		191

06 第6章 汽车行驶系统

第1节	普通悬架	193	6.2.1	空气悬架	198
6.1.1	悬架概述	193	6.2.2	电控悬架	201
6.1.2	麦弗逊式悬架	194	第3节	车轮与轮胎	202
6.1.3	扭杆梁悬架	194	6.3.1	车轮	202
6.1.4	多连杆悬架	195	6.3.2	轮胎	203
6.1.5	双摇臂悬架	196	6.3.3	车轮动平衡	205
6.1.6	钢板弹簧悬架	196	6.3.4	车轮定位	206
6.1.7	悬架系统维修	197	6.3.5	胎压监测系统	207
第2节	空气悬架与电控悬架	198			

07 第7章 汽车转向系统

第1节	液压助力转向系统	209	7.2.3	管柱助力式EPS系统	214
7.1.1	机械式液压助力转向系统	209	第3节	主动转向控制系统	215
7.1.2	电子式液压助力转向系统	209	7.3.1	主动转向控制系统的组成	215
第2节	电动助力转向系统	211	7.3.2	执行元件	216
7.2.1	齿条助力式EPS系统	211	7.3.3	动态转向锁	217
7.2.2	齿轮助力式EPS系统	212			

08 第8章 汽车制动系统

第1节	制动器	218	8.2.3	电子驻车制动器电驱总成的	
8.1.1	盘式制动器	218		更换	225
8.1.2	鼓式制动器	221	第3节	制动控制系统	226
第2节	驻车制动器	222	8.3.1	液压制动控制系统	226
8.2.1	机械式驻车制动器	222	8.3.2	车身稳定控制系统	227
8.2.2	电子驻车制动器	223			

09 第9章 汽车电源系统

第1节	蓄电池	229	第3节 配电系统	234
9.1.1	蓄电池概述	229	9.3.1 保险装置与继电器	234
9.1.2	蓄电池维修	230	9.3.2 汽车线束	236
第2节	充电系统	233	9.3.3 汽车插接器	239
9.2.1	发电机概述	233	9.3.4 电源系统维修	241
9.2.2	充电系统维修	233		

10 第10章 汽车照明与信号系统

第1节	车外照明	243	10.2.1 车内照明部件	245
10.1.1	车外照明部件	243	10.2.2 车内氛围灯	245
10.1.2	自动前照灯	244	第3节 灯光信号	246
10.1.3	可变矩阵前照灯	244	10.3.1 信号指示灯	246
第2节	车内照明	245	10.3.2 可编程投影灯	246

11 第11章 汽车仪表与开关装置

第1节	组合仪表	248	第2节 组合开关	250
11.1.1	组合仪表的构造	248	11.2.1 组合开关的类型	250
11.1.2	组合仪表维修	248	11.2.2 组合开关维修	250

12 第12章 汽车电动装置

第1节 电动开闭装置	253	第2节 电动调节装置	263
12.1.1 电动门锁	253	12.2.1 电动后视镜	263
12.1.2 电动车窗	254	12.2.2 电动转向柱	264
12.1.3 电动天窗	254	12.2.3 电动隐形把手	265
12.1.4 电动滑门	256	12.2.4 电动调节装置维修	266
12.1.5 电动吸合门	256	第3节 刮水器与洗涤器	267
12.1.6 电动翼门	258	12.3.1 刮水与洗涤系统	267
12.1.7 电动折叠车顶	259	12.3.2 刮水器与洗涤器维修	268
12.1.8 电动闭合装置维修	260		

13 第13章 汽车电热与电声装置

第1节 电气加热装置	270	第2节 电气发声装置	272
13.1.1 座椅加热器	270	13.2.1 喇叭	272
13.1.2 点烟器	270	13.2.2 发动机声音模拟器	273
13.1.3 除霜器	271		

14 第14章 汽车多媒体信息系统

第1节 音响系统	274	14.2.3 蓝牙通信	279
14.1.1 音响系统组成	274	14.2.4 汽车天线	280
14.1.2 音响系统维修	275	第3节 车载计算机系统	281
第2节 通信系统	276	14.3.1 集成式信息处理模块	281
14.2.1 导航系统	276	14.3.2 车机系统维修	281
14.2.2 车载电话	278		

第15章 汽车空调系统

第1节 空调系统概述 284	15.3.1 自动空调系统的组成 291
15.1.1 空调系统的组成 284	15.3.2 自动空调系统维修 291
15.1.2 空调系统的工作原理 287	第4节 电动汽车温度管理系统 295
第2节 空调压缩机 289	15.4.1 高压蓄电池的冷却与加热 295
15.2.1 空调压缩机的类型 289	15.4.2 电驱总成的冷却系统 297
15.2.2 活塞式压缩机 289	15.4.3 电动汽车空调系统 298
15.2.3 涡旋式压缩机 290	15.4.4 电动汽车空调系统检修 299
第3节 自动空调系统 291	

第16章 汽车防盗与安全系统

第1节 中控门锁 302	16.2.3 PEPS维修 307
16.1.1 中控门锁概述 302	第3节 被动安全系统 309
16.1.2 中控门锁维修 303	16.3.1 安全带 309
第2节 汽车防盗系统 304	16.3.2 安全气囊 310
16.2.1 防盗系统组成 304	16.3.3 行人保护系统 311
16.2.2 无钥匙进入起动系统的组成与工作原理 305	

第17章 汽车驾驶辅助系统

第1节 驻车辅助系统 313	17.2.5 车道保持与变更辅助 320
17.1.1 倒车雷达 313	第3节 视觉辅助系统 322
17.1.2 倒车影像 313	17.3.1 盲区监测 322
17.1.3 全景影像 314	17.3.2 开门警告 323
17.1.4 自动泊车 315	17.3.3 抬头显示 323
第2节 行驶辅助系统 316	17.3.4 红外夜视 325
17.2.1 自适应巡航 316	第4节 交通警示系统 325
17.2.2 紧急预制动 317	17.4.1 交通标识提示 325
17.2.3 交通拥堵辅助 319	17.4.2 疲劳驾驶警告 326
17.2.4 交叉行驶辅助 319	

18 第18章 汽车车载网络

第1节 总线系统	327	18.1.5 MOST总线	331
18.1.1 车载网络概述	327	第2节 车联网	332
18.1.2 CAN总线	328	18.2.1 车联网硬件	332
18.1.3 LIN总线	330	18.2.2 远程控制功能	333
18.1.4 FlexRay总线	331		

19 第19章 汽车车身系统

第1节 车身控制系统	334	19.3.2 汽车碰撞安全	344
19.1.1 系统功能	334	第4节 汽车钣金基础	345
19.1.2 系统原理	335	19.4.1 汽车车身修复	345
第2节 车身饰件	336	19.4.2 汽车车身焊接	346
19.2.1 车内饰件	336	第5节 汽车涂装基础	349
19.2.2 车外饰件	340	19.5.1 汽车油漆知识	349
第3节 白车身	342	19.5.2 涂装修复流程	351
19.3.1 汽车车身材料	342		

第1章 汽车维修概述

第1节 汽车总体

1.1.1 汽车类型

1.1.1.1 按用途分类

按汽车的用途，汽车分为乘用车和商用车两大类，如图1-1所示。乘用车即轿车，又包括轿车的各种变形，如越野车、运动型功能车和多用途汽车。除乘用车之外的其他汽车都称为商用车，商用车又分为3类：货车、客车和特种车，如图1-2所示。本书以乘用车为主要讲解对象。

（a）乘用车（特斯拉电动汽车）

（b）商用车（五十铃货车）

图1-1 乘用车和商用车

（a）货车

（b）客车

（c）特种（消防）车

图1-2 商用车的分类

1.1.1.2 按功能分类

按功能不同，乘用车分为以下变种类型：

（1）微型车。一般指A00级轿车（德系车型分类），其轴距为2～2.2m，发动机排量小于1L。已停产的燃油汽车，如长安奥拓、长安奔奔、奇瑞QQ和吉利熊猫，以及纯电动汽车，如五菱Mini（见图1-3（a））、长城欧拉等，都属于A00级轿车。

（2）休闲轿车（Recreational Vehicle，RV）。RV的变形是小型休闲轿车（Small Recreation Vehicle，SRV），一般为两厢式结构，如早期的别克赛欧汽车，如图1-3（b）所示。

（a）微型车（五菱Mini）　　　　　　　（b）SRV（别克赛欧）

图1-3　微型车与SRV

（3）多用途汽车（Multi-Purpose Vehicle，MPV）。MPV具备两厢式结构，布局以轿车结构为基础，一般直接采用轿车的底盘、发动机，因而具有和轿车相近的外形和同样的驾驶感、乘坐舒适感。别克GL8（见图1-4（a））、本田奥德赛及江淮瑞风等都属于MPV。

（4）运动型功能车（Sports Utility Vehicle，SUV）。SUV是越野车与旅行车的结合体，具备越野、储物、旅行、牵引等多种功能，如福特的探险者，如图1-4（b）所示。

（a）MPV（别克GL8）　　　　　　　（b）SUV（福特探险者）

图1-4　MPV与SUV

（5）越野车（Off-Road Vehicle，ORV）。越野车简称为G型车，它是能适应恶劣道路环境及野外行驶的车辆，适用于爬坡、涉水等。ORV通常采用四轮驱动和非承载式车身，底盘和悬架的设计与普通轿车有明显区别。诸如丰田普拉多（见图1-5（a））、吉普牧马人及长城坦克等都属于该类车型。

（6）旅行车。大多数旅行车（Wagon）都是以轿车为基础的，通过将轿车的行李舱加高到与车顶齐平，增加行李舱空间。旅行车的优势在于它既具有轿车的舒适性，也有充足的行李舱空间，如大众蔚揽（见图1-5（b））。

（a）越野车（丰田普拉多）　　　　　　　（b）旅行车（大众蔚揽）

图1-5　越野车与旅行车

1.1.1.3 按标准分类

按照我国的分类标准,乘用车分为微型轿车(排量≤1L)、普通级轿车(1.0L<排量≤1.6L)、中级轿车(1.6L<排量≤2.5L)、中高级轿车(2.5L<排量≤4L)及高级轿车(排量>4L)。

按照德国的分类标准,乘用车分为A、B、C、D 4个级别。其中,A级又分为A00级和A0级,对应我国的微型轿车和普通型轿车;B级和C级分别对应我国的中级轿车和中高级轿车;D级车对应我国的高级轿车,该级别的轴距越长、排量和质量越大,轿车豪华程度就越高。乘用车的等级分类见表1-1。随着新能源车型的兴起,以及排放法规的限制、车型车体设计的多样化,不同级别车型的界限已经变得逐渐模糊,这里仅作为参考。

表1-1 乘用车的等级分类

级别	轴距/m	排量/L	示例车型
A00级	2~2.2	<1	奇瑞QQ　　长安奔奔　　比亚迪F0
A0级	>2.2~2.3	1~1.3	大众Polo　　丰田威驰　　本田飞度
A级	>2.3~2.45	>1.3~1.6	大众朗逸　　日产轩逸　　丰田卡罗拉
B级	>2.45~2.6	>1.6~2.4	丰田凯美瑞　　本田雅阁　　日产天籁
C级	>2.6~2.8	>2.4~3	奔驰E级　　宝马5系　　奥迪A6
D级	>2.8	>3	奔驰S级　　宝马7系　　奥迪A8

美国的汽车分类标准可从通用汽车公司的分类中探得究竟。通用汽车公司一般将轿车分为6级，它是在综合考虑了车型尺寸、排量、装备和售价之后得出的分类，具体见表1-2。Mini级别对应我国的微型轿车；Small和Lowmed两个级别对应我国的普通级轿车；其他只和中级轿车的分类标准比较一致，即中级轿车Interm（B级）；Upp-med级别对应我国的中高级轿车；Large/Lux级别对应我国的高级轿车。

表1-2 通用汽车公司的分类标准

级别	排量/L	示例车型		
Mini	<1	奇瑞QQ	长安奔奔	比亚迪F0
Small	1~1.3	大众Polo	丰田威驰	本田飞度
Lowmed	>1.3~1.6	别克凯越	雪佛兰科鲁兹	大众朗逸
Interm	>1.6~2.4	别克君威	雪佛兰迈锐宝	福特蒙迪欧
Upp-med	相当于德系B级高端与C级低端	奔驰E级	宝马5系	奥迪A6
Large/Lux	相当于德系C级高端与D级	奔驰S级	宝马7系	奥迪A8

1.1.2 汽车构成

1.汽车发动机

发动机是汽车的"心脏",为汽车行驶提供动力,发动机内部通过燃烧燃料,将燃烧过程中产生的热能转化为机械能,并通过底盘的传动机构传到行驶的车轮上,从而转变为行驶的驱动力。直列汽油发动机的构成如图1-6所示。

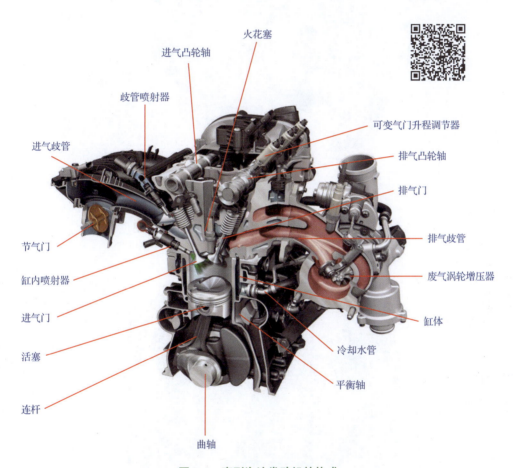

图1-6 直列汽油发动机的构成

与直列发动机相比,V形发动机与W形发动机除了缸体结构更复杂,配气、点火、供油、润滑、冷却等系统的部件更多,其余主要的部件结构与功能都是相似的,两者的构成分别如图1-7、图1-8所示。

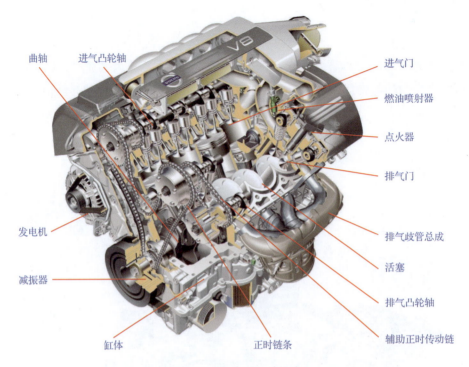

图1-7　V形发动机的构成

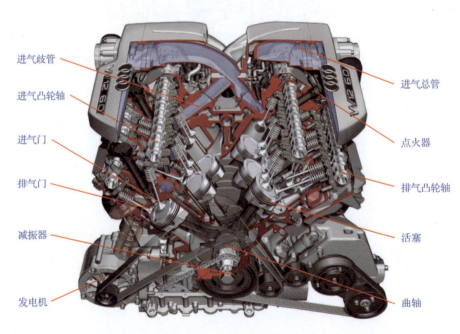

图1-8　W形发动机的构成

以4缸汽油发动机为例，其经分解后的部件如图1-9所示。

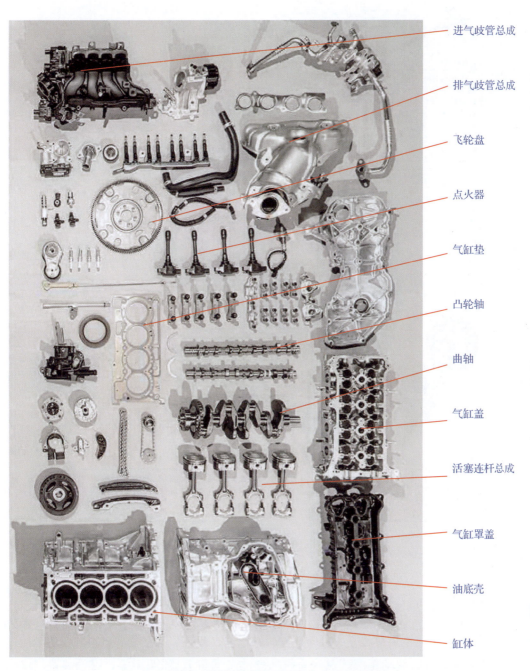

图1-9　发动机总成部件分解示意图（4缸汽油发动机）

2.汽车底盘

底盘作为汽车构成的主体部分，其组成如图1-10所示。其中，传动系统用于实现汽车的动力传递，即将发动机输出的动力通过离合器、变速器、差速器、传动轴传给车轮；转向系统负责实现汽车的方向控制；制动系统用于控制汽车的减速及停驶；行驶系统中的悬架用于支撑整个车身并提供乘坐舒适性。

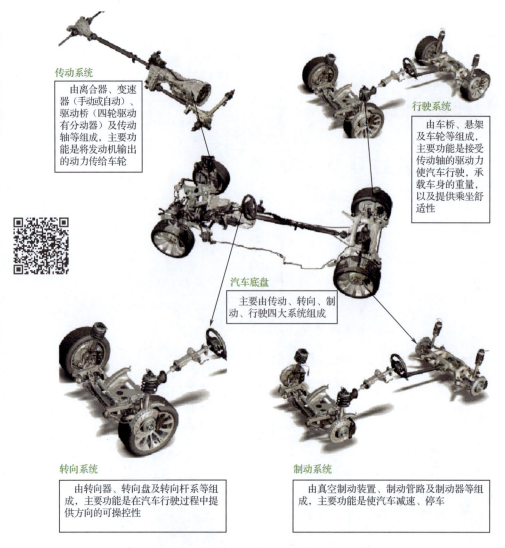

图1-10 汽车底盘的组成

3.汽车电器

汽车电器分为电源、配电、用电设备3部分。其中,电源主要包括蓄电池和发电机等;配电装置包括中央接线盒、保险装置、继电器、线束、插接器和电路开关等;用电设备包括发动机的起动系统、点火系统(汽油发动机)、照明系统、信号装置、仪表及报警装置、空调、音响、安全与防护装置和汽车电控系统等。汽车电气系统的分类如图1-11所示。

4.汽车车身

汽车车身附着于底盘的悬架与车桥之上,作为汽车搭载乘员和放置货物的空间。客车与轿车的车身一般都为一体式结构,而货车的车身一般包括驾驶室与货箱两部分。典型的轿车车身结构如图1-12所示。

图1-11 汽车电气系统的分类

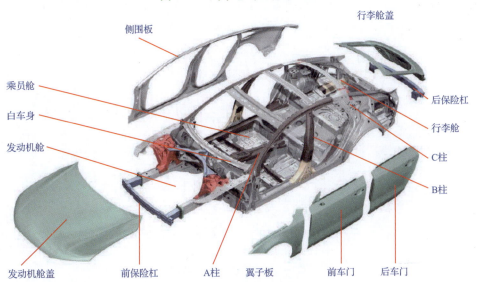

图1-12 典型的轿车车身结构

1.1.3 汽车性能

汽车的性能指标主要包括动力性、燃油经济性、制动性、操控稳定性、平顺性及通过性等。在一定使用条件下，汽车以最高效率工作的能力称为汽车使用性能，它是决定汽车利用效率和方便性的结构特性表征。下面给出部分性能评定指标。

容量：额定装载质量、单位装载质量、货箱单位有效容积、货箱单位面积、座位数和可站立人数。

使用方便性：操纵方便性、出车迅速性、乘员上下车和货物装卸方便性、可靠性和耐久性、维修性及防公害性。

燃油经济性：最低燃油消耗量、平均最低燃油耗量。

速度性能：动力性、平均技术速度。

越野性、机动性：最低离地间隙、接近角、离去角、轮胎花纹及尺寸、驱动轴数、最小转弯半径及前、后轴荷分配等。

安全性：稳定性、制动性。

乘坐舒适性：平顺性、设备配置完整性。

1.1.4 汽车编码

汽车识别代码（Vehicle Identification Number，VIN）是国际上通用的标识汽车的代码，它由17位字母和阿拉伯数字组成，也称为"17位编码"。VIN可以保证每个制造厂在30年内生产的每辆汽车识别代号的唯一性，其功能类似身份证，因而又称为"汽车身份证"。

VIN一般标示在汽车前半部易于看到且能防止磨损或替换的部位，如汽车仪表与前风窗左下角交界处、发动机前横梁、左前门边或立柱、前排左侧座椅下部，以及风窗玻璃下方车身处等。

VIN包括3部分：第一部分为制造厂识别代号（WMI），第二部分为车辆说明部分（VDS），第三部分为车辆指示部分（VIS），如图1-13所示。

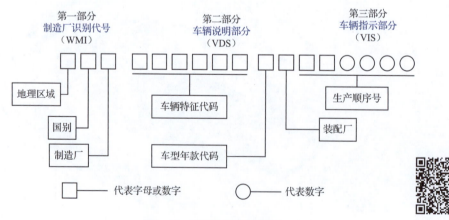

图1-13 VIN的组成示意图

这里以一汽-大众品牌车型为例，介绍VIN的具体含义，如图1-14所示。

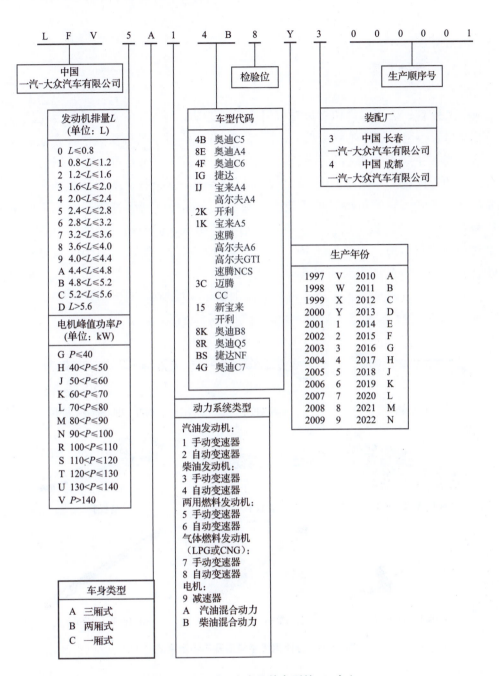

图1-14 一汽-大众品牌车型的VIN含义

第2节 汽车维修设备

1.2.1 汽车维修工具

维修车辆需要使用多种工具,能否正确使用这些工具,会对作业效率、安全性和精度等产生不小的影响。另外,有些工具因制造商与型号不同,使用方法也不同,如果使用错误,不仅会带来风险,也可能造成重大事故。因此,了解工具的类型、用途并掌正确的使用方法是十分重要的。

1.2.1.1 手持工具

1. 扳手

扳手是拧紧、松开螺栓和螺母时使用最多的工具。两端口径相同的扳手是同口扳手，两端口径不同的扳手是双头扳手，只有一端开口的扳手是单头扳手。在使用扳手前，应查看扳手口径与螺栓头及螺母的尺寸是否合适。无论是旋紧还是回松，都应顺着拉力的方向施力（安全）。注意不要加长扳手柄，这会拧断螺栓或损坏螺纹。当需要加大力矩时，应使用梅花扳手或套筒扳手。当螺栓过紧无法松开时，不要用锤子等敲打柄部。活动扳手的扳手头部与普通扳手相似，但能通过调节螺丝带动活动钳来对口径进行调节，主要用于特殊尺寸的螺栓或螺母。管扳手只用来扳转圆管，其咬合力很强，急速加力时钳齿会损伤工件，因此，为防止圆管被钳伤，应垫入布块。扭力扳手可以在紧固螺栓及螺母的同时测量正在施加的力矩（旋转力），使用时需要装上套筒。维修用扳手类型及实物示意图如图1-15所示。

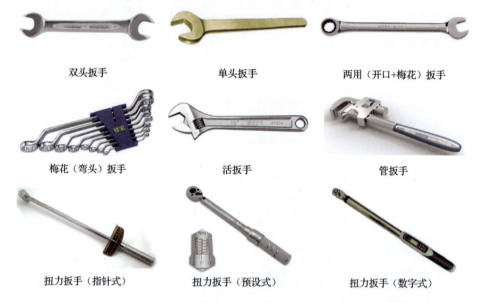

图1-15 维修用扳手类型及实物示意图

2. 手钳

手钳有多种用途，如扭弯开尾销、截断金属线等，主要包括鲤鱼钳、扁嘴钳、尖嘴钳、钢丝钳、剪钳、水泵钳等类型，如图1-16所示。除截线钳（如钢丝钳、剪钳）外，其他手钳只用来钳夹工件，不可用来旋转螺母、横向使用或敲击。

图1-16 手钳类型及实物示意图

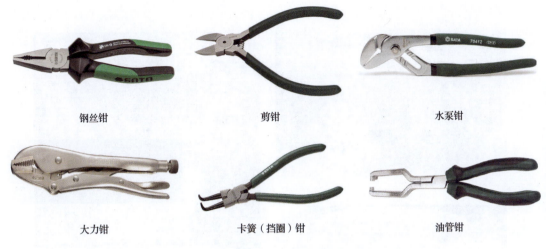

| 钢丝钳 | 剪钳 | 水泵钳 |

| 大力钳 | 卡簧（挡圈）钳 | 油管钳 |

图1-16　手钳类型及实物示意图（续）

3.螺钉旋具

为适应不同的螺钉头，螺钉旋具分为十字型和一字型两种，如图1-17（a）所示，需要根据实际情况选用。注意：使用时应保证螺钉旋具的刃部正确嵌入螺钉头部的沟中。螺钉旋具不可随意改变用途。

4.锤子

单手锤是使用最多的一种锤子，其大小以锤头的质量表示，一般为0.1～0.4kg。检查锤用来检查紧固状态等。按照材料不同，锤子又分为塑料锤、铜锤、木锤及橡胶锤等，如图1-17（b）所示，非金属锤常用于敲打容易损伤或不允许损伤的物件。在使用锤子前，应查看锤头是否松动。使用时，若手握在接近锤头处，则会使敲打力减小，也不易落在准确的位置。注意锤头落面应与敲击面平行。若担心敲击面被损伤，则应在敲击面上垫木片。

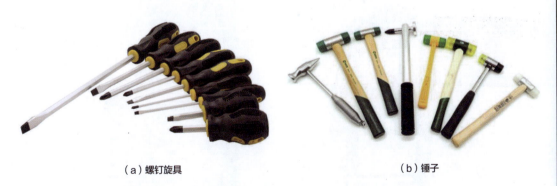

（a）螺钉旋具　　　　　　（b）锤子

图1-17　螺钉旋具与锤子

5.锥子

冲锥用来打刻记号（部件的区别、拆装记号），也可在钻孔前打出孔位点。

1.2.1.2　一般工具

1. 防护罩布（保护罩、座席罩）

在对客户的车辆进行检修作业时，应先盖上防护罩布，以防车辆被刮伤或弄脏。

防护罩布的样式如图1-18所示。

外部防护（发动机舱）　　　　　　内部防护（驾驶室）

图1-18　防护罩布的样式

2.液压压力机

液压压力机用来压装半轴、差速器轴承等。按液压产生方式的不同，液压压力机分为手动式和电动式两种，如图1-19所示。其中，手动式较为常用。

（a）手动式　　　　　　（b）电动式

图1-19　液压压力机

3.钻机

如图1-20（a）所示，电钻是用来在铁板上钻孔的工具，进行作业时应将钻头正确插入卡盘并将卡盘拧紧，否则钻头可能会在中途脱落或迸出。需要注意的是，必须先在工件上用中心冲打出孔位点；不要强行给钻头施加过大的力，导致其停转；不要通过反复切换开关来驱动停转的钻头；移动或更换钻头时应先使电动机完全停止转动；应以正确的姿势进行作业。

如图1-20（b）所示，台钻操作不当可能会伤害操作者，当钻孔即将被打通时，工件有时会因突然被钻头带动旋转而造成意想不到的伤害，因此在打孔前必须先用台虎钳或夹具将工件牢牢固定。不要戴手套，因为手套可能被卷入钻头，非常危险。工件材料是硬钢时，应降低钻头转速并添注切削油。

4.台虎钳

如图1-20（c）所示，台虎钳用来固定工件。当使用台虎钳固定工件时，不应将工件夹在台虎钳的端部，而应将其夹在中央部位。若需夹在端部，则可在另一端夹入相同厚度的木片。在固定工件的过程中，应用手轻稳地拧紧，切勿用锤子等敲打台虎钳的手柄，也不要在手柄上连接管子。若担心工件被夹伤，则可用木片或铜、铝、黄铜等附加件作为隔垫。

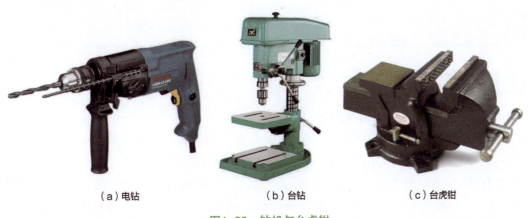

（a）电钻　　　　（b）台钻　　　　（c）台虎钳

图1-20　钻机与台虎钳

5.轮式千斤顶

轮式千斤顶的作用是在放置安全支架时升降车辆。当用轮式千斤顶举升车辆后，将安全支架放置在车下，以便于实施车辆底部的检查及维修。轮式千斤顶与安全支架如图1-21所示。

（a）轮式千斤顶　　　　（b）安全支架

图1-21　轮式千斤顶与安全支架

1.2.1.3　专用工具

专用工具指汽车主机厂为某款或者某系列车型研发所使用的维修工具，它能够快速、安全地拆装汽车发动机、变速器等总成的内部零件。因为汽车零件多为非标准尺寸，所以每款车型的专用工具也是不同的。宝马汽车发动机正时专用工具见表1-3。

表1-3 宝马汽车发动机正时专用工具

名称	连接件	定位销	量规（一）	插入式转换棘轮
图片				
作用	通过曲轴轴套（减振器）转动发动机	锁止处于上止点位置的曲轴	将凸轮轴固定在上止点位置	拆卸和安装可调式凸轮轴的控制装置
名称	套筒扳手	预张紧工具	量规（二）	
图片				
作用	拆卸和装配凸轮轴控制器调整装置	在调节气门配气相位时夹紧正时链条	将凸轮轴固定在上止点位置	

1.2.2 汽车举升设备

1.2.2.1 汽车举升设备类型

汽车举升机是在汽车维修过程中负责举升汽车的设备，可分为单柱式、双柱（两柱）式、四柱式、龙门式、移动超薄剪式及子母大剪式等类型，如图1-22所示。目前，汽车举升机的驱动类型主要分为气动式、液压式、机械式3类，其中以液压式居多，气动式最少。机械式举升机主要包括单电机驱动的螺纹传动举升机和双电机驱动的螺纹传动举升机。液压式举升机包括单缸举升机和双缸举升机。

图1-22 常见的汽车举升机类型

1.2.2.2 汽车举升设备操作要点

汽车举升机的操作要点与注意事项见表1-4。

表1-4　汽车举升机的操作要点与注意事项

阶段	操作要点与注意事项
使用前	清除汽车举升机附近妨碍作业的器具及杂物，并检查操作手柄是否正常
	检查操作机构运作是否灵敏有效，液压系统不允许有"爬行"现象
	在支撑车辆时，4个支角应处于同一平面，调整支角胶垫高度使其接触车辆底盘支撑部位
	在支撑车辆时，应注意支撑高度需适中，支起后要锁紧4个托架
	待举升车辆驶入后，应将汽车举升机支撑块调整移动至对正该车型规定的举升点
	若发现操作机构不灵活、电动机不同步、托架不平或液压部分漏油，应及时报修，不得带故障运行
使用中	当举升汽车时，人员应离开汽车；在举升到所需高度时，须插入保险锁销，并确保安全可靠后才可开始车底作业
	除一般保养及小修项目外，其他烦琐笨重作业，不得在汽车举升机上操作修理
	汽车举升机不得频繁起落
	举升需稳，降落需慢
	严禁在有人作业时升降汽车举升机
使用后	当作业完毕后，应清除杂物，并打扫汽车举升机周围以保持场地整洁
	定期（半年）排除汽车举升机油缸积水
	检查油量，当油量不足时，应及时加注相同牌号的压力油
	检查润滑，保证传动齿轮及链条具有良好的润滑效果

1.2.3　汽车检测设备

1.2.3.1　机修检测工具及设备

1. 轮胎气压计

轮胎气压计（以下简称胎压计）是测量轮胎气压的工具，它有多种形状。无论是哪一种轮胎气压计，都应该使轮胎气门嘴与气压计嘴压紧。带充（排）气管路的轮胎气压计如图1-23（a）所示。

2. 点火正时灯

点火正时灯是测量点火时间的工具，其灯泡能够按照高压线传来的电子信号点亮，以照亮点火时间标记，从而对点火时间进行测量。当将发动机调整至规定怠速后，用点火正时灯照亮点火正时标记，以便于测量点火时间。点火正时灯如图1-23（b）所示。

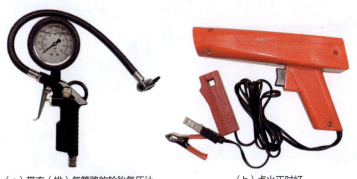

（a）带充（排）气管路的轮胎气压计　　（b）点火正时灯

图1-23　轮胎气压计与点火正时灯

3.火花塞间隙规

火花塞间隙规是检查和调节火花塞间隙的工具,如图1-24(a)所示。

4.气缸压力计

气缸压力计是用来测量气缸内压缩状态的工具。使用时需要先卸下火花塞,再将测量部分连接到火花塞孔内进行测量。缸内压力是否适宜,活塞环是否磨损,火花塞间隙是否正确,以及哪个气缸的压缩力最小,都可以通过气缸压力计指针的位置进行判断。

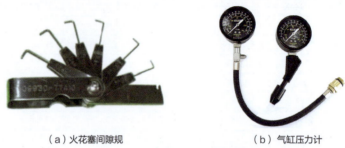

(a)火花塞间隙规　　　　　　　(b)气缸压力计

图1-24　间隙规与气缸压力计

5.真空计

真空计的作用是判断在真空压力作用下被操作的装置能否正常工作。

6.转速表

转速表通过测量高压线圈一次端子的电压,测量发动机的转速及凸轮闭合角(分电器触点闭合的角度)。

7.游标卡尺

游标卡尺由标准刻度和游标刻度(游尺)组成,能够方便、准确地对外径、内径和深度等尺寸进行测量,属于非常实用的工具。游标卡尺的构造如图1-25(a)所示。

8.千分尺

千分尺用于对外径、内径进行精密测量,根据其用途又可分为外径千分尺和内径千分尺。千分尺的精度比游标卡尺高。外径千分尺的构造如图1-25(b)所示,其套管(固定刻度)和旋转套(可动刻度)分别相当于游标卡尺的标准刻度和游标刻度。内径千分尺与外径千分尺的原理相同,只是在构造上将外径千分尺的量规部分独立分开。

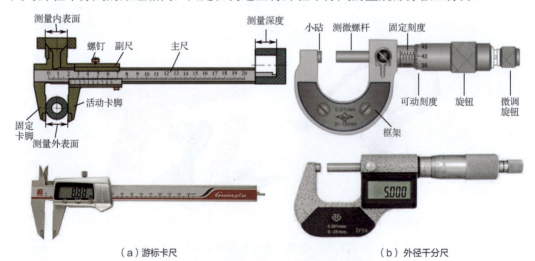

(a)游标卡尺　　　　　　　(b)外径千分尺

图1-25　游标卡尺与外径千分尺的构造

9.百分表和千分表

百分表常用于测量形状和位置误差，以及小位移的长度。百分表的圆表盘上制有100个等分刻度，每个分度值相当于量杆移动0.01mm。若在圆表盘上制有1000个等分刻度，则每个分度值对应0.001mm，这种测量工具即为千分表。使用时，百分（千分）表的测量部件需要与被测物表面接触，通过滑移测量部件带动指针转动，从而对轴的弯曲、偏斜及平行度或平面的状态进行测量。此外，可以通过转动外壳使指针对准0刻度。百分表和千分表分别如图1-26（a）和图1-26（b）所示。

10.塞尺

塞尺主要用于检测间隙，如图1-26（c）所示。

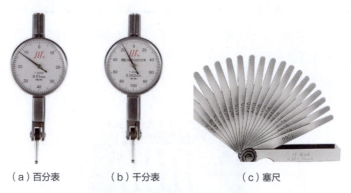

（a）百分表　　　（b）千分表　　　（c）塞尺

图1-26　百分表、千分表与塞尺

1.2.3.2　电工检测工具及设备

1.跨接线

当汽车的蓄电池亏电时，可以通过跨接线连接外部蓄电池，以借用其电源起动，而用跨接线的一端连接蓄电池的正极，也可以为检查的部件提供稳定的12V电源。通过采用跨接线旁路（并联一个通道）电路中的开关、导线和插接器的方法来检查负载部件，跨接线还可以用来将电路要检查的部分搭铁。汽车电路维修用跨接线如图1-27所示。

2.试灯

试灯分为无源和有源两种，所谓有源就是指自身是带有电源的。无源试灯的手柄是透明的，其中装有发光二极管或小灯炮，手柄的一端装有带尖的探头，另一端接有一根带夹子的接地线，如图1-28所示。当使用有源试灯时，需要将电路的电源断开，并将接地线的夹子连接负载的接地端，将探头接触电源线，如果电路是通路，则试灯点亮；如果电路不通（证明电路有断路），则试灯不亮。

图1-27　汽车电路维修用跨接线

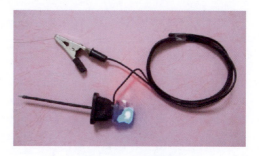

图1-28　无源试灯

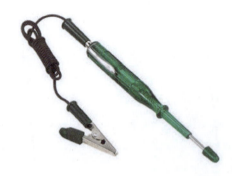

图1-29 汽车电路维修常用的试电笔

3.试电笔

试电笔在电路检修中的用法如下：将试电笔的接地端接地（或搭铁），用另一端即测杆接触待检测的电路，如果电路没有断路点，则试电笔上的信号灯会点亮；如果信号灯不亮，则证明电路不通，有可能存在断路点。通过依次改变测试点，就可以找出断路点的位置。汽车电路维修常用的试电笔如图1-29所示。

4.万用表

万用表是在汽车电路故障检修中使用最多的一种工具，按结构与测试结果显示的不同，可分为指针式（普通）万用表与数字式万用表两种。现在主要使用数字式万用表（见图1-30），它不仅可以用来检测电路的通断和元器件的阻值、电压值，有的还可以检测频率信号、电流信号等。

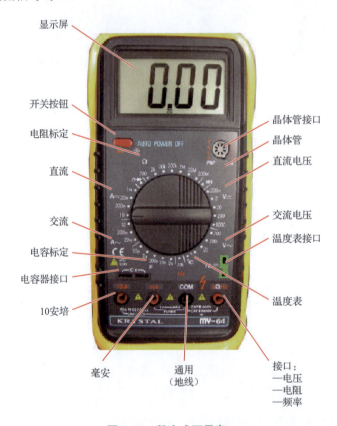

图1-30 数字式万用表

5.汽车示波器

许多传感器和执行器的信号是采用电压、频率或其他以数字表示的信号，在发动机实际运转过程中，由于信号变化很快，很难从这些不断变化的信号中发现问题，因而需要利用汽车示波器（见图1-31）的相关检测功能对电控发动机系统中的曲轴传感器信号、凸轮轴传感器信号、氧传感器信号、空气流量计信号、喷油器信号、怠速电机控制信号及点火控制信号等一系列信号，通过示波图形的方式直观呈现。将所测信号波形与标准信号波形进行比较，若有异常之处，则表示该信号的控制电路或元器件本身存在问题，需要进一步详细检查。利用汽车示波器检查电子信号，对维修者提出了较高的汽车维修理论知识要求，需要维修者比较熟悉被测传感器或执行器的工作、控制原理，并具有一定的示波器操作技巧，从而可以正确观察波形（波峰、波幅等）。

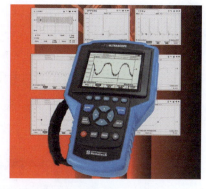

图1-31　汽车示波器

6. 信号模拟器

元器件模拟式测量是通过信号模拟器替代传感器向控制单元输送模拟的传感器信号，并对控制单元的响应参数进行分析比较的测量方式。

信号模拟器分为两种，一种是单路信号模拟器，另一种是同步信号模拟器。

单路信号模拟器是单一通道信号发生器，如图1-32所示。它只能输出一路信号，模拟一个传感器的动态变化信号。该模拟器的主要信号有可变电压信号0～15V、可变交直流频率信号0～10Hz，以及可变电阻信号，此外，单路信号模拟器还能用可变模拟信号去动态分析控制系统的响应，进而分析控制单元及系统的工作情况。

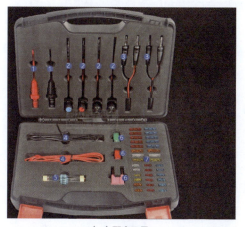

（a）配套工具

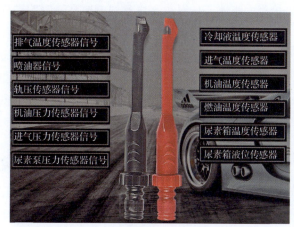

（b）可模拟的传感器信号类型

图1-32　单路信号模拟器

同步信号模拟器是两通道以上的信号发生器。它主要用于产生有相关逻辑关系的信号，如曲轴转角和凸轮轴传感器同步信号，用于模拟发动机运转工况，完成在发动机未转动的情况下对控制单元进行动态响应数据分析的试验。同步信号模拟器的功用包括：①用对比方式比较传感器的品质；②分析控制系统的响应数据参数。

以图1-33所示的汽车信号模拟器MST-9000为例，同路信号模拟器具备以下功能：

（1）提供全车系的曲轴信号模拟，可设定任意波形输出，并产生包含当前所有车型发动机的曲轴、凸轮轴信号，波形数据由电控单元（ECU）长期保存。

（2）磁电式曲轴信号全部由变压器隔离，以保证信号间不产生相互干扰。

（3）模拟全车系传感器信号，包括转速信号、车速信号（霍尔/磁电/光电信号）、轮速信号、氧传感器信号、节气门信号、空气流量计信号、进气压力传感器（模拟/数字）信号及爆燃传感器信号等。

（4）驱动全车系执行器，包括转速表、里程表、鼓风机控制模块、喷油器、点火线圈、点火模块、频率及脉宽控制电磁阀、步进电机（四线/六线）和汽车音响等。

（5）模拟全车系执行器，包括点火线圈、喷油器、怠速步进电动机及超声波发生器等。

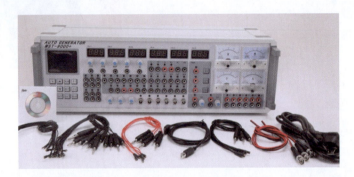

图1-33　汽车信号模拟器MST-9000

1.2.4　汽车故障诊断仪

汽车故障诊断仪俗称解码器，它是利用配套连接线和汽车ECU数据输出DLC（检测接头）相连，从而达到与各种电控系统ECU进行数据交流的专用仪器。

汽车故障诊断仪最基本的功能是读取和清除电控系统故障码，具有综合功能的故障诊断仪，一般还具有系统传感器与执行器的静态及动态数据流分析功能，以及部分执行器的作动测试功能，有的还带有示波器显示功能、万用表功能和打印功能，有的则带有控制系统电路图、技术检测参数和维修指引以供参考，有的可以通过专用数据线直接和ECU相连进行资料的更新与升级，有些功能强大的原厂故障诊断仪还能对车上的ECU进行数据资料的重新写入和更改等。

汽车故障诊断仪通常分为原厂和非原厂两种。所谓原厂汽车解码器，指的是由汽车制造商提供或指定的解码器，如奔驰汽车的STAR、宝马汽车的GT1、大众（奥迪）汽车的VAS5054a和VAS6154、雪铁龙汽车的PPS2000及沃尔沃汽车的VIDA等，如图1-34所示。通常每个汽车制造商都有针对自己所生产的各种车系的原厂解码器，以便能为自己生产的汽车提供更好的售后检测服务。

（a）奔驰专用解码器STAR　　　　　　　（b）宝马专用解码器ICOM

图1-34　原厂汽车解码器

（c）大众（奥迪）专用诊断器VAS5054a

（d）大众（奥迪）专用解码器VAS6154

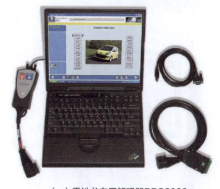

（e）雪铁龙专用解码器PPS2000

（f）沃尔沃专用解码器VIDA

（g）通用专用解码器TECH2

（h）丰田专用解码器

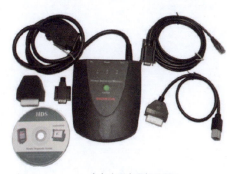

（i）本田专用解码器

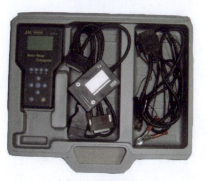

（j）日产专用解码器

图1-34 原厂汽车解码器（续）

非原厂汽车解码器则是由汽车专业维修检测仪器设备厂商生产的汽车解码器，它不需由汽车制造商提供或指定，如德国博世（Bosch）公司的KTS570、美国的红盒子SCANNER MT2500、瑞典的AUTODGAGNOS，以及国内公司生产的电眼睛、修车王、车博士及车灵通等，如图1-35所示。

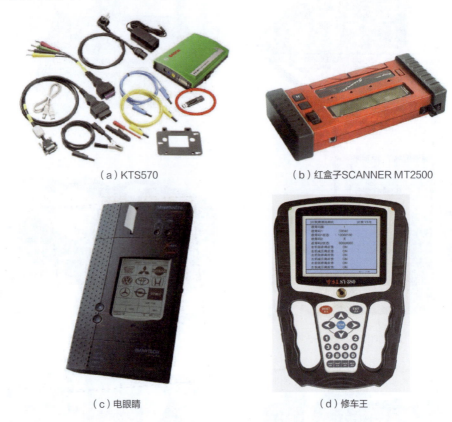

（a）KTS570　　　　　　　　（b）红盒子SCANNER MT2500

（c）电眼睛　　　　　　　　　（d）修车王

图1-35　非原厂汽车解码器

原厂汽车解码器一般只能诊断某单一品牌汽车制造商开发的车系，不能检测其他汽车公司生产的汽车，就像Intelligent Tester只能检测丰田汽车公司生产的车型，却不能用来诊断宝马、奔驰、福特、日产等车系。与原厂汽车解码器相比，非原厂汽车解码器一般可以检测多种不同汽车制造商所生产的汽车，如KTS570就可以诊断奔驰、宝马、大众（奥迪）、保时捷、通用等多家不同系列品牌车系。

第3节　汽车维修实务

1.3.1　汽车保养与维护

1.3.1.1　快速保养工位布置

快速保养工位配置有相应的专用工具、设备器械，包括检查员工作台、镜子、压缩空气软管、多功能工具车、嵌地式举升机及轮胎支架小车。快速保养工位布置可参考图1-36。

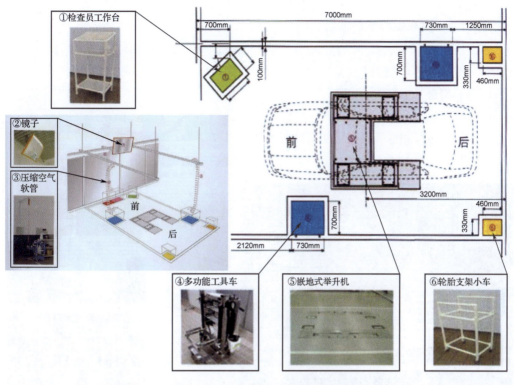

图1-36 快速保养工位布置示意图

1.3.1.2 快速保养服务标准流程

为了提高工作效率与客户满意度，当前的快速保养服务一般由两名技师配合同时或交叉完成，这种方式也称为"双人快保"。涵盖从预约到维修后跟进，快速保养服务流程如图1-37所示。

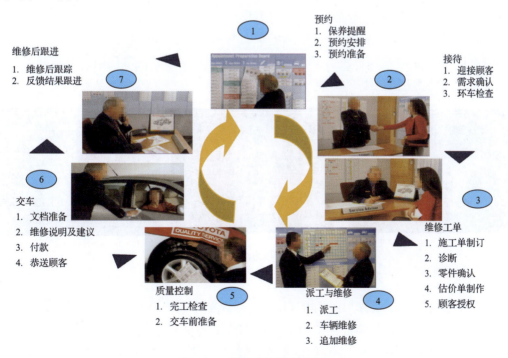

图1-37 快速保养服务流程

1.3.1.3 汽车保养维护项目

这里的汽车保养主要指常规保养,其主要工作包括润滑、清洁、检查、紧固、调整、补给及更换等项目。

1. 功能检查

1)喇叭检查

喇叭分为高音和低音两种,试听时需要检查其是否有单音、哑音或杂音;检查喇叭的安装位置时,注意喇叭不得与车身任何位置有接触,如图1-38所示。

图1-38 喇叭的安装位置

2)仪表板指示灯检查

当接通"ON"挡上电时,仪表板上的所有指示灯都会亮,但在起动后5s内会自动熄灭,若始终不灭,则表示相关系统存在故障。

如果出现图1-39所示的仪表故障提示,则需注意告警颜色,若为红色,则提示车辆不能进行任何驾驶要求;若为白色,则提示车辆可以正常使用,但某些组件存在故障(这些组件不会影响车辆行驶安全)。

图1-39 仪表板指示灯提示

3)内部灯光检查

汽车室内照明灯检查如图1-40所示。进行内部灯光检查时,注意不要忽略隐藏在角落里的小灯,如化妆镜照明灯、扶手照明灯;有些照明灯可以分开控制,如左、右阅读灯;迎宾灯安装在4个车门的下方位置。

4）刮水器系统检查

刮水器系统的喷嘴应能满足刮水器臂刮刷风窗玻璃85%面积的需求，若喷射高度或强度不同，则应用专用工具进行调节。注意刮水器能否在风窗玻璃上划出完整图形，若不能或有破损，应及时更换。由于橡胶材料会受高温影响，需要注意使用环境，冬季在霜雪后不要立即使用刮水器。

风窗玻璃清洗液无法从外部目视检查，在试喷后需要补足清洗液。若配备自动雨感功能，则需进行检查。

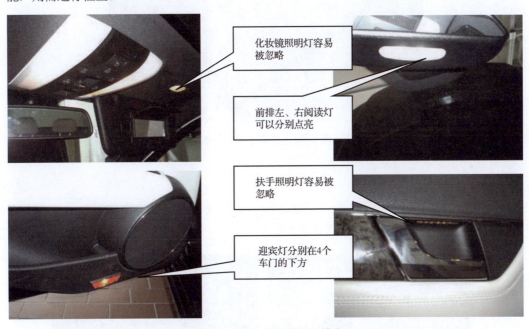

图1-40 汽车室内照明灯检查

5）前照灯清洗系统检查

前照灯清洗系统和风窗清洗系统共用，需要保证清洗液充足。在检查喷头时，需要专门检查喷头是否丢失或损坏，如图1-41所示。

图1-41 前照灯清洗系统检查

6）行李舱灯光检查

检查行李舱时，需要参考实际车型灯光位置，并注意尾灯内衬的安装是否到位。

2. 安全带和搭扣的状况检查

1）前安全带和搭扣的状况检查

检查前安全带时需要注意：安全带是否有回缩弹性，拉伸时是否有卡紧保护。安全带机构应能够上下调整,以满足不同身高客户的需求。

检查前安全带的搭扣时需要注意:搭扣是否有异常磨损,锁止功能是否正常。

2)后安全带和搭扣的系法

后安全带的系法如图1-42所示,3个安全带需要保证已卡紧、无松脱。

图1-42　后安全带的系法

3.发动机的机盖锁及拉钩检查

1)机盖锁的检查

检查机盖锁是否有异物或缺乏润滑。机盖锁未盖紧提示传感器安装在拉钩处,如图1-43所示,保养时需要注意位置。

图1-43　机盖锁未盖紧提示传感器的安装位置

2)拉钩的检查

拉钩位于发动机舱盖两侧上方,如图1-44所示,需要检查其卡锁是否要调整(过松或过紧)。

 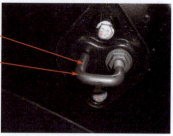

图1-44　拉钩的位置

4.蓄电池检查

某车型的蓄电池位于车辆发动机右侧减振器的上方,如图1-45所示,拆下空调进风口护板即可看到。

图1-45 蓄电池的位置

蓄电池检查项目主要包括:①用蓄电池检测仪检测蓄电池使用状态(正常/需充电/更换);②检查蓄电池固定状况,如正、负极电桩连接是否松动。

具体操作步骤如下:

(1)蓄电池固定螺栓的检查。使用力矩扳手及套筒扳手检查蓄电池固定螺栓的力矩是否符合标准。

(2)蓄电池端子接线柱的检查。检查蓄电池端子接线柱的固定螺栓是否松动,若出现松动,则应以标准力矩拧紧。

(3)蓄电池泄漏的检查。若有电解液泄漏,则需更换蓄电池。

(4)蓄电池静态电压的检测。关闭点火开关并断开所有用电设备,拔出点火钥匙;断开蓄电池负极接线柱,至少等待2h,在这个时间段内对蓄电池既不能充电,也不能放电。

(5)测量结果分析。若静态电压≥12.5V,表示静态电压正常;若静态电压<12.5V,则应给蓄电池充电。如果充电后蓄电池的静态电压仍<12.5V,则应更换蓄电池。

(6)将蓄电池电眼(蓄电池的观察孔)颜色或静态电压数值记录在保养项目单的保养数据表中。

注意事项:蓄电池充电操作需要在通风良好的环境中进行;在拆卸蓄电池时,需要先断开蓄电池的负极接线柱,否则有短路的风险;在对蓄电池进行充电时,需要先连接蓄电池的正极接线柱,再连接负极接线柱;如果有电解液从蓄电池中流出,则会造成人的皮肤损伤,因为电解液具有腐蚀性,也可能损伤车辆漆层和部件;不要对已发生冻结的蓄电池采取起动辅助措施,否则会有爆炸的风险,应先更换蓄电池。

5.更换发动机机油及滤芯

更换发动机机油及滤芯所涉及部件的位置如图1-46所示。

| (a)机油尺 | (b)机油加注口盖 |  (c)机油滤清器 |

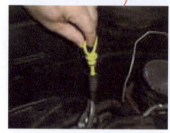

图1-46 更换发动机机油及滤芯所涉及部件的位置

更换发动机机油及滤芯的步骤如下：

（1）如图1-47（a）所示，使用专用扳手旋开滤芯，打开机油加注口盖（见图1-46（b）），这两项操作有利于更彻底地排出系统中的机油。

（2）用抽油机或抽油枪从机油尺处抽取机油，如图1-47（b）所示。

（3）更换滤芯及密封胶圈，如图1-47（c）所示。

（a）旋开滤芯　　　　　（b）抽取机油　　　　　（c）更换滤芯及密封胶圈

图1-47 更换发动机机油及滤芯的步骤

（4）按规定力矩旋紧新的滤芯（具体标准标注在机油滤清器盖上）。

如果是装用放油螺栓的车型，则按下述步骤进行操作。

① 打开机油加注口盖；

② 举升车辆，松开放油螺栓，使用专用容器盛放机油，如图1-48（a）所示；

③ 待油底壳内的机油全部排出后，安装新的油底壳螺栓，并用扭力扳手按标准力

矩拧紧；

④ 放下车辆。

（5）如图1-48（b）所示，加注机油（按实际要求加注）后，拧紧机油加注口盖。

（a）排出机油

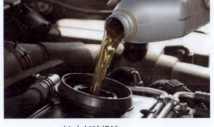
（b）加注机油

图1-48 排出和加注机油

（6）检测油量。

① 保证发动机的冷却液温度至少为80℃；

② 使车辆处于水平位置；

③ 关闭发动机后等待3min，以便机油流回油底壳；

④ 拔出机油尺，用干净的抹布擦净，然后插入并推到底；

⑤ 再次拔出机油尺，读出机油液位高度。

机油尺刻度的读取方法如图1-49所示。其中，A区表示不得添加机油；B区表示可以添加机油，此时的机油液位在添加后可能升至A区；C区表示必须添加机油，只要保证添加后的机油液位在B区就可以。

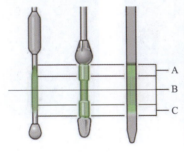

机油液位上限（Max/H）

机油液位下限（Min/L）

图1-49 机油尺刻度的读取方法

注意事项：更换新滤芯时需要注意保持新件清洁，安装时需要确保密封胶圈完整；先起动车辆2min，然后熄火等待3min，方可进行油量测量，这样可以保证测量的准确性；当完成所有工作后，注意清洁机油尺、机油滤清器盖及加油口等，以确保车辆整洁、干净。

6.重置仪表保养提示

当保养完成后，需要按规定重置保养提示，以便客户进入下一个保养计算期。

这里以大众迈腾车型为例，具体操作方法分为以下两种：

（1）手动模式。通过仪表板按钮或转向盘多功能按钮或组合开关按钮进行操作。

① 在点火开关关闭的情况下，按下菜单按键3，如图1-50所示；

② 打开点火开关；

③ 松开菜单按键3，按下时钟停止键1一次；

1—时钟停止键；2—仪表显示屏；3—菜单按键

图1-50 大众迈腾仪表盘

④ 按压时钟的分钟调整按钮min，仪表显示屏2恢复为常规显示状态。

（2）使用诊断仪进行保养周期复位。

① 进入诊断仪菜单路径：仪表17-10-02-00000进行复位；

② 功能导航依次选择品牌—车型—年款—发动机型号—仪表板—保养周期复位。

7. 可视部件泄漏和损坏的检查

1）检查助力转向液

检查助力转向液的液位高度，如果发现液量不足，应及时确认原因并调整，如图1-51所示。

① 助力转向液（MA001 989 24 03）的液位在工作温度（80℃）时，介于上部MIN—MAX刻度之间；

② 助力转向液（MA001 989 24 03）的液位在正常温度（20℃）时，介于底部MIN—MAX刻度之间。

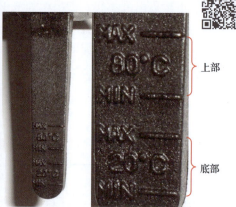

图1-51 检查助力转向液

当助力转向液的液位低于MIN刻度时，需要全面检查转向系统是否存在渗漏情况，并及时处理。

2）检查制动液

制动液的液面应介于储液罐的MIN刻度和MAX刻度之间，如图1-52所示。

制动液使用注意事项：制动液具有腐蚀性，不能接触车身表面；制动液具有很强的吸湿性，不能长时间暴露在空气中，否则会降低其沸点，导致制动失效。

制动液不能重复使用，不同品牌的制动液也不能混用。制动液是矿物油，不能随意丢弃，应回收

图1-52 MIN刻度和MAX刻度

处理。制动液每两年需要更换一次。

当制动液的液面低于MIN刻度时，需要全面检查制动系统是否有渗漏情况，并及时处理。

3）检查发动机冷却液

发动机冷却液的液面应处于规定刻度尺范围，液面需要高过白色刻度尺且低于黑色刻度界面。发动机的冷却系统是一个密封系统，在热车时检查冷却系统，需要先用布盖住水箱盖后拧半圈或一圈以进行卸压，待冷却系统卸压结束后再完全拧开水箱盖，如图1-53所示。

图1-53　发动机冷却系统的检查

在不确定冷却液的更换时间时，通常利用冰点仪来测量冷却液的冰点，如图1-54所示。该冰点仪的左侧刻度为电解液密度，中间刻度为防冻液冰点，右侧刻度为清洗液冰点。

4）检查刮水器清洗液

前照灯清洗系统和刮水器系统共用一个水箱，由两个电动机单独驱动。虽然对用水无特殊要求，但是为了保证清洁质量，通常建议客户每次添加一瓶清洗剂。

当储液罐中的液面低于标准液面时，仪表指示灯将点亮，以提醒驾驶人及时补液，如图1-55所示。此外，也可通过冰点仪测量清洗液的冰点，如图1-56所示。

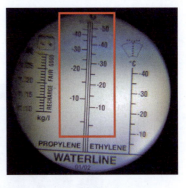

图1-54　冰点仪测试表盘

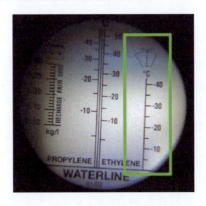

图1-55　补液提示　　　　图1-56　用冰点仪测量清洗液的冰点

5）检查变速器油

当检查变速器是否有渗漏时，需要将护板拆开，重点检查变速器机电模块插头和加油/放油螺栓，以及油底壳密封胶边是否有渗漏现象，如图1-57所示。

图1-57 变速器渗漏的检查

在做汽车保养时，必须明确区分自动变速器油（ATF）的使用。例如，奔驰722.9的ATF和722.6的ATF具有本质区别，722.6的ATF不能加注至722.9的变速器内，而722.9的ATF则可以加注至722.6的变速器内。

8.轮胎检查

1）检查胎压

用标准轮胎气压表按照加油口盖反面标识数值测量轮胎气压是否在所示范围之内，如图1-58所示。对气压异常的轮胎，需要查明原因，并及时维修或更换。

当测量轮胎气压时，需要保证轮胎处于正常温度。

图1-58 轮胎气压的检查

2）检查轮胎花纹深度和磨损情况

通过定期检查轮胎花纹深度和磨损情况，消除相关安全隐患，以提高行驶安全性。

具体操作过程如下：

（1）半举升车辆。

（2）如图1-59所示，每隔120°测量轮胎花纹深度并取平均值，花纹的最小深度为1.6mm，胎面上有磨损极限指示凸台。当花纹深度接近最小允许深度时，应提示客户更换轮胎。

（3）检查轮胎胎面及侧面是否有损伤（鼓包、脱层、划伤等），去除轮胎胎面上的异物。

图1-59　检查轮胎花纹深度

（4）放下车辆，检查备胎花纹深度及磨损情况。

（5）将检查结果记录在保养项目单的数据记录表内。

不正确的车轮定位参数、不正确的驾驶方式等都会造成汽车轮胎的异常磨损，具体示例见表1-5。

表1-5　汽车轮胎异常磨损示例

现象	正常	中央磨损	两边磨损
外观			
原因	—	轮胎气压过高，使胎面中心部分接地压力过高	轮胎压力过低，使两胎肩接地压力过高
现象	羽状磨损	单边磨损	局部磨损
外观			
原因	四轮定位不当（倾角及前束等）	四轮定位不当（倾角及前束等）	制动抱死及制动不均 轮辋变形及组装件等造成偏心

在一般情况下，轮胎鼓包出现在轮胎的胎侧；当车速较高时，轮胎因受到路面坑洼的边沿的挤压，容易出现鼓包现象。轮胎鼓包可能是使用不当造成的，严重的轮胎冲击有可能引发爆胎。

9.检查制动片

当制动片因磨损而使厚度低于规定值（视具体车型而定）时，应更换制动片。

若不更换，仪表灯会提示，并且可能损坏制动盘。在更换制动片时，制动感应线也要同时更换。

具体操作过程如下：

（1）半举升车辆，拆下车轮。

（2）如图1-60所示，用深度尺测量制动摩擦衬片的厚度并记录（不含背板的标准值≥2mm）。

10.读取故障码

为保证诊断过程的连续性及安全性，必要时可连接充电器。若系统存在故障码，则不能直接删除，而是需要先分析具体情况及参数，再进行删除或其他处理。诊断完成后，需要将故障诊断仪退回初始画面并断开诊断接口，合上车身诊断接口保护盖。

图1-60　测量制动摩擦衬片的厚度

具体操作过程如下：

（1）关闭点火开关，连接故障诊断仪插头。

（2）打开点火开关，单击"车辆自诊断"。

（3）单击"车载诊断"（OBD）。

（4）单击"网关安装列表"。

（5）如图1-61所示，列表中显示红色的内容是有故障的系统，可逐个打开查询并输出故障码。

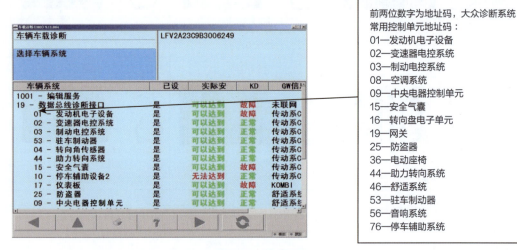

前两位数字为地址码，大众诊断系统常用控制单元地址码：
01—发动机电子设备
02—变速器电控系统
03—制动电控系统
08—空调系统
09—中央电器控制单元
15—安全气囊
16—转向盘电子单元
19—网关
25—防盗器
36—电动座椅
44—助力转向系统
46—舒适系统
53—驻车制动器
56—音响系统
76—停车辅助系统

图1-61　故障码显示

（6）打印故障码并进行分析处理，如图1-62所示。

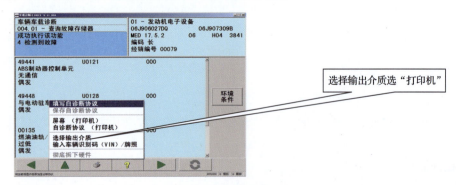

选择输出介质选"打印机"

图1-62　打印故障码

（7）按照保养数据表要求，读取并记录相关数据块（节气门开度、空气流量/进气压力等)。

(8)关闭点火开关,拔下故障诊断仪插头,完成自诊断。

注意事项:编辑服务功能可以快速清除整个系统的故障码,如图1-63所示,但在没有对故障码进行分析处理前,不能直接清除故障码。

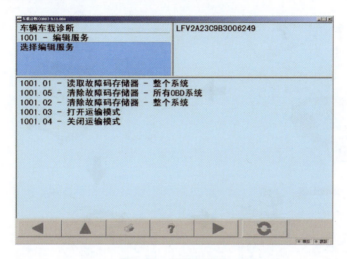

图1-63 故障码清除

1.3.2 汽车机修技术

1.3.2.1 大修的定义与流程

汽车大修指通过拆卸和分解发动机、传动桥、差速器等,以及调整、修理或更换必要的零部件等工作来检测故障并进行修复的过程。汽车大修的主要项目如图1-64所示。

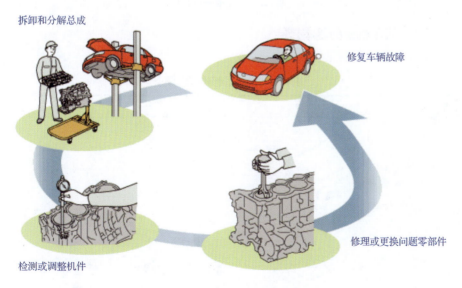

图1-64 汽车大修的主要项目

汽车大修步骤可以分为确认问题/症状、拆卸与分解、清洗和检查及装配与安装4部分,如图1-65所示。

（1）确认问题/症状

确定车辆发生哪种类型的故障，以及哪个总成需要进行大修。

① 确认问题或症状；
② 分析故障成因；
③ 决定是否需要大修。

（2）拆卸与分解

① 将需要大修的总成从汽车上拆下来，以便进行分解；
② 分解总成以便进行检测、调节及修理；
③ 分解时，根据每个部件的安装位置/区域进行摆放，以便进行组装。

注意：在拆卸时，目测检查每个部件是否异常。

（4）装配与安装

① 用正确的步骤和方法进行组装；
② 按照保养标准进行调整和运行；
③ 安装完成后，重新检查故障是否被排除，总成是否运转正常。

注意：装配时注意紧固件的扭矩标准值，更换不可再使用的部件并按相同的位置与方向装配部件。

（3）清洗和检查

① 清洗分解部件，以达到提高测量精度、易于发现故障、防止安装时进入异物、去除沉积物并恢复原始性能等效果；
② 用合适的方法和工具测量分解部件，可以目测或用仪器测量；
③ 检查通过测量所发现的问题是否为故障原因，如不是，则需继续查找。

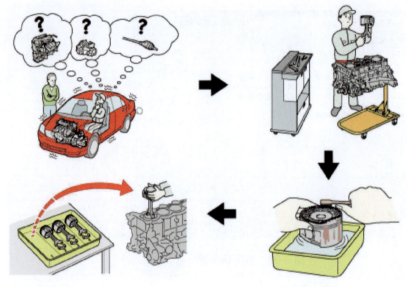

图1-65　汽车大修步骤

1.3.2.2　汽车机修的基本技能

汽车机修的技能要点见表1-6。

表1-6　汽车机修的技能要点

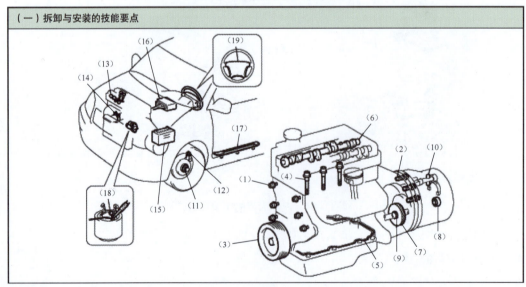

续表

（1）	螺栓	按照规定的顺序松动或紧固，以防止设有多个螺栓的部件变形
（2）	螺栓黏合剂	为防螺栓变松，给一些螺栓涂抹锁止黏合剂
（3）	带轮	在拆卸和安装转动部件上的螺栓和螺母之前，确保其转动部件的稳定
（4）	塑性域螺栓	有一种特殊螺栓可被紧固到规定扭矩，被称为塑性域螺栓
（5）	密封填料/密封垫	为防漏油，一些部件装有密封填料或密封垫
（6）	凸轮轴	拆卸和安装凸轮轴时，需要保持气门弹簧的弹力均匀分布，使凸轮轴保持水平
（7）	压入部件	齿轮或轮载类部件被压入并紧密结合，用压力机和专用维修工具来安装和拆卸这些部件
（8）	油封	为防漏油，一些部件装有密封填料或密封垫
（9）	卡环	卡环是一种圆形的部件，可安装在不同的位置上，以防止松动
（10）	直销	直销能固定部件
（11）	锁止螺母/锁紧盘	锁止螺母和锁紧盘能防止松动
（12）	开花螺母	为防止松动，有些部件使用开口销和开花螺母
（13）	安装位置/方向	部件的安装位置和安装方向是有规定的
（14）	软管/夹子	管道和软管由夹子固定，当断开和连接软管时，应选择恰当的工具并采取正确的方法
（15）	蓄电池	断接蓄电池时，遵照规定的顺序以防短路
（16）	插接器	断开插接器时，先打开锁紧部件，再断开插接器
（17）	箍/卡爪	内部部件用箍/卡爪安装
（18）	焊接	在更换诸如起动机电刷等部件时，需要把新部件焊上
（19）	安全气囊	确保正确处理安全气囊，否则，该装置将散开并导致严重事故

（二）测量和检测的技能要点

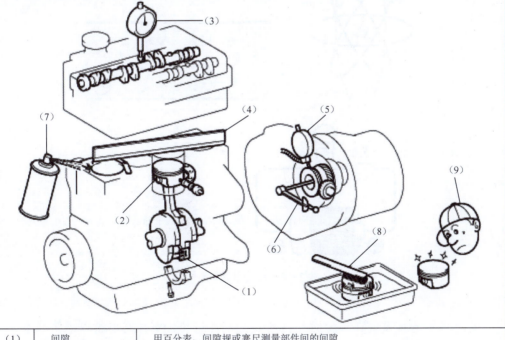

（1）	间隙	用百分表、间隙规或塞尺测量部件间的间隙
（2）	测量	用游标卡尺和千分尺测量部件尺寸
（3）	检测径向圆跳动量	用V形块和百分表检测轴径向圆跳动量

(4)	形变检测	用直尺和塞尺检测部件表面的变形
(5)	齿隙	为使齿轮运转平稳,所有轮齿之间都有空隙,可用百分表测量该空隙
(6)	预紧力	为防止轴承互相卡撞,需要施加预紧力并进行检测和调节
(7)	检测开裂和损坏	用颜色渗透法检查开裂和损坏
(8)	清洗	清洗部件以保持精度和部件原有的性能
(9)	外观检查	进行外观检查,以确保没有异常或损坏

1.3.3 汽车电工技术

1.3.3.1 汽车电子基础

1. 电学基本概念

1) 电子、电流、电压与电阻

物质是由原子组成的,原子又由原子核与电子组成。电子是一种极小的带负电荷的粒子,它围绕原子核转动,因为原子核里的质子是带正电荷的。金属原子中含有自由电子,自由电子的流动会产生电流(单位为A)。当在金属导体两端施加电压时,电子会从负极流向正极,因此电子流向与电流方向相反。使电流流过电路的压力称为电压(单位为V),电压越高,电流越大。电阻(单位为Ω)是指电子通过物体的困难程度。电流、电压、电阻被称为电的三要素。电的概念示意图如图1-66所示。

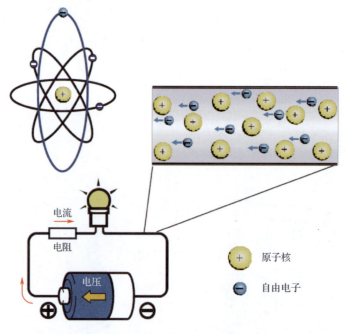

图1-66 电的概念示意图

2) 电功率

电功率是电器设备在单位时间内所做的功,单位为W。它可用以下公式表示:$P=UI$,其中P为电功率(单位为W),U为电压(单位为V),I为电流(单位为A)。

3) 直流电和交流电

电流方向不变,电流大小也不变的称为直流电(DC),直流电以恒定方向从正极流向负极,如汽车蓄电池。电流方向改变,电流大小也随之改变的称为交流电(AC),交流电按一定的时间间隔改变方向。一般家庭用电及工业用三相电源均为交流电。直流电和交流电的形式如图1-67所示。

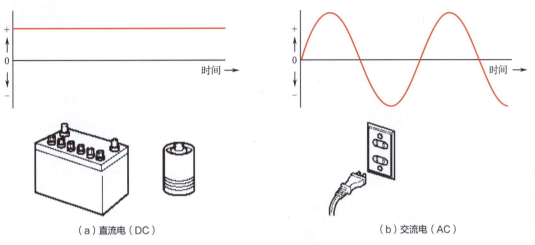

图1-67 直流电和交流电的形式

4) 串联与并联

串联与并联为电器设备在电路中的连接方式。多个用电器用一条电线依次连接即为串联,以水流类比说明串联电路的特点:流过每个瀑布的水流量相等,即$I_0=I_1=I_2=I_3$,而所有瀑布的高度之和等于水源高度,即$U_0=U_1+U_2+U_3$。多个用电器并列连接在一起即为并联,同样以水流类比,并联电路的特点为所有瀑布高度都相等,即$U_0=U_1=U_2=U_3$,而流经各个瀑布的水量之和等于水源流出的总水量,即$I_0=I_1+I_2+I_3$。串联与并联电路的特点如图1-68所示。

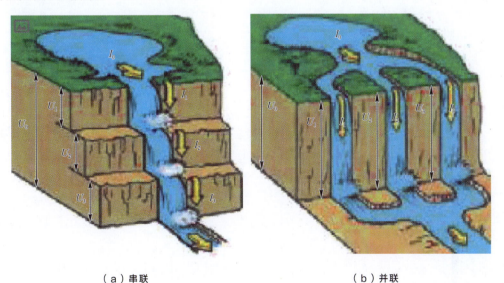

图1-68 串联与并联电路的特点

5) 电压降

当电流流经一个电路时,电压每经过一个电阻都会降低,这个电压的下降就是电压降。如图1-69(a)所示,在串联电路中,当电源电压为12V时,电流流过一个电阻的电压下降量可以按下式计算：

$$当前电阻的电压降=总电压\times\frac{当前的电阻}{电路中所有电阻之和}$$

如图1-69（b）所示，在并联电路中，每个用电器的电压降都相等，也与总电路的电压降相等，即$U_0=U_1=U_2=U_3$。

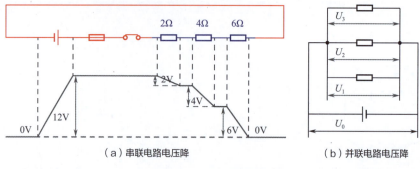

（a）串联电路电压降　　（b）并联电路电压降

图1-69　电压降示例

6）电流密度

电流密度表示一个导体内电子挤压在一起时的紧密程度，它由以A为单位的电流和以mm^2为单位的导线横截面面积求得。因此，电流密度的计量单位是A/mm^2。不同规格导线的最大允许电流见表1-7。

表1-7　不同规格导线的最大允许电流

导线横截面面积/mm^2	最大允许电流/A
0.75	13
1	16
1.5	20
2.5	27
4	36

7）接触电阻

经过一段时间的使用，连接部位在空气、污物和侵蚀性气体等的作用下出现氧化现象，导致连接部位的接触电阻增大。根据欧姆定律，电阻增大会产生电压降，电路中的电阻增大会使电流减小。例如，当因氧化作用导致前照灯导线的电压下降10%时，灯内的实际功率会减小约20%。

8）电路

电压是产生电流的原因，只有在闭合的电路中才有电流流动。电路主要由电源（如电池）、用电器（如灯泡）和导线组成，如图1-70所示。通过开关可以使电路闭合或断开。每个导体都带有自由电子，当电路闭合时，所施加的电压使导体和用电器的所有自由电子同时朝

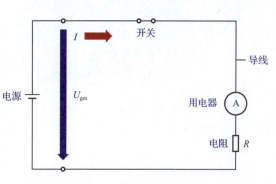

图1-70　电路的组成

一个方向移动。

在汽车上,一个电源(车载网络供电)会同时连接多个用电器,这种电路称为扩展型电路。扩展型电路又可分为并联与串联两种,如图1-71所示。在串联电路中,总电压等于分布在各个电阻上的分电压之和,总电阻等于串联电阻之和,分配电压与对应的电阻成正比。在并联电路中,总电阻始终小于最小的单个电阻,所有电阻的电压都是相等的,分电流之和等于总电流。

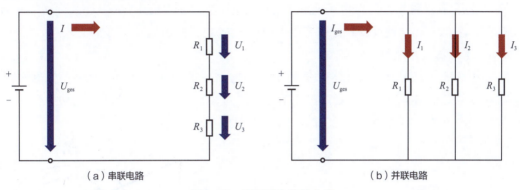

(a)串联电路　　　　　　　(b)并联电路

图1-71　扩展型电路的分类

9)短路

在两个电极(如电池的正极和负极)之间建立直接的导电连接(通常是不希望出现的),称为短路。短路就是电源电压的突然性电荷平衡。短路通常是由于绝缘不良或电气系统及电路出现故障而造成的。在电压几乎降为零的同时,电流达到最大值,即短路电流。由于短路电流没有受到限制,故而可能导致没有熔丝保护的导线或电缆因过热而出现损坏。当出现较高的短路电流时,熔丝必须熔断,并以最快的速度将短路部位与其他正常的供电网络断开。

10)断路

断路时电路无法闭合,即所需电流中断。断路通常是由于插接问题造成的,其结果是电气组件无法工作。

2.电学基本原理

1)欧姆定律

电流与电压、电阻的关系:增加电压或减少电阻,电流会随之增大,即电流与电压成正比,电流与电阻成反比。这种关系由欧姆定律定义,如图1-72(a)所示,表达式为$U=RI$,其中U为电压(V),R为电阻(Ω),I为电流(A)。

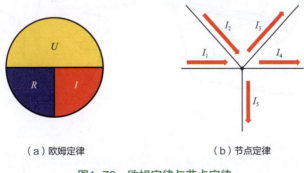

(a)欧姆定律　　　　　　　(b)节点定律

图1-72　欧姆定律与节点定律

2）节点定律

并联电阻会出现电流的汇合点，即节点。节点定律（基尔霍夫第一定律）的内容如下：流入每个节点的总电流与流出的总电流相等，或所有电流之和为零。如图1-72（b）所示，其表达式为$I_1+I_2=I_3+I_4+I_5$。通过节点定律可以求得某个节点处的未知电流。

3）回路定律

回路定律（基尔霍夫第二定律）的内容如下：在每个闭合电路中，电源电压之和等于所有电压降之和，或所有电压之和为零。如图1-73（a）所示，其表达式为$U_{q1}+U_{q2}+(-U_1)+(-U_2)=0$。通过回路定律可以求得一个未知的电源电压。

4）电磁感应原理

如图1-73（b）所示，当导体在磁极间运动时，导体会切割磁力线，进而产生电流。这种现象就是电磁感应现象，由此产生的电流即为感应电流。感应电流由电动势产生，电动势是由导体的电磁感应而产生的，因此又称为感应电动势。

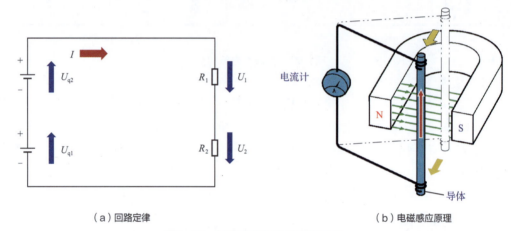

（a）回路定律　　　　　　　　　　（b）电磁感应原理

图1-73　回路定律与电磁感应原理

5）弗来明右手定则

图1-74显示了电磁场、感应电动势和导体运动的方向，这三者的关系由弗来明右手定则给出。根据右手定则，使右手的大拇指、食指和中指按图1-74所示伸直，食指代表磁力线（B）的方向，中指代表电流（I）的方向，大拇指代表导体运动（F）的方向。

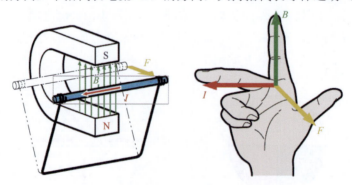

图1-74　右手定则

6）交流发电机原理

当一个导体在磁场间旋转时，电磁感应将产生感应电动势，若将导体弯成框形，则会产生双倍的感应电动势；若把导体制成一个线圈，则会产生更大的感应电动势，并且线圈匝数越多，产生的感应电动势越大，如图1-75所示。

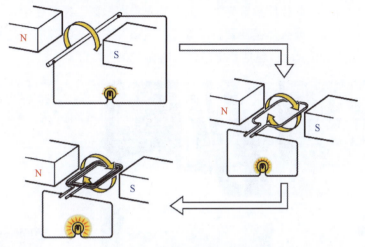

图1-75 电磁感应的应用原理

线圈产生的感应电动势的方向和大小随着线圈的位置而发生变化，如图1-76（a）所示为电流从电刷A流向灯泡；图1-76（b）所示为无电流；图1-76（c）所示为电流从电刷B流向灯泡，由此产生了交流电。上述原理就是交流发电机原理。

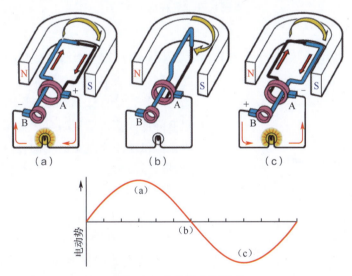

图1-76 交流发电机原理

3.基本元器件

1）导体

导体分为电子导体和离子导体两种。电子导体由相互紧密连接的金属原子构成，离子导体包括导电液体（电解液）、熔液和电离的气体。电荷载体既可以带正离子，也可以带负离子，离子流会使物质发生变化。由于金属的晶格结构，电子可在原子之间比较自由地移动，如图1-77所示，但

图1-77 导体内的电子流

是电子流不会使金属发生任何变化。

2）绝缘体

绝缘体内的自由电荷载体数量为零，因此其电导率极低。通常使用绝缘体或绝缘材料使电导体相互绝缘。绝缘体包括塑料、橡胶、玻璃、陶瓷、纸等固体及纯水、油和油脂等液体，如图1-78所示，也包括特定条件下的真空和气体。

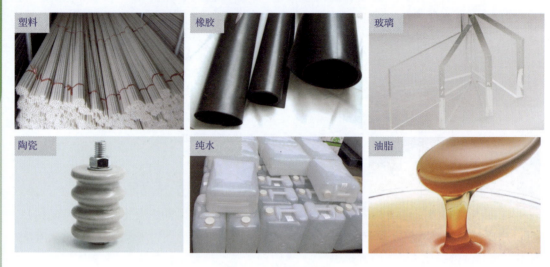

图1-78 各种绝缘体

3）半导体

半导体是一种电阻阻值介于良导体（如铜、铁）和绝缘体（如橡胶、玻璃）之间的材料，如图1-79所示。常见的半导体材料有锗、硅等。半导体具有以下特性：温度升高时阻值降低，掺入杂质时导电性增加，接触光、磁化或机械应力时可改变阻值，以及加上电压时可以发电等。

4）电阻/电位计

电阻用于限制开关电路中的电流。使用电阻可以在开关电路中获得特定的阻值并达到定义的电流强度。有固定阻值的电阻（固定电阻），也有阻值可变的电阻（可变电阻）。在固定电阻上，阻值通过颜色码标出；可变电阻就是电位计，如图1-80所示。它有3个接口，通常与工作电压、接地和控制信号输入端连接。电位计用于车辆中，负责测量机械运动等，如节气门位置传感器、踏板位置传感器等。

热敏电阻是与温度有关的电阻，它在较小的温度波动下会改变阻值。热敏电阻可以分为

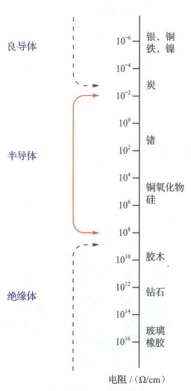

图1-79 半导体

NTC（负温度系数）和PTC（正温度系数）两种。NTC具有负的温度系数，即温度越高，阻值越小；PTC具有正的温度系数，阻值随温度的升高而增大。

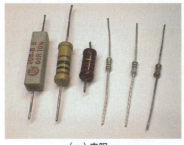

(a) 电阻　　　　　　　　　　　(b) 电位计

图1-80　电阻与电位计

5）电容器

电容器（通常简称为电容）是一个能存储电荷或电能的元件。最简单的电容器是由两个对隔的金属板和金属板之间的一个绝缘体组成的。电容器的存储能力称为电容，其单位为F。

根据实际应用情况使用非极化或极化电容器，如图1-81所示。非极化电容器的两个接头相同，可以相互调换，它可用直流和交流电压驱动。而极化电容器有一个正极接头和一个负极接头，这两个接头不能互换，它也不能用交流电压驱动。当要求高电容量时，可使用电解电容器。

 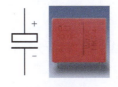

(a) 非极化电容器　　　　　　(b) 极化电容器

图1-81　非极化与极化电容器

6）线圈和电感

线圈在车辆的电气系统中有多种用途，如用作点火线圈、用于继电器和电机内。在车辆的电子系统中，线圈主要用于感应式传感器内，如曲轴和凸轮轴传感器。此外，线圈也可以用于输送能量（变压器）或进行过滤（如分频器）。

基本线圈是指缠绕在一个固体上的导线，但不一定必须有这个固体。基本线圈主要用于固定较细的导线。当将通电导体缠绕成一个线圈时，其内部会形成磁力线，磁力线平行分布且密度相同。当有电流流过线圈时，就会产生磁场，线圈将电能存储在磁场中，即生成磁能。当切断电流时，磁能会重新转化为电能，产生感应电动势。线圈最重要的物理特性是电感，如图1-82所示。

电感用符号L表示，其单位是H。

 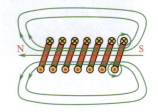

(a) 线圈　　　　　　(b) 电感特性

图1-82　线圈与电感特性

实际使用的线圈电感值低于1H，如1mH。一个线圈的磁场强度取决于绕组数量N、电流I和线圈结构。

线圈用于变压器、继电器和电机内。通过在线圈中放入一个铁心，可使磁场强度增大数倍。铁心不是电路的一部分，带有铁心的线圈称为"电磁铁"。只有当电流经过线圈时，软磁铁心才能保持磁性。

7）二极管

由两个半导体层结合形成的元件称为半导体二极管（以下简称二极管）。两个半导体层向外导电，阳极为至p层的触点，阴极为至n层的触点，如图1-83所示。

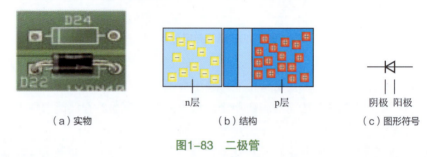

图1-83 二极管

二极管的作用如同一个电子管，因而可以作为整流的元件。如果在阳极上施加正电压，阳极就会切换到流通方向，有电流流过二极管；如果在阳极上施加负电压，则会使其切换到阻隔方向，没有电流经过二极管。为在外型上区分二极管的两个接头，n侧通过一个圆圈或一个点标记。在车辆的电子系统中，二极管用作整流器、去耦元件，负责抑制感应电压和提供反极性保护。

发光二极管（LED）也是由两个半导体层（p层和n层）组成的，但会用砷化镓取代硅作为半导体的原材料。LED的颜色取决于所用材料，它常用作指示灯。LED如图1-84所示，它需要始终串联一个电阻，以便限制经过它的电流。当一个LED的n层掺杂较多时，其p层的掺杂只能减少。这样可使二极管在接入流通方向时，电流几乎只通过电子运载。当p层内出现空穴与电子相结合（复合）的情况时，能量被释放。根据半导体的材料，这种能量以可见光或红外辐射的形式被释放。由于p层很薄，故可能有光线溢出。

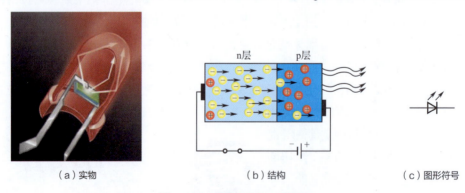

图1-84 LED（发光二极管）

当稳压二极管接入阻隔方向时，如图1-85所示，如果在阻隔方向上超过一个特定的电压$U_{Z\max}$，电流I_Z就会明显提高，二极管即可导电。通过增加掺杂物质，可使阻隔层变薄，因此，当电压为1～200V时，二极管就会被击穿。为了在出现击穿电压时保证迅速升高的电流不会造成二极管损坏,需要利用一个电阻限制电流。稳压二极管在车辆的电子系统中主要用于稳压和限制电压峰值。

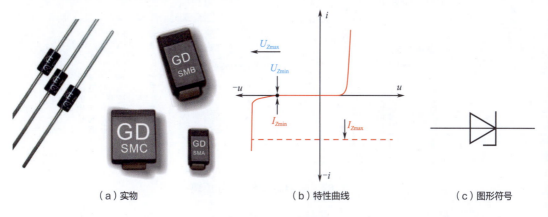

(a)实物　　　　　　　(b)特性曲线　　　　　　　(c)图形符号

图1-85　稳压二极管

8)晶体管

晶体管是由3个半导体层组成的元件,每个半导体层都有一个接头。根据半导体层的分布方式,晶体管分为NPN和PNP两种类型。3个半导体层及其接头称为发射极(E)、基极(B)和集电极(C),如图1-86所示。电荷载体从发射极移动到基极并由集电极吸收,因此晶体管有两个PN结,一个位于发射极与基极之间,另一个位于集电极与基极之间。

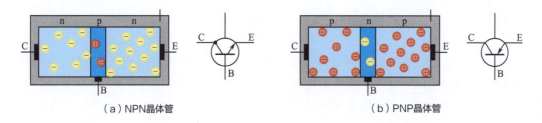

(a)NPN晶体管　　　　　　　　　　(b)PNP晶体管

图1-86　晶体管

这里以NPN晶体管为例介绍晶体管的工作原理。因为PNP晶体管的工作原理与NPN晶体管相同,只是电流方向相反。图1-87所示为NPN晶体管的工作原理。

发射极内有许多电子,而基极内只有少量空穴。在正电压U_{BE}的作用下,负电荷电子进入基极,并与空穴相结合。基极至发射极的电源重新以很小的电流形式提供正电荷空穴。

在集电极与发射极之间施加一个很小的电压,基极内的剩余电子会受到正极电极电压的影响。集电极至基极的阻隔层消失,有集电极电流I_C流过。晶体管放大作用的基础是以基极内很少的电荷载体,即很小的基极电流控制很大的集电极电流。

当基极至发射极的电压较小时,只有部分发射极内的电子进入基极,因此流过的基极电流较小。通过改变基极电流I_B,可以控制集电极电流I_C。图1-87所示的基极至发射极电源在实际应用中由一个分压器取代。略微改变基极电流就会使集电极电流发生较大变化。由于集电极电流与基极电流之间基本为线性关系,故而将这种变化用静态电流增益系数表示,即$B=I_C/I_B$。

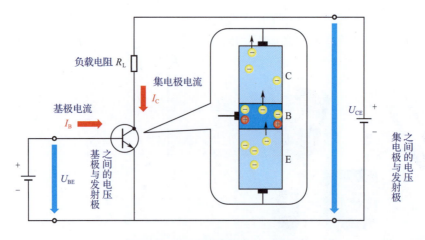

图1-87　NPN晶体管的工作原理

在车辆的电气系统中,因为晶体管响应速度快、无噪声且不会造成机械磨损,已取代机械开关。实际的开关是指晶体管集电极到发射极的部分。当晶体管上未施加基极电压时,没有基极电流流过,这意味着没有集电极电流流过。当晶体管上施加正基极电压时,有基极电流和集电极电流流过。

9) 场效应晶体管

场效应晶体管(FET)是单极晶体管,其电流输送过程仅涉及空穴或电子。场效应晶体管的类型如图1-88所示。

图1-89所示的JFET的N通道是导电区域,通过向控制电极(门)施加电压来影响电场。流过场效应晶体管导电通道的电流由电场控制。当门电压升高时,阻隔层扩大,流过N通道的电流因受到挤压而减小。如果减小门电压,则阻隔层缩小,流过N通道的电流会增大。改变阻隔层宽度几乎不会消耗功率。由于半导体晶体的固有导电性,虽然只是很小的阻隔电流,但无法阻止其流过。

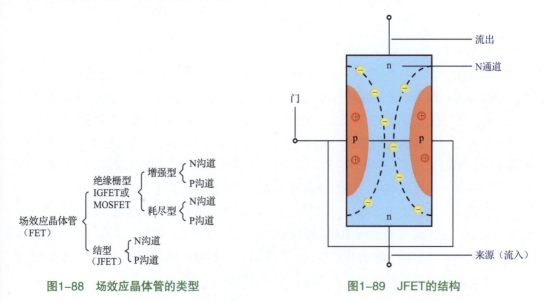

图1-88　场效应晶体管的类型　　　　图1-89　JFET的结构

由于功率消耗较小且可以接通较高的电流,常将FET作为开关和恒流电源。

10）电动机

直流电动机与直流发电机的结构原理相同，但两者的作用方式相反。当有电流流过导线（电枢）时，通过磁场的排斥和吸引作用，导线和磁铁周围会产生一个转矩，使导线在磁场中转动。

步进电动机是一种直流电动机，其转子可通过选择磁铁控制有目的地旋转一个角度。通过这种方式，可以分多步旋转一个角度，只要该转角是最小转角的倍数即可。

11）集成电路

集成电路（IC）是由晶体管、电容器、电阻和电感线圈构成的完全集成在半导体基底内/上的电子电路，如图1-90所示。现代集成电路（如存储器模块）可包含上亿个元器件（特别是晶体管）。

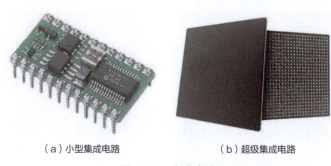

(a) 小型集成电路　　(b) 超级集成电路

图1-90　集成电路

12）控制单元

在汽车上，控制单元主要用于所有可能的电子区域，以及控制机器、设备和其他技术流程，如发动机控制单元。控制单元通常依据 EVA 原理工作（EVA 表示输入-处理-输出）。输入数据由传感器提供，包括转速、压力、温度等参数。汽车电子系统将输入数据与控制单元内的设定值进行对比，如果二者不一致，控制单元就会通过执行机构调节参数，从而使输入数据与设定值一致。执行机构以校正方式干预当前流程。现有的控制单元通过各种系统总线（如CAN）相互连接，实现有关车辆运行状态的信息和其他相关数据的交换。汽车控制单元如图1-91所示。

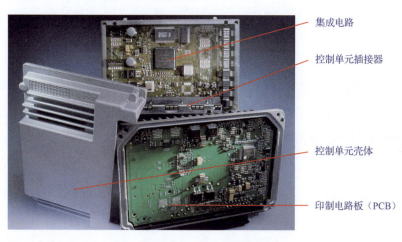

图1-91　汽车控制单元

1.3.3.2 汽车电路检测

1. 测量电流

电流表需要与用电器串联在一起，因此必须断开电路导线，以将电流表接入其中。测量时，电流需要流经电流表。电流表的内阻应尽可能低，以免影响电路。

电流表使用要点如下：①注意辨别电流类型，即电路中流过的是交流电流（AC）还是直流电流（DC）；②开始时应选择尽可能大的量程；③注意直流电流的极性；④测量后要将电流表调到最大交流电压量程；⑤如果待测电流>10A，则可以使用电流夹直接测量电流，无需断开电路。

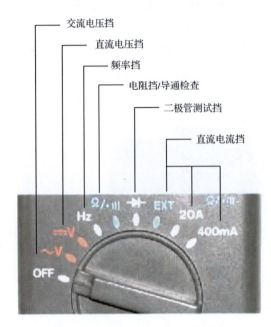

图1-92 万用表的挡位

2. 测量电阻

电阻阻值可通过欧姆表来测量，但在大多数情况下，主要使用万用表的电阻挡，如图1-92所示。为免出现读数错误和不准确，测量电阻时需要注意以下事项：①测量期间不得将待测部件连接至电压电源，因为欧姆表使用自身的电压电源并通过电压或电流确定阻值；②待测部件应至少有一侧与电路分离，否则并联的部件会影响测量结果。

3. 测量电压

当测量家庭用电或工厂供电线路的电压、交流电路电压及电力变压器端头的电压时，应将万用表的功能选择开关调到交流电压挡，并连接测试探头。测试探头的极性是可以互相交换的。

当测量各种类型的电池、用电设备及晶体管电路的电压及电压降时，应将万用表的功能选择开关调到直流电压挡。测量时，将黑色负极测量探头连接地电位，将红色正极测量探头接触待测试的部位，并读数。

第4节 汽车维修基础知识

1.4.1 汽车故障及分类

汽车在使用过程中丧失规定功能的现象称为汽车故障。一般地，将丧失功能的破坏性故障称为失效，将性能降低称为故障。从不同的维度出发，汽车故障分类如图1-93所示。

1.4.2 汽车电路控制方式与电路故障类型

1.4.2.1 汽车电路控制方式

汽车电路根据控制方式不同可以分为直接控制电路和间接控制电路。直接控制方式又可以分为开关直接控制、电源控制及接地控制3种方式。间接控制通过继电器或者控制模块控制用电器。

直接控制电路中不使用继电器,控制部件通过与用电器串联来直接控制用电器,如图1-94所示的倒车灯电路。

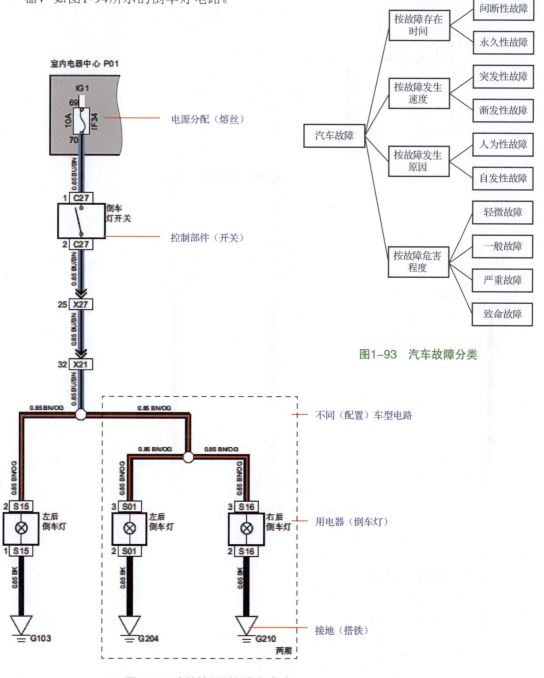

图1-93 汽车故障分类

图1-94 直接控制型倒车灯电路

在控制部件与用电器之间使用继电器或电子控制器的电路就是间接控制电路，如图1-95所示的雾灯电路。

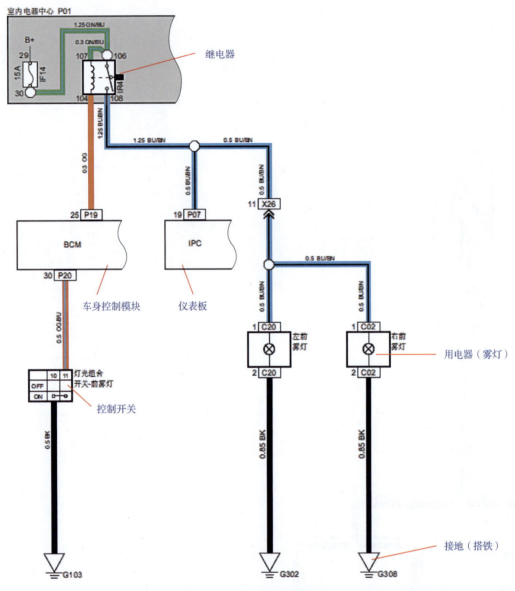

图1-95　间接控制型雾灯电路

1.4.2.2　电路故障类型

断路、短路、电阻过高、负载不工作是4种常见的电路故障。电路发生断路的原因包括：导线断开或接头松脱，保险装置熔断或断路器跳开，以及开关、灯泡等负载出现内部断路等。电路断路可能存在的故障部位如图1-96所示。

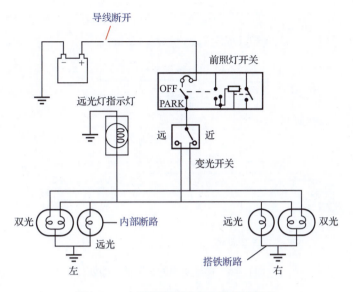

图1-96 电路断路可能存在的故障部位

电路短路通常表现为以下4种形式：线间短路、线与地短路、线与电源短路、负载内部短路。电路短路可能存在的故障部位如图1-97所示。

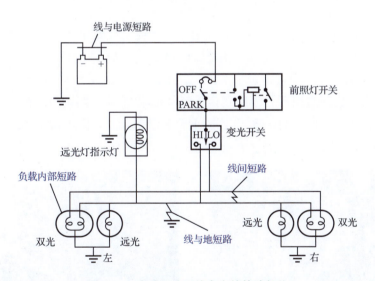

图1-97 电路短路可能存在的故障部位

当电路中的电阻过高时，测电阻时的表现与断路相似，即阻值为∞；测电压时的表现则是正常的，即测得的电压与正常电压基本相同。

综上所述，电路故障主要发生在4个部位：电源、负载、负载与搭铁之间、负载与电源之间，如图1-98所示。

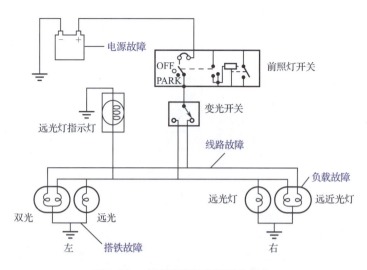

图1-98　电路故障的主要发生部位

1.4.3　汽车电气系统的故障类型

汽车电气系统的故障大多体现在线束、元器件和设置等方面，下面分别举例说明。

1.4.3.1　线束故障

线束故障主要包括线束老化、线束损坏、搭铁不良，以及插接件故障和插接错位等。

1）线束老化

宝马740Li汽车由于长期使用，其发动机主线束出现老化问题，如图1-99所示，进而导致线间短路故障发生，使汽车无法起动，更换线束后故障排除。

2）线束损坏

大众CC汽车由于右后侧行李舱线束没有固定牢靠，导致行李舱开关时与线束发生干涉，使线束损坏，如图1-100所示，进而导致无钥匙进入不起作用的故障，需要进行维修。

图1-99　发动机主线束老化

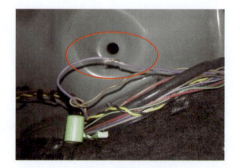

图1-100　线束损坏

3）搭铁不良

大众捷达汽车因发电机搭铁接处出现锈蚀，导致搭铁不良，如图1-101所示，致使车辆怠速偏高。经分析可知，由于发电量较低，发动机控制单元需要通过提高发动机的转速来提高发电量，故而引发该故障。

图1-101 搭铁不良

4）插接件故障

比亚迪S7汽车的空调系统连接插头因太阳暴晒而出现损坏（见图1-102），进而引起虚接问题，导致高温时空调不制冷，低温低时空调工作正常的故障，更换带插件的线束后故障排除。

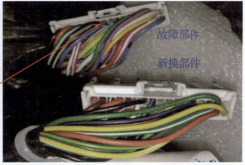

图1-102 插接件损坏

5）插接错位

大众迈腾汽车的模拟时钟与仪表时间无法同步，模拟时钟可以单独运行。拆卸模拟时钟，通过检查发现其插脚只有两条线，缺少2号插脚LIN线。经过进一步检查发现，手套箱照明灯不亮，手套箱的触点开关插头没有安装。原来是触点开关插头被错插在模拟时钟上，而模拟时钟的连接插头被闲置，如图1-103所示。

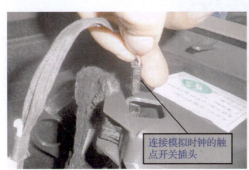

图1-103 被插错的电气插接器

1.4.3.2 部件故障

这里的部件泛指由导线连接的各种电气部件，如汽车电控单元、传感器、执行器等。在各种故障中，出现故障较多的部件是熔丝和继电器，以及汽车电控单元、空气流量计、氧传感器、三元催化转化器和曲轴位置传感器等，执行器中有怠速控制阀、电子节气门等。下面分别举例说明。

1）熔丝和继电器故障

熔丝位于各用电部件的供电线路中，起限流保护的作用，当线路中的部件发生短路、搭铁或意外损坏时，熔丝可能被烧坏。继电器在电路中起开关的作用，若其损坏，则会影响电路的功能。

大众新宝来汽车因熔丝插座有一插脚间隙过大而接触不良，导致天窗无法工作，如图1-104所示。

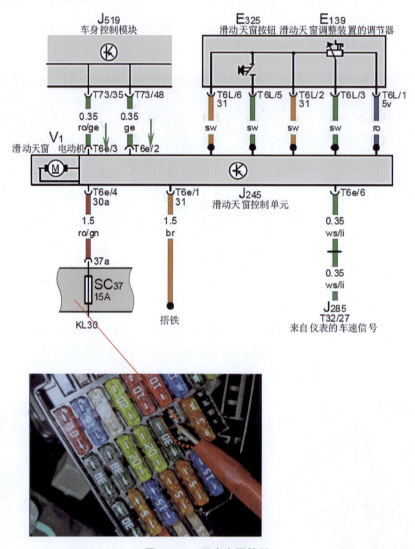

图1-104 天窗电源熔丝

本田锋范汽车因行李舱作动器继电器（见图1-105）损坏，导致遥控器无法开启行李舱盖，而使用机械拉索能正常开启行李舱盖，并且行李舱盖能正常关闭。

 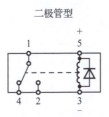 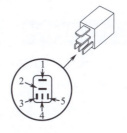

对行李舱作动器继电器进行测试，当将蓄电池正极连接至5号端子，将负极连接至3号端子时，1号和2号两个端子不导通（正常情况下应导通）

二极管型

图1-105　行李舱作动器继电器

2）汽车电控单元故障

汽车电控单元（ECU）按控制的总成系统不同，可分为发动机ECU、变速器ECU、车身ECU及气囊ECU等。汽车ECU故障一般为内部电路元件损坏，需要更换整个模块。

保时捷帕拉梅拉汽车因气囊ECU损坏引起安全气囊故障灯点亮，但车辆未遭受碰撞。气囊ECU内部受损电路元件如图1-106所示。

分解发现气囊ECU中一个黄颜色的类似电阻的元件被烧毁

图1-106　气囊ECU内部受损电路元件

3）传感器故障

大众迈腾汽车因副驾驶员侧碰撞传感器（见图1-107）损坏而引起安全气囊灯点亮，同时输出驾驶员侧碰撞传感器与副驾驶员侧碰撞传感器故障码。

4）执行器故障

大众迈腾汽车由于进气凸轮轴调节电磁阀（见图1-108）损坏而引起车辆怠速抖动，加速门时气门挺杆出现异响。

正常部件
柱塞失效的故障部件

图1-107　副驾驶员侧碰撞传感器　　　图1-108　进气凸轮轴调节电磁阀

1.4.3.3　设置故障

设置不当、匹配不当，或是更换了某些部件，却没有进行自适应匹配，都会引发各类故障。相关内容可以参见2.4.4节电控系统编程。

1.4.4　汽车维修思路

关于如何对汽车故障进行快速的分析与判断，下面将提供几种思路。

1. 先观察　再行动

任何故障在发生前都会出现异常现象。行车时应注意多观察仪表，一般规律：电路故障通常能由仪表反映出来，油路及机械故障则主要凭观察和感觉。即使碰到油路、电路同时出现故障，或具有共性现象而难以区分的故障，也不要急于开始，看准现象才是排除故障的首要环节。必要时可再次起动发动机或行驶一段距离，以确定故障发生时的表现和大致位置。

2. 先分析　再判断

当停车准备排除故障时，应根据故障现象仔细分析，因为同一故障可能会引起多个异常现象，而多个故障又可能同时引起同一异常现象。对此，要善于从共性中找出特性，做到"对症下药"。例如，对于发动机不能起动的故障，其故障现象包括：低温时不能起动，热车时不能起动，试起动时起动机能运转，以及试起动时起动机不能运转。相关原因各有不同，可能是电路的故障、油路的故障或者两者同时存在。只要仔细分析，就能找出故障的特性，做到去掉"不可能"，留下"可能"，从而将故障逐步缩小到可控制的范围内。

3. 条理清晰

在汽车维修中，可以按照先易后难、先简后繁、先明后暗、先电路后油路的顺序进行。若确定是电路故障，则需要分清是高压电路还是低压电路；若确定是低压电路故障，则需要分清是断路还是短路；若为断路，则应按电路走向，分段确定断点。

4. 找出故障规律

虽然故障的诊断与排除比较复杂、困难，但有一定规律可循。例如，发动机在运行中突然熄火，多为电路故障；若是逐渐熄火，则多为油路故障；当发动机在起动时毫无反应，多为缺油或没有高压点火所致；若在起动过程中出现冒烟、"放炮"，则多为点火时间不当或点火顺序不对所致。

1.4.5　汽车维修方法

1.4.5.1　汽车故障诊断方法

"望、闻、问、切"同样适用于汽车的故障诊断，其中的"望"和"问"是快速诊断汽车故障的有效方法。在维修前，维修人员需要向使用者了解车辆的情况，如汽车的使用年限、使用频率、一般的使用及停放环境、修理情况、发生故障的部位和现象，以及有无在别处检修或更换部件。目的明确的询问，有助于少走弯路。汽车故障诊断方法的分类如图1-109所示。

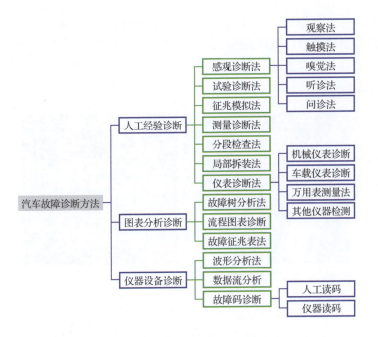

图1-109　汽车故障诊断方法的分类

1.4.5.2　汽车维修"十法"

通过对许多汽车故障的维修案例进行归纳总结，可以得出十条常用的维修方法，即维修"十法"。这十种方法并非独立存在，而是应该根据实际情况与工作经验进行灵活组合，以便提高维修质效。

1. 拆检法

拆检法主要用于机械故障的排除，通过拆解、检修总成部件，可以发现因部件安装错误、部件损坏、密封不严等所引起的故障。

例如，大众速腾汽车因气门油封密封不严导致车辆行驶中出现发动机抖动和故障灯告警的问题，读取故障码，显示气缸2检测到不发火，更换火花塞未果后，拆解发动机气缸盖，发现气缸2有机油残留，如图1-110所示，通过比对缸筒、气缸盖及气门，推断为气门导管处漏机油（如果是缸体与活塞环密封不严，则在缸筒上部边缘会留下较严重的积炭；若是气门油封渗漏，则会在气门杆上留下较多的积炭）。更换气门油封后，故障被排除。

图1-110　气缸2有机油残留

2. 换件法

根据故障现象及缺失的功能，判断可能引发这些故障的功能部件，并通过逐一更换来排除。

例如，大众迈腾汽车的导航CD没有声音，在更换同款CD后故障依旧，于是拆检驾驶员座椅下的功率放大器（见图1-111），发现部件有浸水的痕迹，并且功放插脚有水流出，同样拆检前排乘员座椅下的车载蓝牙控制器，发现它也进水了，更换以上两个部件，故障被排除。

 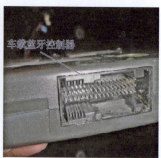

图1-111　受损的部件

3.替换法

将疑似故障部件与正常的部件对调安装，以此验证该部件能否正常工作。

例如，大众迈腾汽车的组合仪表因内部功能错误导致机油油位警告灯闪烁。将故障车辆的机油油位传感器插头用自制的延长跨接线连接到正常车辆的机油油位传感器上进行测试，故障车辆组合仪表中的机油油位警告灯依然闪烁。之后，将正常车辆的机油油位传感器插头用自制的延长跨接线连接到故障车辆的机油油位传感器上进行测试，正常车辆的组合仪表显示正常，如图1-112所示。由此可以确定机油油位传感器是正常的。更换组合仪表，故障被排除。

图1-112　部件对调连线测试

4.模拟法

模拟法是指模拟故障出现时的场景，使偶发性或阵发性故障再现，以便更好地判断故障发生部位及可能损坏的部件。

例如，在大众迈腾汽车正常行驶过程中，仪表突然显示"发动机故障维修站"，故障偶尔发生。通过反复试车对比模拟故障发生时的情况，发现车辆在较大角度转弯时容易出现故障，并且在某次故障中仪表出现了"油压"的内容。根据仪表的提示，推断润滑系统可能存在故障。举升车辆进行检查，发现油底壳有轻微碰撞过的痕迹。拆下油底壳进行检查，发现机油泵被撞裂，如图1-113所示。更换机油泵，故障被排除。

5. 对比法

通过拆解可疑故障部件并与正常部件进行对比，查找异同，发现问题所在的方法就是对比法。

例如，大众速腾手动车型因3挡同步环磨损导致车辆切换3挡时变速器出现异响。拆解变速器齿轮组，通过部件对比，找出问题所在，如图1-114所示。

6. 检测法

利用工具检测机件或电气元件的相关技术数据、工况信号并与正常情况下的参数进行对比，以判断其是否损坏。

图1-113 局部损坏的机油泵

图1-114 损坏部件与正常部件的对比

例如，大众迈腾汽车的燃油压力传感器因线路断路导致车辆加速时动力不足。将专用检测盒连接至发动机控制器上，检测高压燃油压力传感器的输入信号均为5.017V不变，正常应为0～5V变化信号，如图1-115所示。

7. 调整法

有的故障是因为部件的间隙、配合过大或过小而引起的，只需进行调整即可。

例如，大众速腾汽车的行李舱盖无法自动开启的故障，因为加装部件或行李舱盖结冰会导致行李

图1-115 输入信号检测

舱盖质量增加或行李舱盖与车身冻结在一起，同时气压弹簧的压力随温度降低而减小，所以不用更换行李舱的气压弹簧，只需更改气压弹簧（左右两侧）的挂钩位置即可排除故障，如图1-116所示。

8. 升级法

这里的升级包括硬件升级和软件升级两种。生产厂商有时会针对车型部件的不足进

行改进，或通过系统数据修正改良汽车的使用功能。在这种情况下，可以通过更换升级部件或刷新控制器软件版本的方法来修复汽车的功能性缺陷。

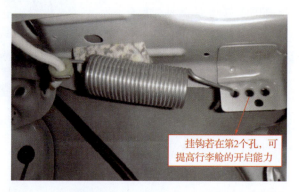

图1-116　气压弹簧拉力调节

图1-117　炭罐电磁阀

例如，大众EA888 2.0T发动机通过更换改进后的炭罐电磁阀，可以消除个别炭罐电磁阀（图1-117）由于卡滞而无法正常打开或关闭，进而影响混合气浓度，导致发动机故障灯点亮、起动困难、个别车内有汽油味的故障。

部分大众高尔夫A6车型的电子稳定程序（ESP）同时出现制动指示灯告警，并且制动器电子系统存在故障码03366（低压传感器不可靠信号偶然发生），可以通过ESP控制程序升级消除该故障，如图1-118所示。

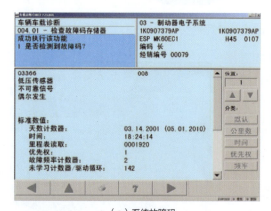

（a）系统故障码

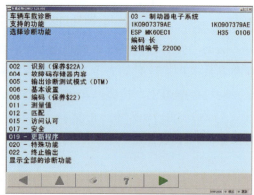

（b）"更新程序"选项

图1-118　ESP控制程序升级

9.波形分析法

通过对相关控制信号（波形信号）进行对比分析（正常车辆波形与故障车辆波形），可以判断故障部件。

例如，大众速腾汽车因曲轴位置传感器部件差异导致以下故障：怠速运转正常，当发动机转速超过2000r/min后发动机故障灯告警，加速不良。用示波器检测凸轮轴位置传感器和曲轴位置传感器的波形,并与正常车辆的波形进行对比,如图1-119所示。拆下曲轴位置传感器的靶轮并与旧的进行对比,发现2个靶轮明显不同,如图1-120所示。刷新发动机ECU,或者更换新的曲轴位置传感器靶轮或发动机ECU,故障被排除。

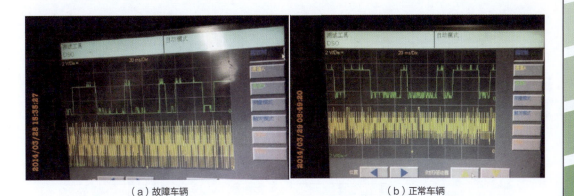

(a)故障车辆　　　　　　　　　　(b)正常车辆

图1-119　对比凸轮轴和曲轴位置传感器的波形

(a)新件

(b)旧件

图1-120　新旧曲轴位置传感器靶轮的对比

10.数据流分析法

通过用故障诊断仪读取系统数据流及部件工作状态,并与正常数据进行对比分析,可以快速得出故障部位及检修范围。

例如,大众迈腾2.0T发动机因节气门过脏导致高速行驶中ESP灯点亮后发动机熄火,车辆无法起动。读取发动机的数据流,如图1-121所示。

由第2组数据流可知,2区的发动机负荷低于15.6%;4区的空气流量为2.3g/s,正常应为2.7～2.9g/s;第3组3区显示的节气门开度过大。发动机的正常数据流如图1-122所示。

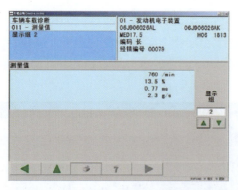 

图1-121　发动机的数据流

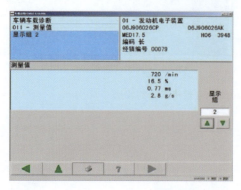 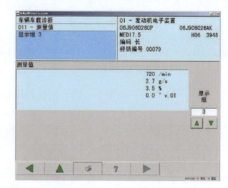

图1-122　发动机的正常数据流

节气门开度过大而负荷小于规定值说明节气门过脏。清洗节气门，重新读取数据流，节气门开度变为2.4%左右，发动机负荷、空气流量也都恢复到正常值，故障被排除。

1.4.6　汽车维修规范

1.4.6.1　维修安全作业规则

在进行汽车故障的检查、测试、诊断及总成拆装与部件修复的过程中，有不少事项与人身安全、汽车保护与环境保护等有关，都需要引起高度重视。

（1）对废气排放的防护。发动机排出的废气中含有一氧化碳，长时间处于低浓度的一氧化碳中，会对人的健康产生不利影响。因此，在车库中起动发动机时，应将车库的门打开或打开排风装置，以便随时将废气排出。如果是露天作业，也不应在工作中的发动机排气管附近长时间停留。汽车维修中的废气排放如图1-123所示。

图1-123　汽车维修中的废气排放

（2）对汽油的防护。汽油不仅易

燃、易爆，而且有毒，汽油中的添加剂会损害人的神经系统和消化道。另外，含有高浓度硫化物的汽油，由于其产生的硫化氢也有一定的毒性，在作业中也要注意防护。

（3）对废旧机油的防护。试验证明，如果长时间接触用过的旧机油，会对皮肤产生伤害。因此，在接触旧机油后，应及时用肥皂清洗干净。

（4）对防冻液的防护。防冻液的主要成分是乙二醇，乙二醇是一种有毒、带甜味、糖浆状的液体。如果误食防冻液，应立即催吐并送医。平时注意对防冻液的保存，以防孩童误食。

（5）对电解液的防护。电解液是由硫酸和水构成的，硫酸具有强烈的腐蚀性，若溅到皮肤上，应立即用清水冲洗干净。

（6）注意制动液的破坏作用。制动液对汽车的漆膜有损害作用，它会迅速溶解漆膜。制动液对人的眼睛是有害的，如果制动液溅入眼睛中，应立即用清水冲洗干净。

（7）注意化油器清洗剂的危害。大部分化油器清洗剂中都含有甲基氯化物、芳香簇类和乙醇，这些物质都有一定的毒性。因此，若不慎吸入这些物质，或溅到皮肤上都是有害的。

各种油液及应用如图1-124所示。

（a）待添加的汽油

（b）排放废机油

（c）添加冷却液

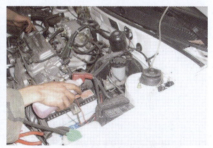
（d）添加蓄电池电解液

（e）添加制动液

（f）化油器清洗剂用于清洗节气门

图1-124　各种油液及应用

（8）对机械伤害的防护。在进行汽车的保养或维修作业时，应设置明显的作业标志，以防误操作导致伤害。

（9）防止失火。在进行汽车的保养或维修作业时，不能吸烟或使用明火，尤其是在油箱和蓄电池附近，因为油箱溢出的可燃气体和蓄电池溢出的氢气都是易燃的。此外，一些油料、清洗剂等也属于易燃易爆品。因此需要在现场设置消防装置，以防万一。

（10）对旋转机件的防护。在发动机运转时，需要保证头、手、衣物和工具远离旋转的风扇和传动带，以免造成伤害。

（11）防止烫伤。刚熄火的发动机，由于其各部分（水箱、排气管道、动力转向液箱和火花塞等）的温度都比较高，需要小心接触，以免烫伤。如果发动机温度高，不要取下水箱盖或松开排水开关，以防烫伤。

（12）注意车下作业的安全。如果需要在车下进行作业，则应设置明显的标志，如图1-125所示，并将汽车用掩车木固定。当用千斤顶举升汽车时，千斤顶需要放置平稳。架车前，应准备好架车工具（架车凳），禁止用砖头等易碎物体。在安装总成时，不要用手试探螺孔、锁孔等，以免弄伤手指。在发动机罩下工作时，应让他人离开驾驶室，以防发动机突然起动或他人操纵机构动作造成误伤。试验发动机时，不能在车下进行作业。

图1-125　维修安全指示牌

（13）注意变速器的挡位情况。在试车前，应注意变速器的挡位情况，以防汽车误动伤人。试车时，汽车各部分状况应能保证安全停车和方向有效。路试的汽车必须有明显的试车标志。试车人员需要乘坐安全，并在专门的试车道上进行试车。

（14）清理作业现场。在关闭发动机舱盖或其他总成盖时，应检查有无工具、抹布或拆下的零件等物品被遗忘，待确认正常后，方可关闭上述部位的舱盖。

1.4.6.2　部件拆装注意事项

（1）汽车在拆卸前应进行外部清洗，以清除泥沙、油污，需要维修或保养的总成应排出燃油和润滑油。

（2）使用正确的方法拆卸零件，以免损坏零件。

（3）拆卸总成时，应按分解的顺序进行，即先外后内、先附件后主体。对有公差配合要求和不许互换的机件，在拆卸时应检查有无记号，如果没有记号，则应重新做好记号。

（4）拆卸有配合要求的销、轴、衬套时，应用钢冲或铜冲，不可直接敲击部件，以免损伤部件。

（5）当部件因锈蚀而不易拆卸时，可用柴油（或煤油）浸润或加热后，将其拆卸。

（6）不要用带油的手触摸电气部件和橡胶零件。

（7）零件拆除后，应用零件盘装好，以免遗失零件。

（8）对于拆下的金属零件，应进行彻底清洗，并整齐摆好，以便进行检查和装配。

（9）有油污的金属零件可用煤油、燃油清洗，但要注意防火。此外，也可以使用金属清洗剂，加热效果更好。

（10）对于离合器摩擦片和制动器摩擦片，不能使用煤油、柴油或金属清洗剂进行清洗，只能用布蘸汽油擦洗。

（11）对于橡胶零件，只能使用酒精或制动液清洗，不能用煤油、柴油或金属清洗剂，以防其变形。

（12）皮质零件只需用抹布擦净。

（13）电气元件不能用煤油、柴油或金属清洗剂清洗，电气部分可用汽油擦拭，其他外壳和回转的金属部分则可以正常清洗。

1.4.6.3　电气系统维修要点

（1）当点火开关转到"运转"（START）位置时，不要拆装蓄电池。

（2）连接蓄电池的正、负线时需要注意方向，不要将正极线接到负极上，也不要将负极线接到正极上。

（3）在插入或拔出传感器插口时，应断开蓄电池负极线或关闭点火开关，以免产生电脉冲或短路击穿电子元件。

（4）不要在装有汽车ECU的车辆上进行电弧焊，除非关闭电源开关，否则会损坏ECU。

（5）不要在未对电子元件做防淋、防湿保护的情况下用水枪喷洗发动机机舱。

（6）对电子控制程度较高的汽车，不要轻易断开蓄电池的电源线，否则存储在ECU存储器中的任何程序，如电子量程表的计数器、ABS系统数据、防盗系统数据等，在蓄电池电源线被断开时，有可能被清除。

（7）当在靠近ECU或传感器的地方进行车身修理作业时，应特别小心，以免损坏电子元件。

（8）车上不宜安装功率超过8W的无线接收设备，若必须装，则应使天线尽量远离ECU，否则会损坏ECU的电路和部件。

（9）当对电控系统进行检修时，应避免电控系统因过载而损坏。在电控系统中，ECU与传感器的工作电流通常都比较小，因此，与之相应的电路元器件的负载能力也较小。在对其进行故障检查时，若使用输入阻抗较小的检测工具，则可能导致元器件超载出现损坏，为此应注意以下几点：

① 不可用试灯对电控系统的传感器和ECU进行检查（包括对其接线端子的检查）；

② 检查电控系统的电阻，应使用高阻抗的数字式万用表（10MΩ以上）或电控系统专用检测仪表；

③ 在装有电控系统的汽车上，禁止用搭铁线试火或拆线刮火的方法（该方法常用于判断导线有无开路）对电路进行检查。

（10）在拆下导线插接器时，需要注意松开锁紧弹簧（卡环）或按下锁扣；在安装导线插接器时，应注意要插到位并锁好锁止器（锁卡）。

（11）不可在发动机运转时拔下任何传感器的导线插头（插接器），这样会使ECU自诊断系统中出现人为的故障码（一种假码），对维修时的正确判断和故障排除产生影响。

（12）导线从中间断裂的情况很少见，大多数是在插接器处断开的，因此应仔细检查传感器和插接器处的导线。

（13）插接器进水受潮引起端子锈蚀，以及污物进入端子或插接器的接触压力降低都可能导致接触不良。将插接器分开清洁，并重新插入，可改变它的连接状况，有可能恢复正常接触。在故障诊断中，检查导线和插接器有无异常情况，若检查后故障消失，则可认为导线或插接器有故障。

第5节　汽车电路图识读

1.5.1　汽车电路图基础知识

1.5.1.1　电路图与线路图

电路是由电气或电子组件（电源、开关、灯泡、电动机等）联合构成的工作机构。电路的功能通过在闭合回路（电路）中流过部件的电流实现。

通常将车辆中储能器（蓄电池）、换能器（发电机）和耗能器（电气和电子装置）的组合称为车载网络。

电路以电路图或线路图的形式显示，它们是电工学中最重要的图形理解工具。

电路图是电气装置通过图形符号，必要时通过插图或简化的结构图的图解显示。它显示了不同电气装置相互联系、相互连接的方式。电路图是有关电路及其元器件的详细显示。在电路图中可以跟踪电流的流动。电路图中包括所有连接导线、开关、传感器、集成电路及灯泡等。

为了提高简明性，车辆中车载网络的整车电路图被分成具有规定组件（发动机控制、照明、信号装置等）的单元段。电流电路主要从上向下显示。为此，连续的水平电流电路会在上方画出常火正极和点火开关正极，而在下方画出接地。垂直的电流电路通常按序编号，以便能够确定基准，保证前后对应。

电路的元器件在电路图中通过标准化的图形符号表示。这些图形符号用于整个系统的简化显示，但从中可以准确地读取全部功能。这里以大众车系为例，其电路图的表现形式如图1-126所示。

1.5.1.2　汽车电气系统分类

汽车电气系统是汽车的重要组成部分之一，现代汽车所装备的电气系统，按其用途可大致分为4部分，分别如下：

（1）电源系统。它包括电源、接地及新能源汽车的车载充电和高压互锁。

（2）用电系统。按电气性质可分为电动装置（如电动门锁、电动车窗、电动座椅等）、电热装置（如座椅加热、点烟器、除霜器等）、电声装置（如喇叭、扬声器等）及电磁装置（如无线充电器、电吸门等）。

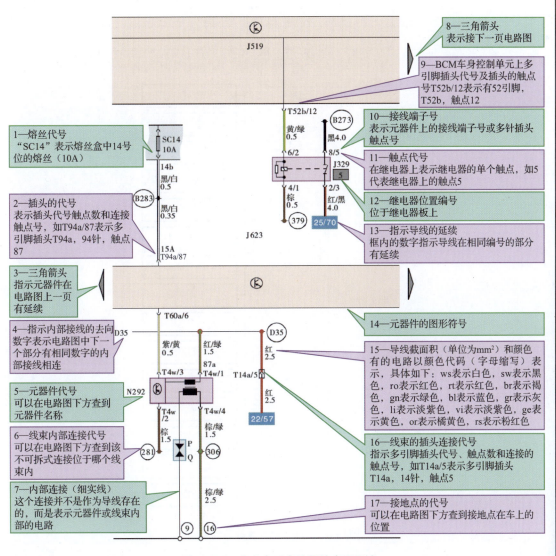

图1-126 大众车系电路图的表现形式

（3）电控系统。按系统总成可分为动力系统、底盘系统、车身电气和智能系统4类。

（4）网联系统。它包括车载网络总线系统、车联网系统及通信网络系统等。汽车电气系统的分类如图1-127所示。

1.5.2 汽车电路图形符号

1.5.2.1 一般表示符号

图形符号是用于电气图或其他文件中的一种表示项目或概念的图形、标记或字符，也是电气技术领域中最基本的工程语言。因此，为了读懂汽车电路图，需要掌握并熟练运用图形符号。常用的汽车电路图形符号见表1-8（源自汽车制造商公开资料及相关标准的通用简单汇总）。

图形符号分为基本符号、一般符号和明细符号3种。

基本符号不能单独使用，它不表示独立的元器件，只说明电路的某些特征。例如，

"—"表示直流,"～"表示交流,"+"表示正极,"-"表示负极,"N"表示中性点。

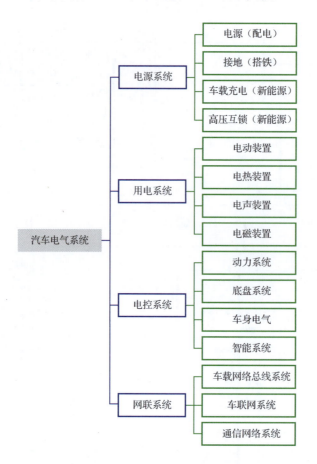

图1-127　汽车电气系统的分类

一般符号用于表示某一类产品及其特征,如表示指示仪表的一般符号,表示传感器的一般符号。一般符号广义上代表各类元器件,也可以表示没有附加信息或功能的具体元件,如普通电阻器、电容器等。

明细符号用于表示某种具体的元器件,它由基本符号、一般符号、物理量符号及文字符号等组合衍生所得。例如,⊛是指示仪表的一般符号,当要表示电流、电压的种类和特点时,将符号中的"*"换成"A"或"V",就成为明细符号,Ⓐ表示电流表,Ⓥ表示电压表。

另外,对相关标准中没有规定的符号,可以选取标准中给定的基本符号、一般符号和明细符号,按规定的组合原则进行衍生,以构成完整的元器件或设备的图形符号,但在图样的空白处需要补充说明。例如,将天线的一般符号和直流电动机的一般符号进行组合,就可以得到电动天线的图形符号。

表1-8 常用的汽车电路图形符号

基本符号					
序号	名称	图形符号	序号	名称	图形符号
1	直流	—	6	中性点	N
2	交流	∼	7	磁场	F
3	交直流	≂	8	搭铁（接地）	⊥
4	正极	+	9	交流发电机输出接柱	B
5	负极	−	10	磁场二极管输出端	D+
导线端子和导线连接类					
序号	名称	图形符号	序号	名称	图形符号
1	接点	●	8	插头和插座	
2	端子	○	9	多极插头和插座（图示为三极）	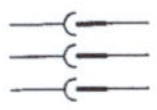
3	导线的连接	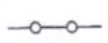			
4	导线的分支连接				
5	导线的交叉连接		10	接通的连接片	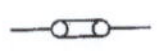
6	插座的一个极		11	断开的连接片	
7	插头的一个极		12	屏蔽导线	
触点开关类					
序号	名称	图形符号	序号	名称	图形符号
1	动合（常开）触点		4	中间断开的双向触点	
2	动断（常闭）触点		5	双动合触点	
3	先断后合的触点		6	双动断触点	

第1章 汽车维修概述

续表

触点开关类					
序号	名称	图形符号	序号	名称	图形符号
7	单动断双动合触点		23	定位开关（非自动复位）	
8	双动断单动合触点		24	按钮开关	
9	一般情况下的手动控制		25	能定位的按钮开关	
10	拉拨操作		26	拉拨开关	
11	旋转操作		27	旋转、旋钮开关	
12	推动操作		28	液位控制开关	
13	一般机械操作		29	机油滤清器报警开关	
14	钥匙操作		30	热敏开关动合触点	
15	热执行器操作		31	热敏开关动断触点	
16	温度控制		32	热敏自动开关的动断触点	
17	压力控制		33	热继电器触点	
18	制动压力控制		34	旋转多挡开关位置	
19	液位控制		35	推拉多挡开关位置	
20	凸轮控制		36	钥匙开关（全部定位）	
21	联动开关		37	多挡开关与点火、起动开关，瞬时位置为2能自动返回1，即2挡不能定位	
22	手动开关的一般符号		38	节流阀开关	
元器件类					
序号	名称	图形符号	序号	名称	图形符号
1	电阻器		4	热敏电阻器	
2	可变电阻器		5	滑线式变阻器	
3	压敏电阻器		6	分路器	

续表

元器件类					
序号	名称	图形符号	序号	名称	图形符号
7	滑动触点电位器		23	具有两个电极的压电晶体	
8	仪表照明调光电阻器		24	电感器、线圈、绕组、扼流圈	
9	光敏电阻		25	带铁心的电感器	
10	加热元件、电热塞		26	熔断器	
11	电容器		27	易熔线	
12	可变电容器		28	电路断电器	
13	极性电容器		29	永久磁铁	
14	穿心电容器		30	操作器件的一般符号	
15	半导体二极管的一般符号		31	一个绕组电磁铁	
16	稳压二极管		32	两个绕组电磁铁	
17	发光二极管				
18	双向二极管（变阻二极管）		33	不同方向绕组电磁铁	
19	晶体闸流管				
20	光电二极管		34	触点常开的继电器	
21	PNP型晶体管				
22	集电极接管壳晶体管（NPN型）		35	触点常闭的继电器	

仪表信号类					
序号	名称	图形符号	序号	名称	图形符号
1	指示仪表	*	8	转速表	n
2	电压表	V	9	温度表	t°
3	电流表	A	10	燃油表	Q
4	电流、电压表	A/V	11	车速里程表	V
5	欧姆表	Ω	12	电钟	
6	瓦特表	W	13	数字式电钟	
7	油压表	OP			

续表

传感器类					
序号	名称	图形符号	序号	名称	图形符号
1	传感器的一般符号	*	8	空气流量计（空气流量传感器）	AF
2	温度传感器	t°	9	氧传感器	λ
2	空气温度传感器	$t^°_n$	10	爆燃传感器	K
4	冷却液温度传感器	$t^°_w$	11	转速传感器	n
5	燃油表传感器	Q	12	速度传感器	v
6	油压表传感器	OP	13	空气压力传感器	AP
7	空气质量传感器	m	14	制动压力传感器	BP

电气设备类					
序号	名称	图形符号	序号	名称	图形符号
1	照明灯、信号灯、仪表灯、指示灯	⊗	5	预热指示器	⊖
2	双丝灯	⊗⊗	6	电喇叭	
3	荧光灯		7	扬声器	
4	组合灯		8	蜂鸣器	

续表

电气设备类					
序号	名称	图形符号	序号	名称	图形符号
9	报警器、电警笛		28	滤波器	
10	信号发生器		29	稳压器	
11	脉冲发生器		30	点烟器	
12	闪光器		31	热继电器	
13	霍尔信号发生器		32	间歇刮水继电器	
14	磁感应信号发生器		33	防盗报警系统	
15	温度补偿器		34	天线的一般符号	
16	电磁阀的一般符号		35	发射机	
17	常开电磁阀		36	收放机	
18	常闭电磁阀		37	内部通信联络及音乐系统	
19	电磁离合器		38	收放机	
20	用电动机操纵的怠速调整装置		39	天线电话	
21	过电压保护装置		40	收放机	
22	过电流保护装置		41	点火线圈	
23	加热器（除霜器）		42	分电器	
24	振荡器		43	火花塞	
25	变换器、转换器		44	电压调节器	
26	光电发生器		45	转速调节器	
27	空气调节器		46	温度调节器	

续表

		电气设备类				
序号	名称	图形符号	序号	名称	图形符号
47	串励绕组		59	风扇电动机	
48	并励或他励绕组		60	刮水电动机	
49	集电环或换向器上的电刷		61	电动天线	
50	直流电动机		62	直流伺服电动机	
51	串励直流电动机		63	直流发电机	
52	并励直流电动机		64	星形联结的三相绕组	
53	永磁直流电动机		65	三角形联结的三相绕组	
54	起动机（带电磁开头）		66	定子绕组为星形联结的交流发电机	
55	燃油泵电动机、洗涤电动机		67	定子绕组为三角形联结的交流发电机	
56	晶体管电动汽油泵		68	外接电压调节器与交流发电机	
57	加热定时器		69	整体式交流发电机	
58	点火电子组件		70	蓄电池	

1.5.2.2 厂商表示符号

不同品牌汽车的电路图绘制形式大体相同，个别地方会采用自己的独特定义及形式，因而在图形符号表示方面也有些许区别。下面以大众、通用、丰田三大汽车品牌为例，介绍其常用的部分图形符号。

大众品牌车型的部分图形符号见表1-9。

表1-9 大众品牌车型的部分图形符号

图形符号	实物	图形符号	实物	图形符号	实物
交流发电机		继电器		发光二极管	

续表

图形符号	实物	图形符号	实物	图形符号	实物
压力开关		感应式传感器		电阻器	
机械开关		熔丝		可变电阻器	
温控开关		内部照明灯		起动机	
电动机		灯泡		多挡手动开关	车灯开关（示例）
控键开关		显示仪表		氧传感器	
电子控制器		电磁阀	喷油器（示例）	喇叭	
爆燃传感器		双速电动机	刮水器电动机（示例）	蓄电池	
扬声器		插头连接		火花塞和火花塞插头	
点烟器		元件上多针插头连接	发动机控制单元引脚（示例）	点火线圈	
电热元件		电磁离合器	手动开关（示例）	接线插座	

通用品牌车型的部分图形符号见表1-10。

表1-10　通用品牌车型的部分图形符号

图形符号	说　明	图形符号	说　明	图形符号	说　明
	局部部件。当部件采用虚线框表示时，部件或导线均未完全表示	X100 12 插座端 插头端	直列式线束插接器		扬声器
	完整部件。当部件采用实线框表示时，表示所示部件或导线完整	S100	接头		喇叭
	熔丝		搭铁（接地）		传声器
	断路器		壳体搭铁		单丝灯泡
	易熔线		仪表		双线灯泡
12	直接固定在部件上的插接器		加热元件		二极管
X100 12	带引出线的插接器		天线		发光二极管
	带螺栓或螺钉连接孔的端子		电动机		光电传感器
	电容器		感应型传感器（2线式）		输入/输出双向开关（+/-）
	蓄电池		感应型传感器（3线式）		安全气囊系统线圈
	可调蓄电池		霍尔效应传感器（2线式）		不完整物理接头
	电阻器		霍尔效应传感器（3线式）		完整物理接头（2条线路）
	可变电阻器		氧传感器（2线式）		完整物理接头（3条或多条线路）

续表

图形符号	说 明	图形符号	说 明	图形符号	说 明
	位置传感器		加热型氧传感器（4线式）		导线交叉
	爆燃传感器		屏蔽		绞合线
	压力传感器		开关		临时或诊断插接器
	电磁线圈（执行器）		输入/输出下拉电阻器（-）		电路参考
	电磁阀		输入/输出上拉电阻器（+）		电路延长箭头
	离合器		输入/输出高压侧驱动开关（+）		选装件断裂点
	4针单刀/单掷继电器（常开）		输入/输出低压侧驱动开关（-）		搭铁电路连接
	5针继电器（常闭）				

丰田品牌车型的部分图形符号见表1-11。

表1-11 丰田品牌车型的部分图形符号

图形符号与实物	含 义	图形符号与实物	含 义
蓄电池	存储化学能并将其转换为电能，从而为车辆的各种电路提供直流电	电阻器	有固定阻值的电气元件，用于将电压降低到规定值
电容器	临时储存电压的小存储单元	抽头式电阻器	一种电阻器，可以提供两种或两种以上不同的不可调节的阻值
二极管	只允许电流单向流通的半导体	可变电阻器	一种可调电阻比的可控电阻器，也称为电位计或变阻器

续表

图形符号与实物	含义	图形符号与实物	含义
稳压二极管	允许电流单向流动,但只在不超过某个特定电压时才阻挡反向流动。当超过该特定电压时,稳压二极管可允许超过部分的电压通过。它可作为简易稳压器使用	单灯丝 双灯丝 前照灯	电流使前照灯的灯丝变热并发光,前照灯可以有单灯丝或者双灯丝
发光二极管	当有电流流过时,二极管会发光,但发光时不会像同等规格的灯一样产生热量	灯	电流流过灯丝,使灯丝变热并发光
光电二极管	一种根据光照强度控制电流的半导体	喇叭	可以发出响亮音频信号的电子装置
晶体管	主要用作电子继电器的一种固态装置;根据"基极"上施加的电压来阻止或允许电流通过	扬声器	一种可利用电流产生声波的机电装置
适用中等电流的熔丝	一条细金属丝,当通过过量电流时会自动熔断,可以阻断电流,防止电路受损	点火开关	使用钥匙操作且有多个位置的开关,可用来操作各种电路,特别是初级点火电路
适用于大电流的熔丝或易熔线	位于大电流电路中的粗导线,如果电流过载,其将熔断,以保护电路	1.常开 2.常闭 手动开关	负责打开或闭合电路,可阻断(如1所示)或允许(如2所示)电流通过
断路器	通常指可重复使用的熔丝,当有过大的电流经过时,断路器会变热而断开;有些断路器在冷却后会自动复位,有些则需要手动复位	双掷开关	使电流持续流过两组触点中任意一组的开关
1.常闭 2.常开 继电器	通常指一个可常闭(如1所示)或常开(如2所示)的电控操纵开关。电流通过一个小型线圈产生磁场来打开或关闭继电器的开关	模拟表	电流使电磁线圈接通,进而引起指针转动,在刻度上有相应的显示
双掷继电器	使电流流过两组触点中任意一组触点的继电器	FUEL 数字表	电流会激活一个或多个LED、LCD或者荧光显示屏,这些显示屏可提供相关显示或数字显示
电磁阀 喷油器(示例)	电流通过电磁线圈产生磁场以便移动铁心等	电动机	将电能转换为机械能,特别是旋转运动

续表

图形符号与实物	含义	图形符号与实物	含义
 点火线圈	将低压直流电转换为高压点火电流,使火花塞产生火花	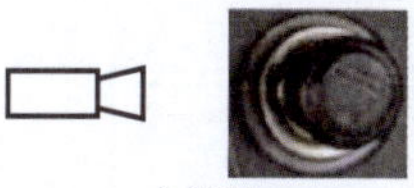 点烟器	一个电阻加热元件

1.5.3　汽车电路图类型

汽车电路图是用汽车行业标准及制造商规定的图形符号,对汽车电器的结构组成、工作原理、工作过程及安装要求所做的图解说明,也包括图例及简单的结构示意图。电路图显示了不同电路之间的关系及相互的连接,通过识读电路图,可以认识并确定电路图中元器件的名称、型号和规格,进而清楚掌握汽车电气系统的组成、相互关系、工作原理和安装位置,以便对汽车电路进行检查、维修、拆装等工作。

因为汽车电器元件的外型和结构比较复杂,所以采用规定的图形符号和文字符号来表示它的种类、规格及安装方式。此外,根据汽车电路图的不同用途,可绘制不同形式的电路图,主要包括原理框图、电路原理图和线束分布图。

1.5.3.1　原理框图

汽车电路比较复杂,为概括表示汽车电气系统或分系统的基本组成及相互关系和主要特征,常采用原理框图。所谓原理框图,就是用符号或带注释的框来简要表示汽车电器的基本组成、相互关系及主要特征的一种简图。原理框图所描述的对象是系统或分系统的主要特征,它对内容的描述是粗略的,用来表示系统或分系统基本组成的是图形符号和带注释的框。

原理框图是从总体上来描述系统或分系统的,它是系统或分系统设计初期的产物,依据系统或分系统按功能依次分解的层次绘制。车辆进入与安全控制系统原理框图示例如图1-128所示。

1.5.3.2　电路原理图

为了详细表示实际设备或成套装置电路的全部基本组成和连接关系,以便于清楚理解工作原理,需要绘制电路原理图(也称为电气线路图)。

电路原理图具有以下特点:

(1)对全车电路有完整的概念。电路原理图既是一幅完整的全车电路图,也是一幅互相联系的局部电路图,能够突出重点、难点,并且繁简适当。

(2)建立起电位高低的概念。负极搭铁的电位最低,用图中底部的一条导线表示;正极火线的电位最高,用图中顶部的一条导线表示。电流方向基本是从上到下的,电流流向为电源正极→开关→用电器→搭铁→电源负极。

(3)尽可能减少导线的弯曲与交叉。调整位置、合理布局,保证图面简洁清晰,图形符号应能兼顾元件外形和内部结构,以便于分析,并要做到易读、易画。

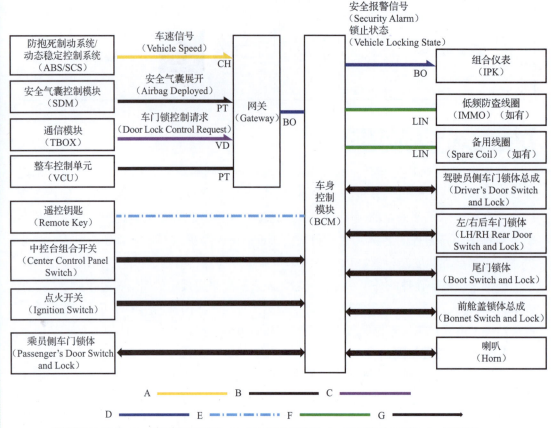

图1-128 车辆进入与安全控制系统原理框图示例

(4) 电路系统的相互关联关系清晰。发电机与蓄电池之间,以及各电路系统之间的连接点应尽量保持原位,熔断器、开关、仪表的接法需要与原图吻合。

福特品牌车型的电路原理图示例如图1-129所示。

1.5.3.3 线束分布图

在汽车上,为了安装方便和保护导线,会将同路的多条导线用棉纱编制物或聚氯乙烯塑料带包扎,形成线束。

线束分布图(有的称为线束图)是根据电气设备在汽车上的实际安装部位所绘制的全车电路图,其中,部件之间的导线以线束形式出现。线束图简单明了且接近实际,对使用或维修人员有效强的适用性。

线束分布图不会详细描述线束内部的导线走向,只将露在线束外面的线头与插接器详细编号,并用字母标定。配线记号的表示方法应突出,以便于配线,各接线端都要用序号和颜色正确标注。线束图与电路图、插接件端子图结合使用,具有很大的参考价值。因此,现代汽车维修手册中一般都会给出电路图和线束分布图。以福特品牌车型为例,其座椅线束分布图如图1-130所示。

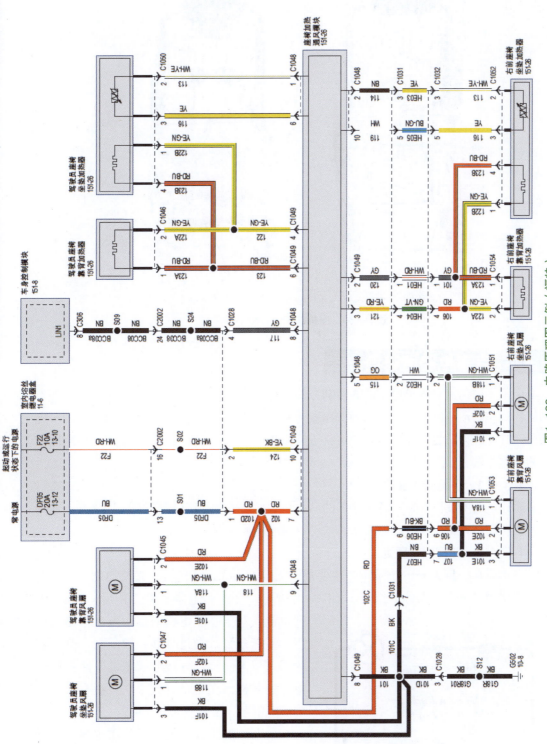

图1-129 电路原理图示例（福特）

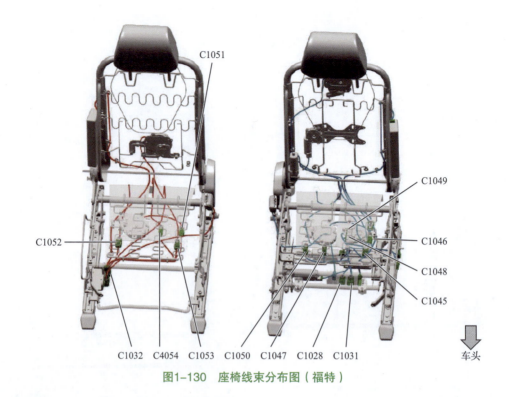

图1-130 座椅线束分布图（福特）

1.5.4 汽车电路图识读方法

由于不同国家对汽车电路图的绘制方法、符号标注、文字标注、技术标准要求都不同，各汽车制造商的汽车电路图画法存在差异，甚至是同一国家不同汽车公司的汽车电路图，其表示方法也会存在差异，这就给读图带来了挑战，因而需要掌握汽车电路图识读的基本方法。

1.5.4.1 了解图注说明

通过认真阅读图注，了解电路图的名称、技术规范，并明确图形符号的含义，建立元器件和图形符号一一对应的关系，以便快速准确地识图。

1.5.4.2 掌握回路原则

在电学中，回路是一个基本、重要却又简单的概念，任何一个完整的电路都由电源、用电器、开关及导线等组成，如图1-131所示。一个用电器要想正常工作，需要得到电能。对于直流电路而言，电流总是从电源的正极出发，通过导线、熔断器、开关到达用电器，再经过导线（或搭铁）回到同一电源的负极，在这个过程中，只要有一个环节出现错误，该电路就不会正确、有效。

从电源的正极出发，经某用电器（或再经其他用电器），最后回到同一电源的正极，由于电源的电位差（电压）仅存在于电源的正、负极之间，电源

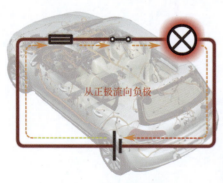

图1-131 回路原则

的同一电极是等电位的,故没有电压,这种"从正到正"的途径也不会产生电流。在汽车电路中,发电机和蓄电池都是电源,在寻找回路时,不能将两者混为一谈,即不能从一个电源的正极出发,经过若干用电器后,回到另一个电源的负极,这种做法不会构成真正的通路,也不会产生电流。因此必须强调,回路是指从一个电源的正极出发,经过用电器后,回到同一电源的负极。

1.5.4.3 熟悉开关作用

汽车电路通常由以下部分组成:电源电路、控制电路、用电设备(用电器)及接地电路,如图1-132所示。

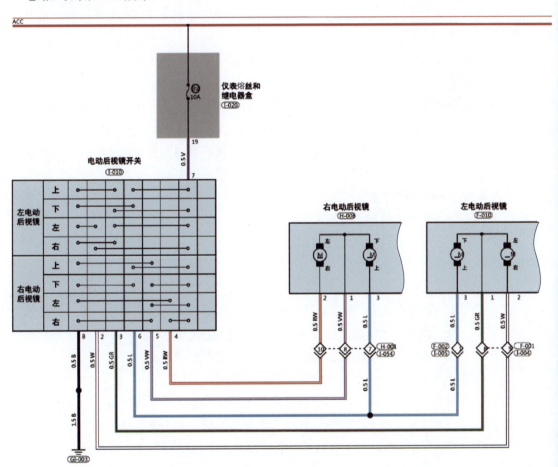

图1-132 汽车电路组成

开关是控制电路通断的关键,电路中的主要开关往往汇集了多条导线,如点火开关、组合开关,读图时应注意与开关有关的5个问题:

① 在开关的诸多接线柱中,哪些是接直通电源的?哪些是接用电设备的?接线柱旁是否有接线符号?这些符号是否常见?

② 开关共有几个挡位?在每个挡位中,哪些接线柱通电?哪些接线柱断电?

③ 蓄电池或发电机的电流是通过什么路径到达某个开关的?中间是否经过别的开关或熔断器?这个开关是手动控制的还是电控的?

④ 各个开关分别控制哪个用电设备？被控用电设备的作用和功能是什么？

⑤ 在被控的用电设备中，哪些是处于常通状态的？哪些是处于短暂接通状态的？哪些应先接通？哪些应后接通？哪些应单独工作？哪些应同时工作？哪些允许同时接通？

1.5.4.4　掌握电路规律

电源部分到各用电设备熔断器或开关的导线是用电设备的公共火线，通常画在电路原理图的上部。

在标准的电路图中，开关的触点位于零位或静态，即开关处于断开状态或继电器线圈处于不通电状态，晶体管、晶闸管等具有开关特性的元件是否导通或截止视具体情况而定。

汽车电路是单线制，各用电设备相互并联，继电器和开关串联在电路中。

大部分用电设备都经过熔断器，受熔断器的保护。

将整车电路按功能及工作原理分为若干独立的电路系统，这样可以解决整车电路庞大复杂、分析困难的问题。现在的汽车整车电路图一般都按各个电路系统进行绘制，如电源系统、起动系统、点火系统、照明系统等，这些电路系统都有自己的特点，只要抓住特点，就能理解它们的结构和原理，从而有利于理解整车电路。

1.5.4.5　一般识图方法

（1）先看全图，把单独的系统圈出来。

一般来讲，各电路系统的电源和电源总开关是公共的，任何一个系统都应该是一个完整的电路，需要遵循回路原则。

（2）分析各系统的工作过程及相互间的联系。

在分析某个电器系统之前，需要了解该电器系统所包含各部件的功能、作用和技术参数等。在分析过程中，应特别注意开关、继电器触点的工作状态，大多数电器系统都是通过开关、继电器的不同工作状态来改变回路以实现不同功能的。

（3）通过对典型电路的分析，达到触类旁通的效果。

由于许多车型的汽车电路原理图，有很多部分都是类似或相近的，故而可以利用一个具体的示例，通过举一反三、对照比较，实现触类旁通，从而掌握汽车的一些共同的规律（共性），再以这些共性为指导，了解其他型号汽车的电路原理，又可以发现更多的共性和各种车型之间的差异。

汽车电器的通用性和专业化生产，使同一制造商汽车的整车电路形式大致相同，若能掌握某种车型电路的特点，则可以大致了解对应品牌车型或同系列品牌汽车制造商的汽车电路的特点。

因此，锁定典型电路，掌握各系统的接线特点和原则，对了解其他车型的电路大有益处。

第2章 汽车发动机

第1节 发动机概述

2.1.1 汽车发动机的类型与构造

2.1.1.1 汽车发动机的类型

常见的汽车发动机有汽油发动机（以下简称汽油机）和柴油发动机（以下简称柴油机），这两种发动机最大的区别在于使用燃料的不同。燃料特性的不同决定了它们的机构也不同。例如，汽油机比柴油机多了一个点火系统，因为柴油机采用压燃方式，无须点火，在气缸压缩温度达到着火点后可自行燃烧。

汽车发动机的分类如图2-1所示。

汽车发动机
- 按燃料类别分
  - （1）柴油发动机（多用于欧款小汽车、重型货车和大型客车）
  - （2）汽油发动机（多用于小轿车）
  - （3）压缩天然气（CNG）发动机
  - （4）液化石油气（LPG）发动机（多用于公交车）
  - （5）汽油/CNG发动机，氢/汽油发动机
- 按做功行程分
  - （1）四冲程发动机（用于大部分汽车）
  - （2）二冲程发动机（主要用于摩托车）
- 按气缸数目分
  - （1）双缸发动机
  - （2）3缸发动机（少见，主要用于微型车，为直列式，如奇瑞QQ汽车配置的371型）
  - （3）4缸发动机（当前汽车配置最多的一种发动机，为L直列式）
  - （4）5缸发动机（少见，为直列式）
  - （5）6、8、10、12缸发动机（多为V形或W形，属于中高级豪华轿车的配置，其中尤以V形6缸应用最多）
- 按气缸排列分
  - （1）L直列发动机（多为3、4、5、6缸）
  - （2）V形发动机（多为6、8、10、12缸）
  - （3）W形发动机（多为12、24缸）
  - （4）对置发动机
  - （5）斜置发动机
- 按冷却方式分
  - （1）水冷发动机（应用最多的一种汽车发动机）
  - （2）风冷发动机（多用于单、双缸的摩托车，部分跑车也会使用）
- 按活塞形式分
  - （1）往复活塞发动机（应用最多的一种汽车发动机）
  - （2）转子活塞发动机（少见，马自达RX-8跑车用过）
- 按供油方式分
  - （1）化油器式发动机（早期汽车所用的汽油发动机形式）
  - （2）电控（喷）发动机（当前所有生产装配的发动机都采用电子控制方式）

直列4缸水冷电控四冲程往复式汽油发动机

V形6缸发动机的气缸体

W形12缸6.0L发动机

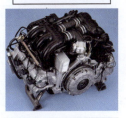

保时捷跑车用对置式发动机

图2-1 汽车发动机的分类

2.1.1.2 汽车发动机的构造

汽车发动机是由机体组、曲柄连杆机构和配气机构，以及燃料供给、点火、起动、润滑、冷却5个系统组成的。汽车发动机组成部件的构造如图2-2所示。

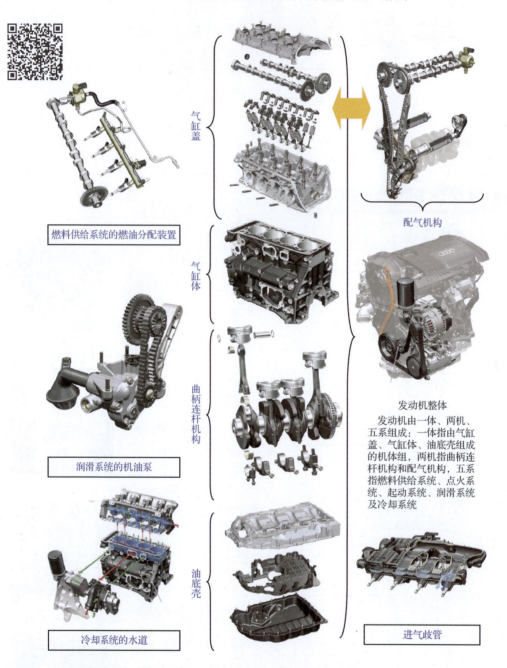

图2-2 汽车发动机组成部件的构造

2.1.2 汽车发动机的工作原理

2.1.2.1 汽油机的工作原理

四冲程汽油机是最常用的一种汽车发动机，它的工作循环如图2-3所示。

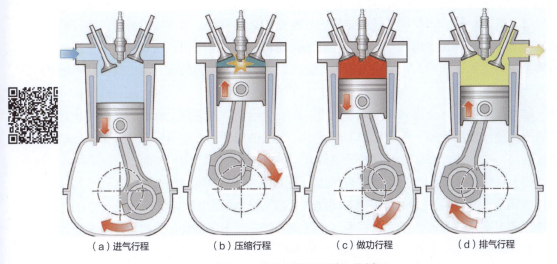

(a) 进气行程　　　(b) 压缩行程　　　(c) 做功行程　　　(d) 排气行程

图2-3　四冲程汽油机的工作循环

（1）进气行程。进气门开启，排气门关闭，活塞从上止点向下止点运动，活塞上方的容积增大，导致气缸内的压力降至大气压力以下，即在气缸内产生真空吸力，从而使可燃混合气（歧管燃油喷射）或新鲜空气（缸内燃油直喷）经进气歧管和进气门被吸入气缸。

（2）压缩行程。为使吸入气缸的可燃混合气能迅速燃烧，需要在燃烧前将其压缩。在压缩行程中，进、排气门全部关闭，曲轴推动活塞由下止点向上止点运动，将可燃混合气压至燃烧室。

（3）做功行程。在压缩行程终了时，进、排气门仍关闭，喷油器向气缸内喷射燃油（直喷型发动机），同时火花塞产生电火花点燃混合气，驱使活塞迅速下行并通过连杆推动曲轴旋转做功。

（4）排气行程。可燃混合气燃烧后生成的废气，必须从气缸中排出，以便进入下一个进气行程。在做功行程终了时，排气门开启，依靠废气的压力进行自由排气，当活塞到达下止点后再向上运动时，废气被强制排出气缸。

2.1.2.2　柴油机的工作原理

进气、压缩、燃烧膨胀和排气这4个行程共同构成四冲程柴油机的工作循环，如图2-4所示。

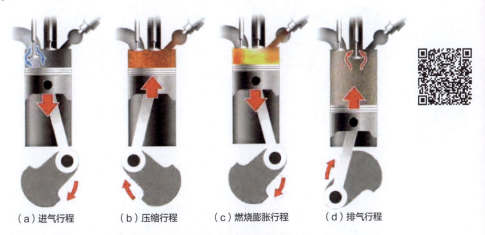

(a) 进气行程　　　(b) 压缩行程　　　(c) 燃烧膨胀行程　　　(d) 排气行程

图2-4　四冲程柴油机的工作循环

(1)进气行程。该行程的任务是使气缸内充满新鲜空气。当曲轴旋转肘,连杆驱使活塞由上止点向下止点运动,与曲轴相联的传动机构打开进气门。随着活塞向下运动,活塞上方的容积逐渐增大,导致气缸内的空气压力低于进气管的压力,空气由此不断被吸入气缸中。

(2)压缩行程。压缩时活塞从下止点向上止点运动,当活塞上行、进气门关闭后,气缸内的空气受到压缩,随着容积不断减小,空气的压力和温度不断升高,柴油机的压缩比为15～23(为汽油发动机的2～3倍),燃烧室温度可达500～800℃。

(3)燃烧膨胀行程。当活塞即将到达上止点时,喷油器将高压燃油喷入已达到高压和高温的空气中,空气的高温使燃油自燃。由于燃烧时放出了大量的热量,导致气体的压力和温度迅速升高,活塞在高温高压气体的作用下向下运动,并通过连杆使曲轴转动,对外做功。燃烧膨胀行程又称为做功或工作行程。

(4)排气行程。排气行程的任务是将膨胀后的废气排出,以便充填新鲜空气,为下个循环的进气做准备。当活塞到达下止点附近时,排气门开启,活塞在曲轴和连杆的带动下,由下止点向上止点运动,将废气排出气缸。

2.1.3　汽车发动机术语解析

汽车发动机的基本术语如图2-5所示,下面给出具体的解析。

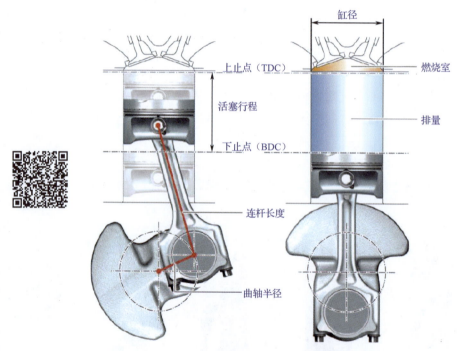

图2-5　汽车发动机的基本术语

(1)上止点:活塞在气缸内做往复直线运动时向上所能到达的最高位置。

(2)下止点:活塞在气缸内做往复直线运动时向下所能到达的最低位置。

(3)活塞行程:活塞在上、下止点间运动的距离,即上、下止点间的距离。

(4)燃烧室容积:活塞处于上止点时,其顶部与气缸盖之间的容积。

(5) 气缸总容积：活塞处于下止点时，其顶部与气缸盖之间的容积。

(6) 气缸工作容积：气缸总容积与燃烧室容积之差，即活塞在上、下止点间运动所扫过的容积。

(7) 压缩比：发动机混合气体被压缩的程度，用压缩前的气缸总容积与压缩后的气缸容积（燃烧室容积）之比表示，如图2-6所示。压缩比与发动机的性能有很大关系，通常低压缩比指的是压缩比低于10，高压缩比则大于10，相对来说，压缩比越高，发动机的动力越强。

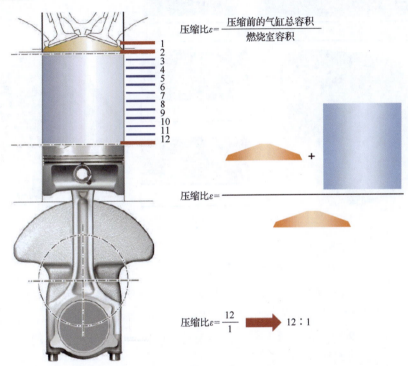

图2-6 发动机的压缩比

(8) 连杆长度：连杆大头孔中心到连杆小头孔中心的距离。

(9) 曲轴半径：曲轴连杆下端的连接中心到曲轴中心的距离。

(10) 空燃比：表示空气和燃料质量的混合比，将实际空燃比与理论当量空燃比（14.7）的比值定义为过量空气系数，用λ表示，如图2-7所示。

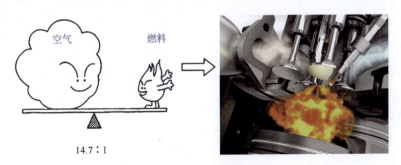

图2-7 空燃比

(11) 排量：多缸发动机的各缸工作容积之和，如图2-8所示。

(12) 功率：发动机在单位时间内所做的功。它是表示汽车行驶快慢的指标。通俗地说，发动机功率越大，表示汽车速度越高。

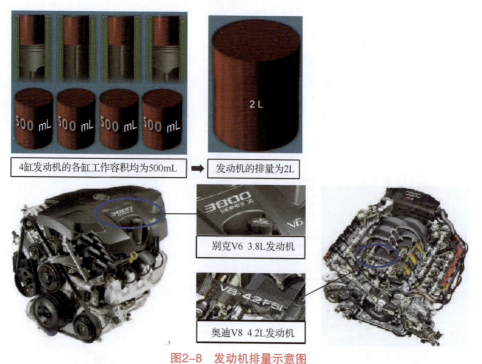

图2-8 发动机排量示意图

（13）转矩：发动机曲轴端所发出的力矩。它是体现汽车加速能力的指标。通俗地说，转矩越大，汽车的瞬时加速能力越强。

（14）爆燃：在压缩行程还未到达设计的点火位置时，燃气混合物自行点火燃烧，燃烧所产生的巨大冲击力与活塞的运动方向相反，导致发动机抖动的现象。爆燃分为有感爆燃与无感爆燃两种，有感爆燃通常会引起发动机抖动，甚至是车身的抖动；无感爆燃的主要表现是发动机噪声增大。

（15）怠速：发动机空转时的一种工作状况。在发动机运转时，如果完全放松加速踏板，发动机即进入怠速状态。发动机怠速运转时的转速称为怠速转速，它是维持发动机在没有做功的情况下正常运转的最低转速。怠速转速可以通过调整节气门开度和空气流量计的怠速螺钉等来调整。一般来讲，怠速转速以发动机不抖动时的最低转速为最佳。发动机的正常怠速转速一般为（850±50）r/min。

第2节　汽油发动机

这里以汽油发动机为例，介绍汽车发动机的构造、总成拆装及部件检修。

2.2.1　汽油发动机的构造

2.2.1.1　曲柄连杆机构

1.机体组

机体组主要由气缸体、气缸盖、气缸盖罩、气缸垫、主轴承盖及油底壳等组成，如图2-9所示。机体组是发动机的支架，也是曲柄连杆机构、配气机构和发动机各系统主要零部件的装配基体。气缸盖用来封闭气缸顶部,并与活塞顶和气缸壁共同构成燃烧室。另外,气缸盖和气缸体内的水套、油道及油底壳又分别是冷却系统和润滑系统的组成部分。

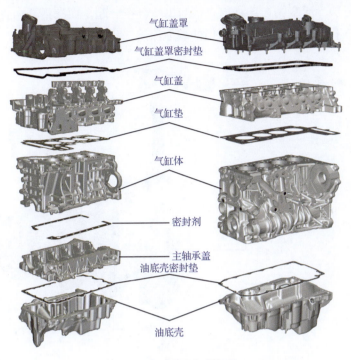

图2-9 机体组部件概览

2.活塞连杆组

活塞连杆组主要由活塞、活塞环、活塞销、连杆及连杆轴瓦等组成,如图2-10所示。其作用是将活塞的往复运动转变为曲轴的旋转运动,同时将作用于活塞上的力转变为曲轴对外输出的转矩,以驱动车轮转动。活塞连杆组是发动机的传动件,通过将气体燃烧形成的压力传给曲轴,使曲轴旋转并输出动力。

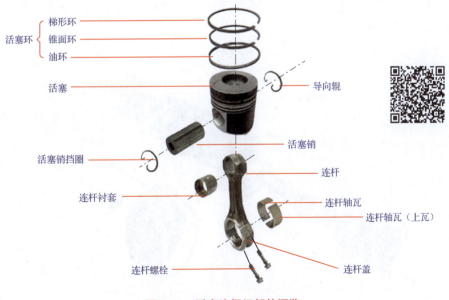

图2-10 活塞连杆组部件概览

新型连杆是裂解式的，其大头使用二元无铅轴承（与主轴承一样），并且去掉了连杆小头内的青铜衬套，从而保证整个发动机使用的都是无铅轴承。无连杆衬套的活塞连杆组如图2-11所示。活塞销在连杆内直接与钢结合在一起，而在活塞内直接与铝合金结合在一起。活塞销为此使用了一种专用的表面涂层，称为DLC涂层。

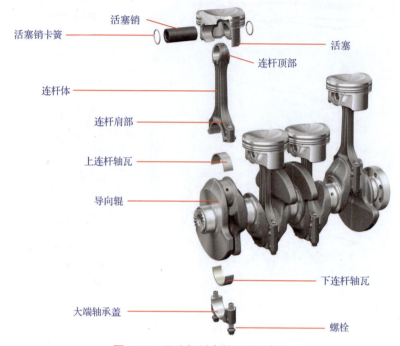

图2-11 无连杆衬套的活塞连杆组

3.曲轴飞轮组

曲轴飞轮组主要由曲轴、飞轮及其他具有不同作用的零件和附件组成，如图2-12所示。其零件和附件的种类和数量取决于发动机的结构和性能要求。曲轴飞轮组的作用是将活塞的往复运动转变为曲轴的旋转运动，为汽车行驶和其他需要动力的装置（如机油泵、风扇、发电机、空调压缩机等）输出转矩，同时储存能量，用于克服非做功行程的阻力，使发动机运转平稳。

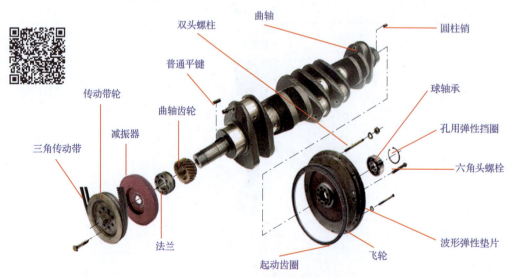

图2-12 曲轴飞轮组配件概览

4.平衡组件

在发动机工作时,其上作用了各种力和力矩。这些力和力矩会导致发动机振动,因而决定了其工作平稳性和部件负荷状况。如果因发动机悬置而没有形成良好的支承,导致振动传至车身,则会影响行驶舒适性。发动机工作时产生的力分为一阶力和二阶力。一阶力是惯性力,它由转动部件的离心力产生,曲轴可以通过安装平衡配重和曲拐来抵消这种力。由于二阶力是由曲柄连杆机构的部件平移所产生的,它需要通过专门的措施进行抵消,即使用平衡轴。平衡轴一般由曲轴通过齿轮或者链条直接驱动,其转速是曲轴转速的两倍。当使用两根平衡轴来抵消振动时,其中一根平衡轴的转动方向与曲轴转动方向相同,另一根平衡轴则通过中间齿轮按与曲轴转动方向相反的方向转动。平衡轴的结构形式如图2-13所示。

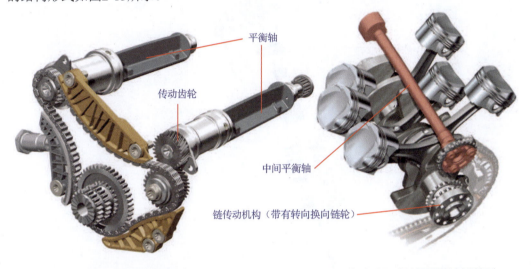

(a)利用两根平衡轴来抵消振动　　　　　　(b)利用一根中间平衡轴来抵消振动

图2-13　平衡轴的结构形式

平衡轴可以直接安装在气缸体内,或是合成一个单独的平衡轴模块。在平衡轴和中间齿轮之间使用滚子轴承,如图2-14所示。轴承是通过气缸体内的机油油雾来润滑的。

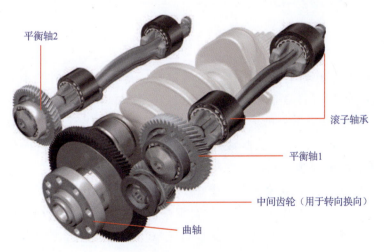

图2-14　平衡轴模块

2.2.1.2 配气机构

1. 气门组

气门组由气门、气门导管及气门弹簧等组成,如图2-15所示,有的进气门还设有气门旋转机构。气门组应保证气门对气缸的密封性。

气门会承受很大的负荷,除了机械负荷,还有热负荷和摩擦,因而对气门的结构和材质都有相应的要求。例如,有些气门是充钠的,以便更好地导热。排气门所承受的热负荷明显大于进气门,因为排气门几乎不会接触温度较低的气体。排气门处的温度最高可达700℃,主要通过气门座实现散热。

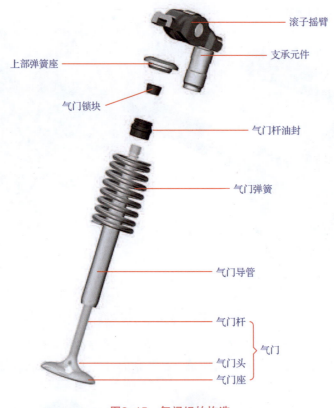

图2-15 气门组的构造

气门与气门导管和气门弹簧共同构成一个总成,其安装位置如图2-16所示。气门包括气门头、气门座和气门杆3部分。气门座与气门座圈共同构成功能单元。

气门主要分为3种类型:单一金属气门、双金属气门和空心气门。单一金属气门由一种材料制成,通过锻造方式制成所需形状。双金属气门的气门杆和气门头单独制造,最后通过摩擦焊接方式接合在一起。空心气门用于排气门,以降低内圆角和气门面附近的温度。为了传导热量,会在气门杆空腔大约60%的部分填充一种可在97.5℃时熔化的材料(金属钠)。这种材料可根据发动机转速在气门杆空腔内产生振动,使内圆角和气门头处产生的部分热量传至气门导管并进入冷却循环回路,显著降低气门温度。

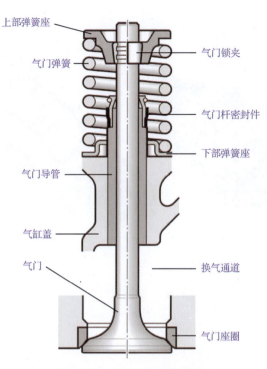

图2-16 气门组的安装位置

2.气门传动组

摇臂、压杆或挺杆负责将凸轮运动传给气门，如图2-17所示，因而将这些部件称为传动元件。传动元件沿凸轮轮廓移动，直接或间接（按一定传动比）传递运动。

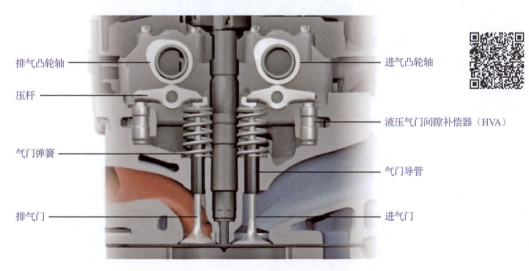

图2-17 带压杆的气门传动机构

摇臂是一种间接驱动的传动元件，它支承在轴的中部。凸轮轴位于摇臂一端的下方，摇臂的另一端负责对进气门或排气门进行操控。现代发动机很少使用摇臂。

压杆也是间接驱动的传动元件，但它不支承在轴上，而是一端直接支承在气缸盖或HVA元件上，另一端靠在气门上。凸轮轴的凸轮从上方压向压杆的中部。现在使用的压杆几乎都是滚子式气门压杆，如图2-18所示。

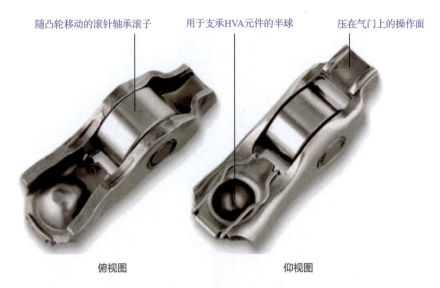

图2-18　滚子式气门压杆

挺杆是进气门和排气门的直接传动装置，因为它不会改变凸轮的运动或传动比。挺杆用于传递直线运动，其导向部件位于气缸盖内。当气门传动机构带有挺杆和液压气门间隙补偿装置时，HVA元件是挺杆的一个组成部分。目前使用最多的是桶状挺杆，如图2-19所示。

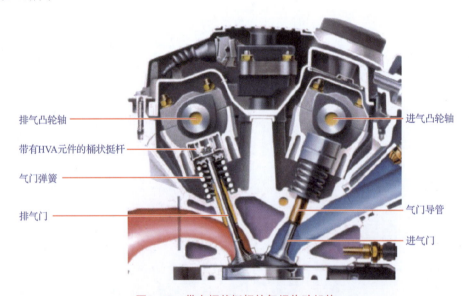

图2-19　带有桶状挺杆的气门传动机构

凸轮轴按位置分为下置式、中置式和顶置式3种。下置式凸轮轴位于曲轴箱内，中置式凸轮轴位于发动机机体的上部，顶置式凸轮轴位于气缸盖中。当前多数量产车型的发动机配备的是顶置式凸轮轴（Overhead Camshaft，OHC）。

按照配气机构包含的凸轮轴数目，顶置式凸轮轴可分为单顶置凸轮轴（Single Overhead Camshaft，SOHC）和双顶置凸轮轴（Double Overhead Camshafts，DOHC），如图2-20所示。单顶置凸轮轴是指在气缸盖内只设置一根凸轮轴；双顶置凸轮轴是指在气缸盖内配备两根凸轮轴，分别用于控制进气门和排气门。

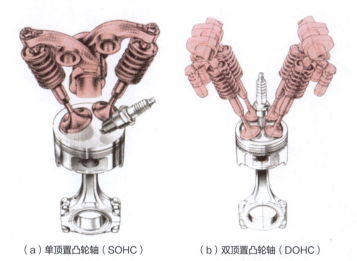

（a）单顶置凸轮轴（SOHC）　　（b）双顶置凸轮轴（DOHC）

图2-20　顶置式凸轮轴的结构形式

凸轮轴负责控制换气过程和燃烧过程，其主要任务是开启和关闭进气门和排气门。凸轮轴由曲轴驱动，其转速与曲轴转速之比为1∶2，即凸轮轴转速只是曲轴转速的一半。这可以通过链传动实现。

凸轮作用力通过一个或多个操纵元件传到气门上（靠在凸轮上的元件称为凸轮随动件），用于克服气门弹簧力，使气门开启。气门弹簧力也可使气门关闭，并在气门座区域使气门保持关闭状态。

凸轮轴的主要部分是圆柱形轴身，可分为空心和实心两种。轴身上带有凸轮。工作作用力由凸轮轴的轴承承受。凸轮轴上也可带有用作凸轮轴传感器参考基准的轮齿。有的凸轮轴还带有维修时可用于放置专用定位工具的双平面轴颈和用于装配时固定凸轮轴的扳手卡位。凸轮轴的结构如图2-21所示。

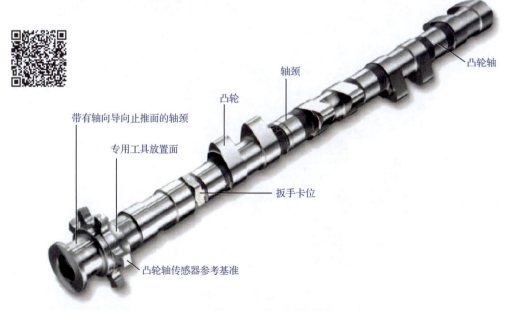

图2-21　凸轮轴的结构

凸轮轴的主要传动方式是链传动。当需要传递较大的力或者传力需要横跨的距离较长时，需要使用链传动机构。链条将曲轴上驱动轮的转动传给凸轮轴上的链轮。液压链条张紧器负责将链条持续张紧，该装置对尽量降低链条磨损具有重要作用。

塑料的导轨（滑槽）用于引导链条并降低工作噪声。根据链条的走向路径，可能会使用多个链条张紧器。发动机和需驱动的辅助系统数目不同，链条机构的数量也不同。用于驱动辅助系统的链条机构，一般用机械式链条张紧器张紧。汽油机正时链传动机构的组成如图2-22所示。

复合式链传动机构主要用于V形和W形发动机，其结构如图2-23所示。

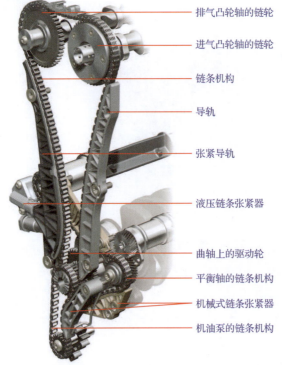

图2-22 汽油机正时链传动机构的组成

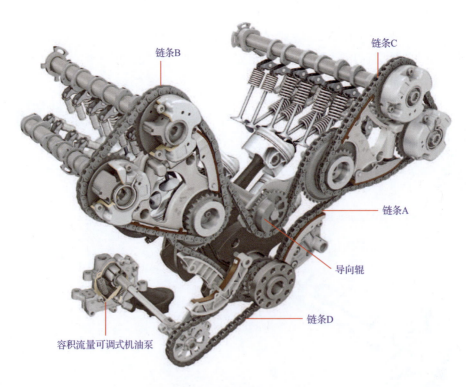

图2-23 复合式链传动机构的结构

根据链传动机构不同的要求，使用不同形式的链条。链条分为滚子链、套筒链和齿形链3种。

滚子链的链节上有内链板和外链板，它们共同构成链节的框架，如图2-24（a）所示。链销不仅负责将内链板和外链板连接起来，还负责将各个链节连接起来。链销安装在轴套内，轴套又安装在滚子内。由于滚子在套筒上贴着链轮齿廓滚动，其周长上的不同部位会重复使用。滚子和轴套之间的润滑剂能起到降低噪声和减振的作用。

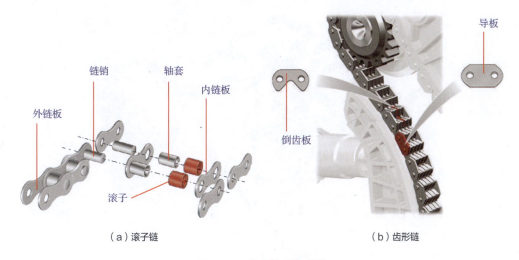

（a）滚子链　　　　　　（b）齿形链

图2-24　滚子链局部结构

套筒链与滚子链的区别在于前者去掉了滚子。套筒链的链轮齿廓直接与固定不动的轴套在同一位置相接触，因此需要良好的润滑。套筒链的链条在活动连接处的磨损很小。

齿形链是一种效率很高的链条结构形式，它利用齿形链板（倒齿板）来传力。齿形链板多层叠加并错位布置，侧面的导板用于防止链条脱出，如图2-24（b）所示。

凸轮轴的驱动除了使用链条，还可以使用齿形带。齿形带机构通过塑料传动带将凸轮轴和曲轴连在一起。张紧轮负责给传动带预紧，以便其能可靠工作。齿形带机构还可驱动其他部件，如水泵。张紧轮和导向辊上有凸缘，可防止传动带脱出。汽油机正时带传动机构的组成如图2-25所示。

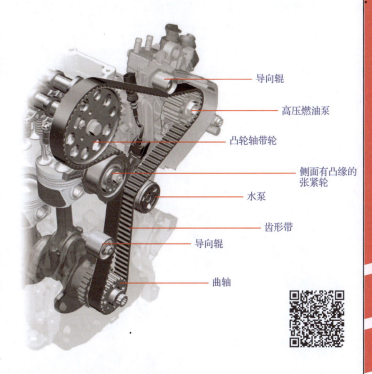

图2-25　汽油机正时带传动机构的组成

2.2.1.3 冷却系统

汽车发动机采用的水冷系统，大多利用水泵强制使冷却液在冷却系统中循环流动，一般称为强制循环式水冷系统。水冷系统主要由水泵、散热器、冷却风扇、膨胀水箱、节温器、发动机机体和气缸盖中的水套及附属装置等组成，如图2-26所示。

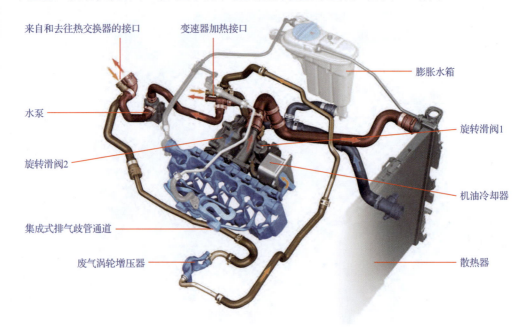

图2-26 水冷系统的组成

发动机的冷却系统有不同类型，如机体冷却系统、机油冷却系统、排气再循环冷却系统及增压空气冷却系统等。

在冷却系统中，有两个循环：一个是冷却发动机的主循环，另一个是车内取暖循环。这两个循环都是以发动机为中心的，使用同种冷却液。

发动机冷却液循环的目的不只是冷却发动机，还需要根据运行状态高效调节不同组件的运行温度，如图2-27所示。针对具体车辆，可以划分多个独立的冷却液回路，但会使冷却液调节难度增大，导致冷却液回路的设计变得更复杂。

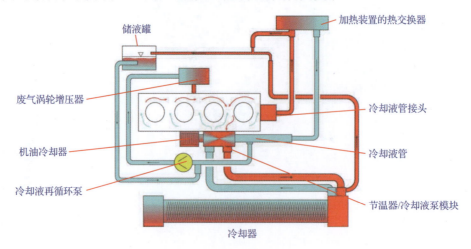

图2-27 发动机的冷却液循环

有些发动机采用交叉流动式冷却系统。低温的冷却液通过水泵从发动机的前部流入气缸体中并通过各个端面在气缸体中循环。在发动机的灼热侧（排气侧），冷却液沿着管路被分配给各个气缸并从气缸流至进气侧（较冷的一侧）。在这里灼热的冷却液被收集在储液罐中，并通过节温器流入散热器；如果节温器关闭，冷却液会直接流回水泵中。热交换器和废气涡轮增压器通过附加的连接被集成在发动机内部的冷却液回路中。机油热交换器通过副支架直接与气缸体连接。冷却液再循环泵可防止发动机关闭后废气涡轮增压器的温度过高，它是由发动机控制单元根据特性曲线图控制的。

2.2.1.4 润滑系统

发动机润滑系统的基本任务是将清洁的、具有一定压力的、温度适宜的机油不断送到运动零件的摩擦表面处，使发动机能够正常工作。因此，润滑系统通常含有为进行压力润滑和保证机油循环而建立足够油压的机油泵、储存机油的容器（一般为油底壳），以及由润滑管路及在发动机机体上加工得到的一系列润滑油道所组成的循环油路。循环油路中还必须有限制最高油压的装置——限压阀，它可以安装在机油泵中，也可以独立设置。机油在工作一段时间后，其中会混有发动机零部件摩擦产生的金属磨屑和其他机械杂质，以及机油自身产生的胶质，这些杂质如果随同机油进入润滑油道，则会加速发动机的磨损，并可能堵塞油路，因此，现代发动机的润滑系统中都设有机油滤清器。发动机润滑系统的结构示意图如图2-28所示。

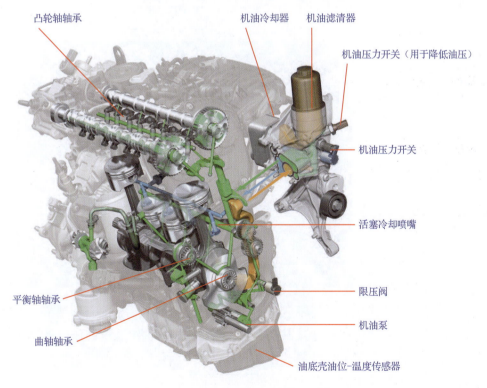

图2-28 发动机润滑系统的结构示意图

发动机的机油需要执行多项任务：部件润滑、部件冷却、严密密封、清洁、防腐、动力传输。对于汽车发动机而言，无论采用哪种燃烧方式，都主要使用压力循环润滑系统。发动机机油供给系统的油道分布如图2-29所示。

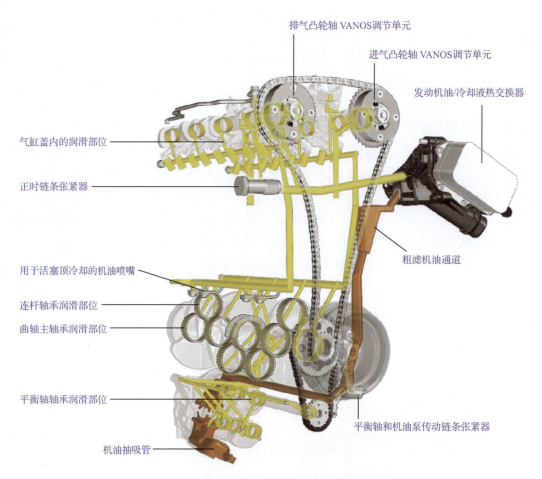

图2-29 发动机机油供给系统的油道分布

2.2.1.5 燃油系统

燃油系统由燃油供给系统和燃油混合气制备装置组成。燃油供给系统负责将燃油从燃油箱输送至发动机，不同车辆的燃油供给系统不同。燃油混合气制备装置是发动机的组成部分，负责为每次燃烧过程提供准确的燃油量。

燃油供给系统由燃油箱、燃油管、燃油泵、燃油滤清器、燃油压力调节器、喷油器、冷起动喷油器及油压脉冲衰减器等组成。汽油机燃油供给系统的作用是根据发动机各种工况的要求，配制一定数量和浓度的可燃混合气并供入气缸，使之在临近压缩终了时点火燃烧并膨胀做功。直喷汽油机燃油系统的组成如图2-30所示。

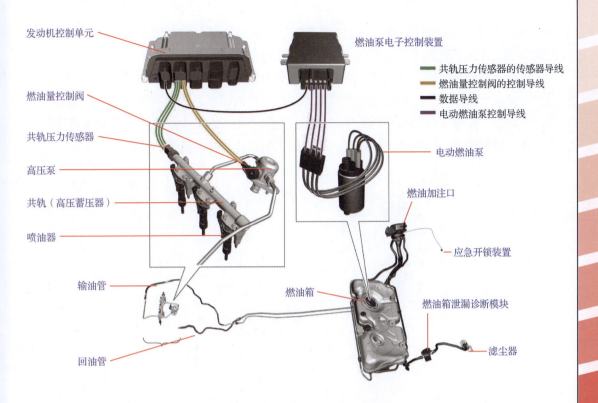

图2-30 直喷汽油机燃油系统的组成

双喷射系统有两种油气混合方法：一种方法是使用高压喷射系统在气缸内进行直接喷射（缸内喷射），另一种方法是使用进气歧管燃油喷射系统（缸外喷射）。如图2-31所示，蓝色喷油器即为缸外喷射，其喷射位置设在进气管末端；红色喷油器即为缸内喷射，其喷射位置设在气缸内部。

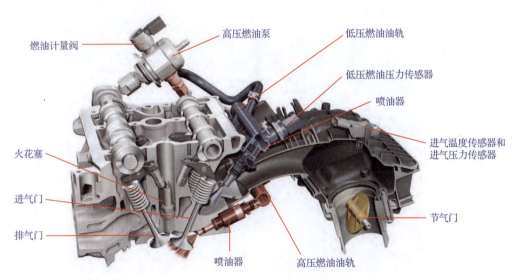

图2-31 双喷射系统示意图

2.2.1.6 点火系统

点燃式发动机为了正常工作，其点火系统需要按照各缸点火次序，定时向火花塞提供足够高能量的高压电（为15 000～30 000V），使火花塞产生足够强的火花，点燃可燃混合气。传统点火系统分为蓄电池点火系统和磁电机点火系统两种类型。

机械式点火系统的工作过程：由曲轴带动分电器轴转动，分电器轴上的凸轮也随之转动，使点火线圈的一次触点接通并闭合，进而产生高压电。这个高压电通过分电器轴上的分火头，根据发动机的工作要求按顺序被送到各个气缸的火花塞上，使火花塞发出电火花点燃燃烧室内的气体。传统点火系统的主要组成如图2-32所示。

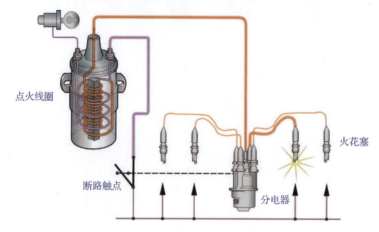

图2-32 传统点火系统的组成

2.2.1.7 起动系统

起动系统将储存在蓄电池内的电能转换为机械能，要想实现这种转换，必须使用起动机。起动机的功用是由直流电动机产生动力，经各机构带动发动机曲轴转动，实现发动机起动。起动系统包括蓄电池、点火开关（起动开关）、起动机总成及起动继电器等部件，如图2-33所示。

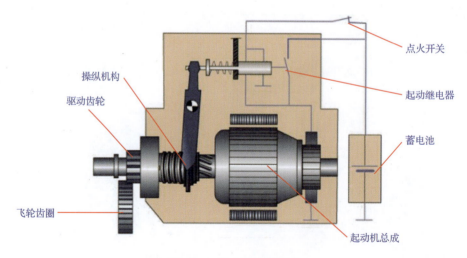

图2-33 起动系统的组成

2.2.1.8 进气系统

进气系统由空气滤清器、空气流量计、进气压力传感器、节气门、附加空气阀、怠速控制阀、谐振腔、动力腔及进气歧管等组成，部分部件如图2-34所示。带有涡轮增压功能的发动机，除增压器外，还会配置增压空气冷却器、增压压力调节器等部件，如图2-35和图2-36所示。

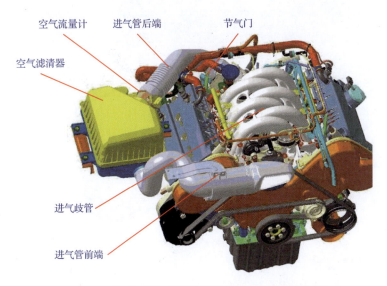

图2-34　发动机进气系统的部分部件（自然吸气型）

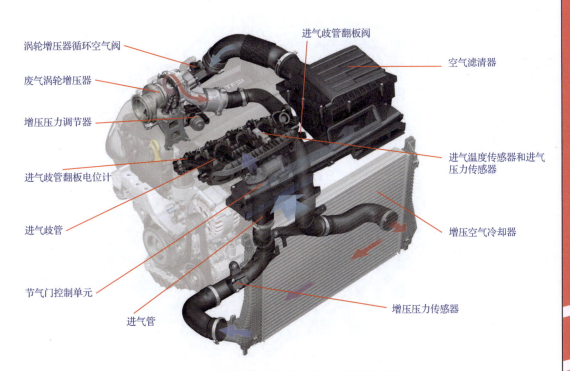

图2-35　横置发动机的进气系统（涡轮增压型）

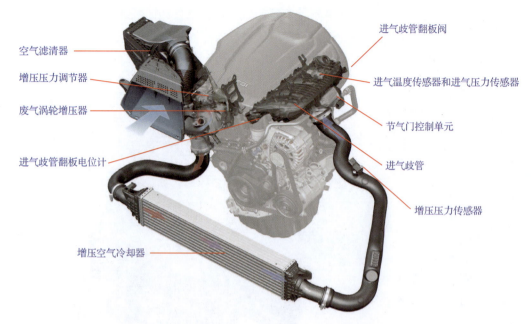

图2-36 纵置发动机的进气系统（涡轮增压型）

2.2.1.9 排气系统

排气系统一般都布置在汽车底部，它由多个部件组成，需要承担一系列任务。

从燃烧室出来的废气具有很大的冲量，排气系统需要削弱这种冲量，使其不超过一定的噪声水平，同时保证发动机的功率损失尽可能小。排气系统的主要功用包括：①可靠地引走废气，防止废气渗入驾驶室内；②将废气中所含的有害物质降低到规定值水平；③限制排气噪声，并形成所期望的效果。

排气系统主要包括排气管、排气歧管、排气歧管-废气涡轮增压器模块、三元催化转化器（汽油机）、氧化式催化转化器（柴油机）、柴油微粒过滤器（柴油机）、选择性催化还原装置（柴油机）、隔离元件、消声器（反射式、吸收式）、排气控制阀及布置在催化转化器前、后的氧传感器等。排气系统的部分部件如图2-37所示。

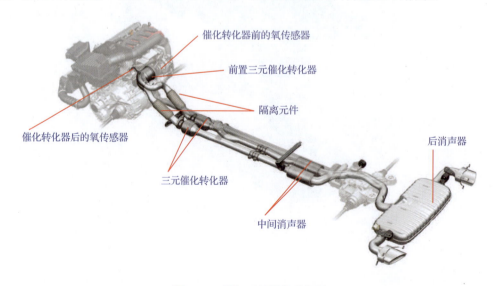

图2-37 排气系统的部分部件

2.2.2　汽油发动机总成拆装

2.2.2.1　发动机拆装注意事项

拆装发动机时，应注意以下事项：

① 不要在油底壳或发动机下面设置千斤顶或其他设备，为安全起见，只能在发动机上使用安全吊钩。

② 相关部件（螺栓、垫圈等）应按组排成一列，在装配发动机内部部件之前，需要使用机油清洁各部件。

③ 提前排出燃油系统中的燃油和机油、冷却液，以免发生泄漏。

④ 在执行拆装作业期间，需要检查发动机连接的各部分是否存在干涉。

2.2.2.2　发动机总成拆装要点

拆卸和分离发动机附件（各种连接管路、电气线束的插接件），在确定发动机总成与发动机舱完全脱离后，将吊钩挂在发动机的吊架上，如图2-38所示。

图2-38　安装吊钩

拧松发动机两侧的装配螺栓，用升降机（或千斤顶）拆卸发动机总成，如图2-39所示。

图2-39　拆卸发动机总成

在维修或保养作业结束后，按与拆卸相反的顺序安装发动机总成，发动机的吊装操作如图2-40所示。

图2-40　发动机的吊装操作

2.2.3　汽油发动机部件检修

2.2.3.1　发动机机械部件检测

发动机机械部件的检测项目见表2-1。

表2-1　发动机机械部件的检测项目

项目	气缸体平直度	活塞间隙	活塞销间隙
图解			
图注	1—精度直尺；2—塞尺	1—活塞；2—千分尺；3—量缸表；4—活塞间隙；5—推力方向；6—轴向；a、b、c、d—间隙	1—活塞销；2—活塞；3—连杆；4—千分尺；5—卡规
项目	曲轴油隙	曲轴轴向间隙	连杆轴向间隙
图解			
图注	1—塑料塞尺；2—曲轴轴承盖和轴承；3—曲轴；4—气缸体	1—百分表	1—百分表；2—连杆；3—曲轴

续表

项目	活塞环槽间隙	活塞环端隙	曲轴径向圆跳动量
图解			
图注	1—塞尺；2—活塞环；3——道活塞环槽间隙；4—二道活塞环槽间隙	1—活塞；2—活塞环；3—塞尺	1—百分表；2—V形块
项目	曲轴主轴颈和曲柄销直径	轴承盖固定螺栓	气门挺杆油隙
图解			
图注	1—千分尺；2—曲轴销；3—曲轴主轴颈	1—游标卡尺	1—卡规；2—千分尺；3—挺杆
项目	凸轮轴轴向间隙	凸轮轴油隙	气门导管衬套油隙
图解			
图注	1—百分表；2—凸轮轴	1—凸轮轴；2—塑料塞尺；3—凸轮轴轴承盖	1—卡规；2—千分尺；3—气门导管衬套；4—气门
项目	气门尺寸	气门弹簧长度	凸轮轴摆度
图解			
图注	a—气门长度；b—气门外径；c—气门头边缘厚度 1—游标卡尺	a—自由长度；b—偏差 1—游标卡尺；2—塞尺；3—钢制角尺	1—百分表；2—V形块

第2章 汽车发动机

113

续表

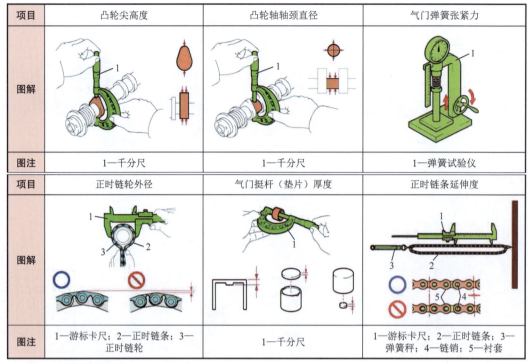

注：油隙指油膜间隙。

2.2.3.2 发动机机械系统常见故障排除

发动机机械系统常见故障的诊断与排除见表2-2。

表2-2 发动机机械系统常见故障的诊断与排除

故障现象	原因分析	排除方法
气缸压力低	气缸盖垫片损坏	更换气缸盖垫片
	活塞环磨损或损坏	更换活塞环
	活塞或气缸磨损	修理或更换活塞环或气缸体
	气门座磨损或损坏	修理或更换气门和座圈
机油压力下降	机油液位高度不足	检查机油
	机油压力开关故障	更换机油压力开关
	机油滤清器堵塞	更换机油滤清器
	机油泵齿轮或盖磨损	更换机油泵齿轮或盖
	机油浓度下降	更换机油并找出原因
	机油安全阀失效（打开）	修理
	过大的轴承间隙	更换轴承
机油压力高	机油安全阀失效（关闭）	修理
发动机过度振动	发动机止滚挡板松动（前、后）	重新紧固
	传动轴安装支架松动	重新紧固
	发动机安装支架松动	重新紧固
	中心构件松动	重新紧固
	传动轴安装隔板损坏	更换
	发动机安装护板损坏	更换
	发动机止滚挡板损坏	更换

续表

故障现象	原因分析	排除方法
气门噪声	机油较稀（油压低）	调整
	气门杆或气门导管磨损或损坏	更换
连杆和主轴承噪声	机油供给不足	检查机油液位高度
	稀释的机油	调整并找出原因
	过大的轴承间隙	更换轴承
正时带噪声	正时带张力不符合规定要求	调整张力
冷却液液面低	冷却液渗漏	补充至规定液面
	散热器芯接头损坏	更换
	软管被腐蚀或开裂	更换
	散热器盖阀或弹簧件故障	更换
	节温器故障	更换
	发动机水泵故障	更换
散热器堵塞	冷却液中有异物	更换
冷却液温度过高	节温器故障	更换
	散热器盖故障	更换
	冷却系统流通不畅	维修或更换（受损部件）
	驱动带松弛或下滑	调节或更换
	发动机水泵故障	更换
	温度传感器线路故障	修理或更换
	冷却风扇故障	修理或更换
	传感器故障	更换
	冷却液不足	添加冷却液
冷却液温度过低	节温器故障	更换
	温度传感器线路故障	修理或更换
机油冷却系统渗漏	软管和管路接头松动	重新拧紧
	软管和管路堵塞或损坏	更换
冷却风扇不工作	熔丝损坏	更换或修理
排气管漏气	接头松动	重新拧紧
	管路或消声器损坏	修理或更换
异常噪声	消声器中的隔板分离	更换
	橡皮悬挂装置损坏	更换
	管路或消声器与车体接触	校正
	管路或消声器损坏	修理或更换

2.2.3.3 发动机电气系统常见故障排除

发动机电气系统常见故障的诊断与排除见表2-3。

表2-3 发动机电气系统常见故障的诊断与排除

故障现象	原因分析	排除方法
发动机不能起动或很难起动（起动曲轴正常）	点火锁紧开关故障	更换点火锁紧开关
	点火线圈故障	检查点火线圈
	功率晶体管故障	检查功率晶体管
	火花塞故障	更换火花塞
	高压线断开或损坏	检查高压线
怠速不良或停车	火花塞故障	检查火花塞
	高压线故障	检查高压线
	点火线圈故障	检查点火线圈
发动机加速迟缓或不能加速	火花塞故障	更换火花塞
	高压线故障	检查高压线
发动机不能转动	蓄电池电量低	充电或更换蓄电池
	蓄电池导线松动、腐蚀或磨损	修理或更换导线
	熔丝熔断	更换熔丝
	起动电动机故障	修理起动电动机
	点火开关故障	更换点火开关
	点火锁紧开关故障	更换点火锁紧开关
发动机转动缓慢	蓄电池电量低	更换蓄电池
	蓄电池导线松动、腐蚀或磨损	修理或更换导线
	起动电动机故障	修理起动电动机
起动机一直运转	起动电动机故障	修理起动电动机
	点火开关故障	更换点火开关
起动机运转，但发动机不转	传动齿轮断裂或起动电动机损坏	修理起动电动机
	齿圈断裂	更换飞轮齿圈或变矩器
点火开关处于"START"位置，发动机不转，充电告警显示器灯不亮	熔丝熔断	检查更换熔丝
	灯烧坏	更换灯
	高压线接头松开	重新拧紧
	电子电压调节器故障	更换电子电压调节器
发动机运行时蓄电池要求频繁充电，充电告警显示器灯不灭	传动带松动或磨损	调节张力或更换传动带
	蓄电池导线松动、腐蚀或磨损	修理或更换导线
	熔丝熔断	更换熔丝
	电子电压调节器或发电机故障	修理或更换发电机
	线路故障	修理线路

续表

故障现象	原因分析	排除方法
发动机加速迟缓/不能加速	传动带松动或磨损	调节张力或更换传动带
	线路接头松脱或电路断开	拧紧松脱的接头或修理线路
	熔丝熔断	更换熔丝
	搭铁不良	修理
过量充电	发电机故障	检测发电机,若有故障,应修理或更换
	蓄电池性能下降	更换蓄电池
	电子电压调节器故障	更换电子电压调节器
	电压感应线路故障	修理线路

第3节 柴油发动机

2.3.1 柴油发动机的构造

柴油发动机(以下简称柴油机)和汽油机一样,每个工作循环都包括进气、压缩、做功和排气4个行程。它与汽油机的不同之处在于燃烧方式——柴油机吸入新鲜空气,在压缩行程接近终了时,柴油经喷油器喷入气缸,并在很短的时间内与压缩后的高温空气混合,然后自行燃烧。因此,柴油机的燃烧方式对空气温度有一定要求,这也是柴油机在低温地区或冬季难以起动的原因。

常见的直列式与V形柴油机的构造分别如图2-41、图2-42所示。

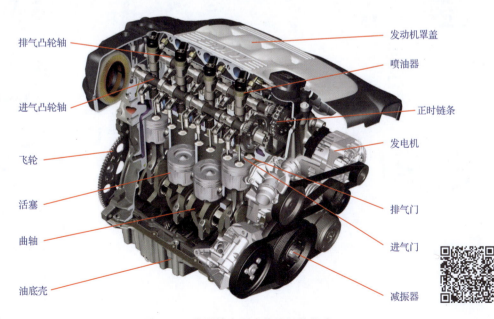

图2-41 常见的直列式柴油机的构造

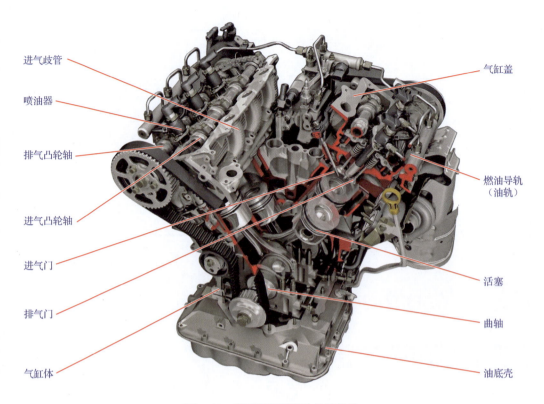

图2-42 常见的V形柴油机的构造

图2-43所示为6缸柴油机的部件分解实物图。

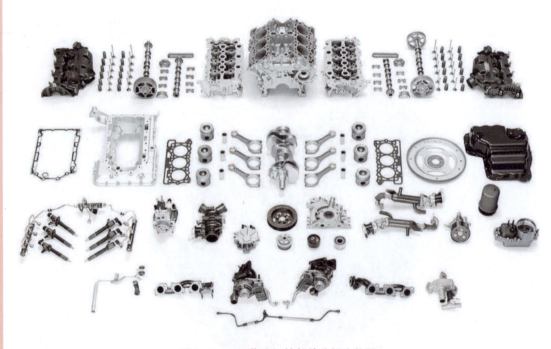

图2-43 6缸柴油机的部件分解实物图

2.3.2 柴油发动机总成拆装要点

柴油发动机总成拆装的注意事项及方法与汽油发动机总成相似,这里不再赘述。

安装气缸盖时,应在螺栓的螺纹处涂抹机油,并插入新垫圈,真空泵侧的螺栓应小于其他螺栓,之后,参考维修手册按规定顺序和力矩拧紧各螺栓。气缸盖螺栓拧紧顺序示例如图2-44所示。

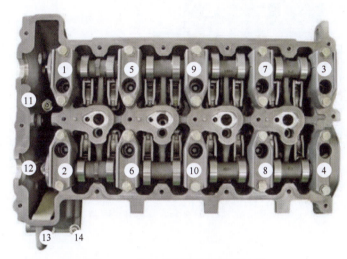

图2-44 气缸盖螺栓拧紧顺序示例

2.3.3 柴油发动机部件检修

2.3.3.1 柴油发动机部件检测

汽油发动机部件检测的项目与方法同样适用于柴油发动机,可参考2.2.3.1节。

2.3.3.2 发动机正时设置方法

旋转曲轴驱动带轮以对齐OT标记,安装时,在正时链条和进、排气凸轮轴的链轮上做标记,如图2-45所示,以便设定正时。

(a)

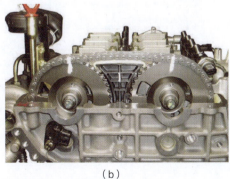
(b)

图2-45 正时标记对齐位置

正时链条的安装设置标记位置如图2-46所示。

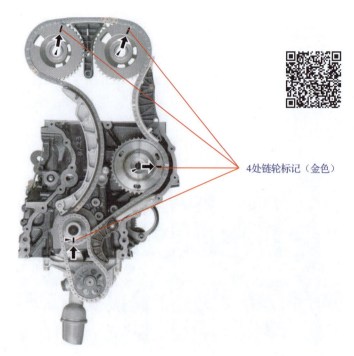

图2-46 正时链条的安装设置标记位置

第4节 发动机电控系统

2.4.1 系统组成与原理

2.4.1.1 电控燃油喷射系统

汽油发动机的电控燃油喷射系统全称为电子控制燃油喷射（Electronic Fuel Injection，EFI）系统，俗称汽油喷射。该系统主要由空气供给系统（气路）、燃料供给系统（油路）和电控系统（电路）3个部分组成，其工作原理如图2-47所示。

（1）空气供给系统。该系统的主要作用是为发动机提供所需的空气，并控制发动机正常工作时的供气量。它一般由空气滤清器、节气门、空气阀、进气总管及进气歧管等组成。另外，为了随时调节进气量，还设置了进气量的检测装置。

（2）燃油供给系统。该系统的主要作用是由喷油器向气缸提供燃烧所需的燃油，并根据控制指令控制喷油量。它一般由燃油箱、燃油泵、燃油滤清器、调压器及喷油器组成。

（3）电控系统。该系统的主要作用是根据各种传感器的信号，由计算机进行综合分析和处理，并通过执行装置控制喷油量等，使发动机获得最佳性能。它主要由各种传感器、输入/输出电路及微机等组成，电控单元（ECU）是核心。电控系统的工作原理如图2-48所示。

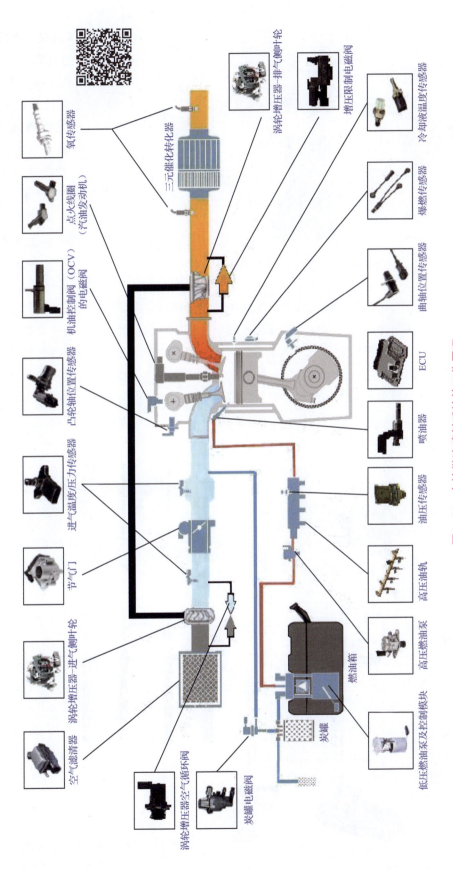

图2-47 电控燃油喷射系统的工作原理

2.4.1.2 高压共轨燃油喷射系统

高压共轨燃油喷射系统是柴油发动机常用的一种电控喷油系统。根据各种传感器的输入信号，发动机ECU计算驾驶人的需求（加速踏板位置）并控制车辆和发动机的总工作特性。ECU通过数据线接收传感器信号，并根据这些

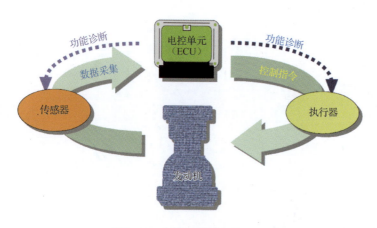

图2-48 电控系统的工作原理

信号有效执行发动机的空燃比控制。发动机转速由曲轴位置传感器测量，凸轮轴位置传感器则用于决定喷射顺序，ECU通过加速踏板位置传感器内的可变电阻变化产生的电信号检测驾驶人的踏板位置（驾驶人的需求）。（热膜式）空气流量计检测进气量并向ECU传送信号，ECU通过识别空气流量计的瞬时空气量变化控制空燃比以减少废气排放。因此，ECU使用冷却液温度传感器、空气温度传感器、增压压力传感器和气压传感器的信号作为补充信号，修正喷射起动、引喷设定值、各种工况和参数。高压共轨燃油喷射系统的工作原理如图2-49所示。

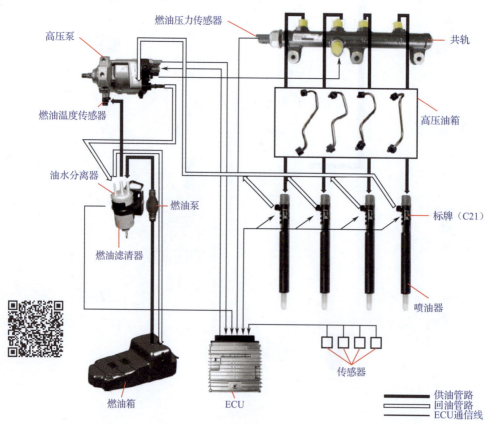

图2-49 高压共轨燃油喷射系统的工作原理

2.4.1.3　电子点火系统

电子点火（Electronic Ignition）系统可分为晶体管点火、半导体点火和无分电器点火3种类型。

电子点火系统有闭环控制与开环控制之分：带有爆燃传感器，能根据发动机是否发生爆燃及时修正点火提前角的称为闭环控制系统；不带爆燃传感器，点火提前角仅根据ECU内设定的程序控制的称为开环控制系统。

通常无分电器点火系统的每个气缸都有自己专用的点火线圈，该线圈安装在火花塞上方，由ECU控制。发动机ECU（一般还负责控制喷油阀）根据存储的3D特性曲线，按下述传感器信号计算理想的点火点：发动机转速、发动机负荷、发动机温度、爆燃传感器信号（如果有的话）。电子点火系统的组成如图2-50所示。

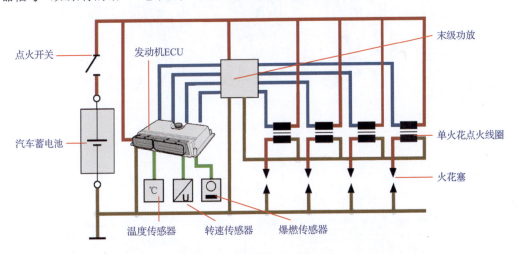

图2-50　电子点火系统的组成

2.4.1.4　电控可变正时与气门升程系统

电控可变正时与气门升程系统是由本田汽车公司研发的，它采用本田的可变气门正时与气门升程电子控制（VTEC）技术。该系统使用两组不同大小的凸轮，配合气门摇臂上的同步卡销（三段式VTEC），实现正时和气门升程的调节，如图2-51所示。两组凸轮对应发动机的不同工况，中、低转速工况使用低角度凸轮；高转速工况通过高角度大凸轮来提高进气量，它可以使进气流通面积和开启持续时间增加，从而为发动机输送更多的混合气体，实现高转速时的高动力性能。

当发动机处于高负荷工况时，节气门全开，吸入大量空气，进气门两侧同时动作，使发动机产生强大的输出动力，如图2-52所示。

当发动机处于巡航行驶等低负荷工况时，单侧的进气门在压缩行程开始后关闭，使吸入的空气回流至进气歧管，从而控制进气量。在低负荷工况下，可不通过减小节气门开度来控制进气量，因而能够减少进、排气损耗，有助于降低油耗，如图2-53所示。

可变正时控制（Variable Timing Control，VTC）主要控制进气门的开启和关闭正时，即进气门开启和关闭的最大提前角和最大迟闭角。它可以根据发动机不同的负荷工况，连续调节进气门的闭合角度，如图2-54所示，使发动机获得更好的动力性、经济性和排放综合性能。

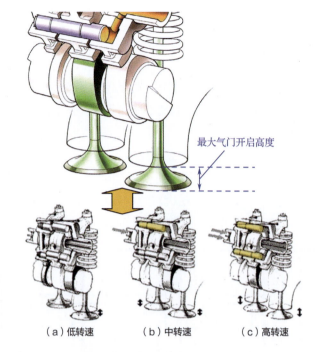

图2-51 电控可变正时与气门升程系统的工作原理

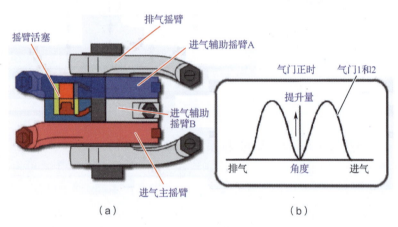

图2-52 高负荷工况

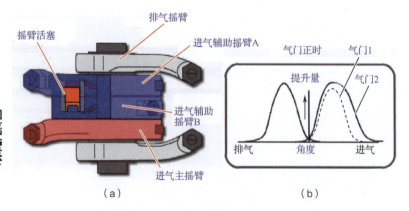

图2-53 低负荷工况

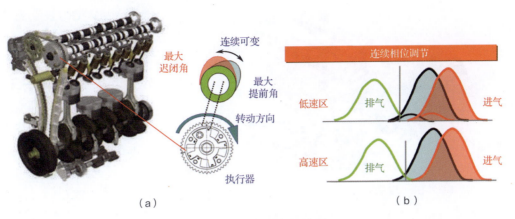

图2-54 进气凸轮轴上的VTC

本田的智能可变气门正时与升程控制系统采用i-VTEC技术,该技术是VTEC和VTC技术的有效结合,通过VTEC对气门升程、VTC对气门重叠(进气门和排气门同时开启的状态)进行周密的智能化控制,使大功率、低油耗、低排放这3个具有不同要求的特性均得到提高,其特点如图2-55所示。

图2-55 i-VTEC技术特点

本田的双VTC技术可以同时调节进气侧和排气侧的气门升程与正时,如图2-56所示。

图2-56 本田的双VTC技术

进、排气双侧VTC与进气侧气门升程量可变摇臂结合的应用，即双VTC+VTEC技术如图2-57所示。

2.4.1.5 电控气缸关闭系统

以奥迪品牌为例，发动机气缸的关闭是由气门升程系统（AVS）来完成的。按照点火顺序，总是2缸和3缸被关闭，如图2-58所示。在关闭气缸时，换气阀保持关闭状态，喷射系统和点火系统也一直保持关闭状态。

图2-57 双VTC+VTEC技术

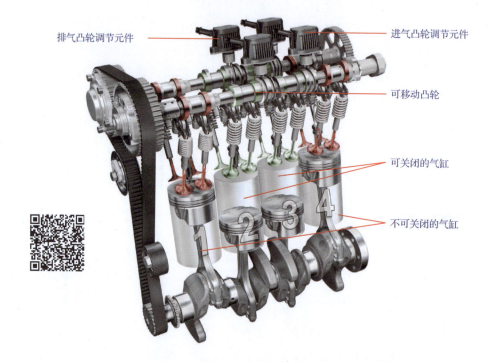

图2-58 气缸关闭示意图

为了避免在切换过程中出现转矩波动，需要将进气歧管内的压力调至很低。在充气过程中，点火角按照充气程度向延迟方向移动，以便保持转矩恒定。在达到规定的充气程度时，首先关闭2缸和3缸的排气门，再关闭其进气门。在完成最后的换气后，停止喷油，新鲜空气就停留在燃烧室内。

2缸和3缸的激活顺序与关闭时的相同。首先开启排气门，再开启进气门，使剩余的新鲜空气进入排气系统，但会导致废气变稀，需要由喷射系统向1缸和4缸内喷油来补偿，从而保证空燃比调节可以继续正常工作。

对应每个可关闭的气缸，在气缸盖罩上都有一个排气凸轮调节元件和一个进气凸轮调节元件。这与以前的AVS不同。以前的AVS在每个运动方向上都有一个单独的调节元件，现在的AVS将两个调节元件合为一个部件，其结构与其他带有AVS的发动机上的单个调节元件相似。调节元件的内部结构如图2-59所示。

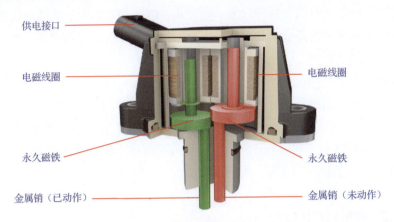

图2-59 调节元件的内部结构

当处于气缸关闭模式时，相应的凸轮调节元件被接通，其金属销就会插入可移动凸轮的槽内，如图2-60所示。于是在凸轮轴继续运转过程中，该凸轮就会在花键上轴向移动并被锁定，滚子摇臂也就在所谓的"零凸轮"上运行了。这个凸轮没有凸起部位（无升程），导致相应的气门没有往复直线运动。被关闭气缸上的所有气门都静止不动。

（a）2缸模式（凸轮块被推至"零凸轮"状态） （b）4缸模式（凸轮块被推回正常工作状态）

图2-60 进气侧两个气缸的关闭模式

2.4.2 电控系统部件检修

2.4.2.1 发动机ECU检修

常见的故障现象：发动机怠速不稳或过高、加速不良、不能起动或起动困难、排放超标、空调失效、喷油器控制失效及熄火等。

一般故障原因：①由于外接装置过载导致ECU内部元器件被烧毁并失效；②ECU进水导致线路板锈蚀等。

维修注意事项：①在维修时不要随意拆卸ECU；②在拆卸ECU前，应先拆卸插接器；③在进行焊接作业前需要拆卸ECU；④禁止在ECU的线路中加装其他线路。

注意检查线束端的连接线束是否扎紧固定，插接器在安装过程中不能受到线束传递的力。

简易测量方法：

①（接上插头）利用发动机数据K线读取发动机的故障记录；

②（卸下插头）检查ECU连线是否完好，重点检查ECU的电源、搭铁线路是否正常；

③检查外部传感器工作是否正常，输出信号是否可信，以及线路是否完好；

④检查执行器工作是否正常，线路是否完好；

⑤更换ECU进行试验。

2.4.2.2 传感器部件检修

常见的传感器部件故障检修见表2-4。

表2-4 常见的传感器部件故障检修

部件	空气流量计	进气压力/温度传感器	爆燃传感器
图例			
位置	①装在空气滤清器与节气门体之间；②装在空气滤清器上；③与节气门体一体化，安装在发动机上	由进气歧管绝对压力传感器和进气温度传感器组合而成，装在进气歧管上	3缸发动机安装在2缸中间；4缸发动机安装在2缸和3缸之间
故障	起动困难、运转不稳、油耗高	发动机熄火或怠速不良等	发动机加速不良等
原因	①热线或热膜脏污或损坏；②热敏电阻工作不良；③元器件电路故障	①使用时有异常高压或反向大电流；②维修过程使压力芯片受损	各种液体，如机油、冷却液、制动液等长时间接触传感器，对传感器造成腐蚀
部件	氧传感器	曲轴位置传感器	冷却液温度传感器
图例			
位置	前氧传感器安装在排气管催化器前端，后氧传感器安装在催化器后端	通常安装在与曲轴相关的部位，如曲轴上、凸轮轴上、分电器内或飞轮上	安装在发动机气缸体或气缸盖的水套上，与冷却液直接接触
故障	发动机怠速不良、加速不良、排放超标、油耗过高等	发动机起动困难或运转不良、怠速不稳	发动机不能起动或运转不稳、功率下降
原因	①线束异常或者线束断线、虚接等；②飞石等机械冲击导致传感器损坏；③冷凝水或污染物等进入传感器内部，造成传感器失效或信号不良；④由于失火引起的排气管道后燃，使得氧传感器的传感元件烧损；⑤氧传感器"中毒"（如Pb、S、Br、Si、Mn等）	①线束异常，如插接件松脱、锈蚀或不平整，或者线束断线、虚接等；②磁脉冲式信号盘或磁头损坏	①热敏电阻性能发生变化；②线路接触不良或断路

2.4.2.3 执行器部件检修

常见的执行器部件故障检修见表2-5。

表2-5 常见的执行器部件故障检修

部件	电子节气门	电动燃油泵	喷油器
图例			
位置	安装在进气歧管与空气滤清器的连接软管之间	安装在燃油箱内的油泵支架上	安装在靠近进气门一端的进气歧管上
故障	汽车加速无力、节气门阀片频繁回位或卡死	油表不准、油压不稳、油泵异响或汽车加速不良、不能起动等	发动机怠速不良、加速不良或不能起动（起动困难）等
原因	①线束或传感器工作不良，导致ECU产生误判，强制控制节气门处于小开度状态；②使用过程或维修过程中的跌落或碰撞导致内部零件（磁钢等）破裂；③发动机歧管处的振动量级超标；④由于发动机出现问题，导致电子节气门体积炭严重	①使用劣质燃油，油箱内会产生杂质，最终导致燃油泵磨损，使流量大幅下降；②液位传感器受腐蚀，油表指示不准；③燃油泵总成滤网及调压阀堵塞，系统压力不稳等	由于缺少保养，导致喷油器内部因出现胶质堆积而失效
部件	点火线圈	炭罐控制阀	电热塞（柴油机）
图例			
位置	安装在发动机气缸盖上，通过高压线或直接与火花塞连接	炭罐控制阀通过软管与炭罐相连	安装在气缸盖上，位于每个气缸的上方，类似火花塞，每缸都有一个
故障	发动机抖动，不能正常起动或失火等	①无法打开时，车内有汽油味，急加速发生"挫车"；②常开时，发动机起动困难、怠速不稳，油箱中形成负压	柴油机起动困难或起动不稳
原因	电流过大导致烧毁、受外力损坏等（维修时禁止用"短路试火法"测试点火功能，以免对电子控制器造成损伤）	由于异物进入阀内部，导致锈蚀或密封性变差等	电路或电器故障，电阻过高，预热时间ECU无通信，电热塞的继电器发生断路或短路

2.4.3 电控系统故障诊断

2.4.3.1 诊断信号类型

汽车电子信号可分为5种基本类型，见表2-6。

表2-6 汽车电子信号的基本类型

类型	来源	检测工具
直流（DC）信号	蓄电池、动力控制模块（PCM）输出的传感器参考电压，包括冷却液温度传感器、燃油温度传感器、进气温度传感器、节气门位置传感器、排气再循环传感器、翼片式或热丝式空气流量计、节气门开关及进气压力传感器	万用表
交流（AC）信号	车速传感器、轮速传感器、磁电式曲轴位置和凸轮轴位置传感器、进气歧管绝对压力传感器、爆燃传感器	万用表，示波器
频率调制信号	卡门涡旋空气流量计、数字式进气压力传感器、光电式车速传感器、霍尔式车速传感器、光电式曲轴位置和凸轮轴位置传感器、霍尔式曲轴位置和凸轮轴位置传感器	万用表，示波器，频率计
脉宽调制信号	一次点火线圈、电子点火正时电路、排气再循环控制阀、涡轮增压和其他多种控制电磁阀，以及喷油器、怠速控制电动机	示波器，数据分析仪
串行数据（多路）信号	发动机ECU、车身ECU和防抱死制动系统ECU或其控制装置	示波器，数据分析仪

2.4.3.2 OBD-II诊断系统

汽车制造商从1996年开始全面推广OBD-II型诊断插接器，统一为16端子形式，安装在仪表板下方或驾驶室内，并使用统一的代码和含义及诊断模式。

OBD-II标准诊断插接器如图2-61所示，其端子的功能见表2-7。

图2-61 OBD-II标准诊断插接器

表2-7 OBD-II标准诊断接插器的端子功能

端子	功能	端子	功能
1	由汽车制造商自行定义	8	由汽车制造商自行定义
2	总线正极（CAN BUS+）（SAE J1850）	9	由汽车制造商自行定义
3	由汽车制造商自行定义	10	总线负极（CAN BUS-）（SAE J1850）
4	底盘接地	11~14	由汽车制造商自行定义
5	信号接地（信号回流）	15	L线
6	由汽车制造商自行定义	16	蓄电池正极
7	K线		

OBD-Ⅱ故障码由5部分组成，每部分代表不同的含义，如图2-62所示。

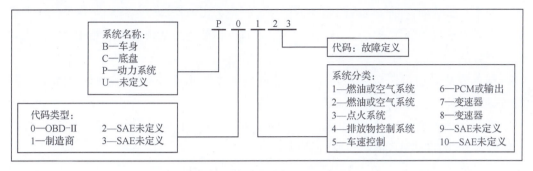

图2-62　OBD-Ⅱ故障码的含义

2.4.3.3　电子检测判定故障的依据

在汽车电控系统的检测与诊断中，需要分辨信号的5种信息特征，这些特征构成了汽车电子信号的5种判定依据，见表2-8。

表2-8　汽车电子信号的判定依据

信号类型	判定依据				
	幅值	频率	波形	脉冲宽度	阵列
直流	☑				
交流	☑	☑	☑		
频率调制	☑	☑	☑		
脉宽调制	☑	☑	☑	☑	
串行数据	☑	☑	☑	☑	☑

① 幅值：电子信号在一定点上的即时电压。

② 频率：电子信号在两个事件或循环之间的时间，一般指每秒的循环数（Hz）。

③ 波形：信号的曲线、轮廓和上升沿、下降沿等。

④ 脉冲宽度：电子信号所占的时间或占空比。

⑤ 阵列：组成专门信息信号的重复方式。例如各缸传送给发动机ECU的上止点同步脉冲信号，或传给解码器的有关冷却液温度的串行数据流等。

2.4.3.4　故障自诊断

1）汽车故障灯点亮方式

故障自诊断模块负责监测汽车电控系统的各种传感器（如冷却液温度传感器）、ECU及各种执行元件（如继电器），以及信号输入电路。当某个信号超出预设的范围值，并且这一现象在一定时间内没有消失时，故障自诊断模块即判断该信号对应的电路或元器件出现故障，并将这个故障以故障码的形式存入内部存储器，同时点亮仪表板上的故障指示灯，如图2-63所示。

图2-63　汽车仪表板显示的各种故障指示灯

2）人工读取故障码

在不具备故障诊断仪或解码器的情况下，可用人工方法读取故障码，视具体车型而定。在对发动机控制系统进行故障自诊断时，首先需要进入故障自诊断测试状态，大致有以下方法：

基本方法是用诊断跨接线短接故障诊断插座中的相应插孔（"诊断输入插孔"和"搭铁插孔"）。

通用车系读取发动机故障码的方法是将OBD-Ⅱ诊断座的6号端子搭铁后，根据"CHECK ENGINE"灯的闪烁规律读取故障码。

福特车系读取发动机故障码的方法是将OBD-Ⅱ诊断座的13号端子搭铁后，根据"CHECK ENGINE"灯的闪烁规律读取故障码。

丰田车系发动机故障码的读取方法是将OBD-Ⅱ 16针诊断座的5号、6号端子（见图2-64）跨接或将TE1、E1端子跨接后，根据"CHECK ENGINE"灯的闪烁规律读取故障码。

图2-64　丰田诊断接口示意图

三菱车系读取发动机故障码的方法是将OBD-Ⅱ诊断座的1号端子搭铁后，根据"CHECK ENGINE"灯的闪烁规律读取故障码。

沃尔沃车系读取发动机故障码的方法是在OBD-Ⅱ诊断座的3号端子处跨接LED灯。

下面以丰田汽车发动机电控系统的故障码读取方法为例，讲解具体操作步骤。

（1）检查发动机故障指示灯。

① 将点火开关转到"ON"位置（不起动发动机），仪表板上显示发动机外形图的发动机故障指示灯应点亮。如果该灯不亮，应检查灯泡及电路是否良好。

② 起动发动机，发动机故障指示灯应熄灭，若该灯继续点亮，则说明发动机电控系统存在故障。

（2）读取故障码。

① 找到故障诊断插座。

② 检查蓄电池电压，应大于11V。

③ 使节气门处于完全关闭的位置（节气门位置传感器内的怠速触点闭合）。

④ 使自动变速器的变速杆位于P位（驻车挡）或N位（空挡）。

⑤ 切断所有附加用电设备（如空调、音响、灯光等）。

⑥ 打开故障诊断插座罩盖，用一根诊断跨接线将TE1（发动机故障检测）插孔和E1（接地）插孔短接。

⑦ 将点火开关转至"ON"位置，但不要起动发动机。

⑧ 根据仪表板显示的发动机故障指示灯的闪烁规律读取故障码。

若发动机电控系统工作正常，ECU内没有存储故障码，则发动机故障指示灯以5次/s的频率连续均匀闪烁；若ECU内存有故障码，则该灯以2次/s的频率闪烁，两位数故障码的十位数和个位数先后通过发动机故障指示灯的闪烁次数表示出来。如果存有多个故障码，ECU将按故障码的大小依次显示，相邻两个故障码之间停顿2.5s。当所有故障码都显示后，停顿4.5s，再重新开始显示，直到从故障诊断插座上拔下诊断跨接线为止。故障码13与32的显示示例如图2-65所示。

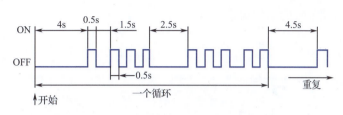

图2-65　故障码13与32的显示示例

2.4.4　电控系统编程

2.4.4.1　编程定义与类型

汽车编程系统可确保以编程和设码功能为基础更新所有车辆的数据状态。车辆的电子组件在进行加装、改装或保养、维修后可以通过编程或设码进行调整。对软件和功能进行更改或调整的方式有3种：编程、设码和个性化设置。

编程（也称为擦写编程）时，将新程序存入ECU内。ECU之间在以下方面存在区别：程序状态和数据状态。ECU的程序状态相当于操作系统，负责控制ECU内的计算机程序。数据状态包括有关车辆、发动机和变速器的特性曲线族和特性曲线。

设码时，应根据具体车辆调整ECU，这意味着系统根据车辆订单开通或启用功能和特性曲线。

广义的编程包括各种系统的初始化（自学习）、匹配及编程设码等项目，具体示例如图2-66所示。

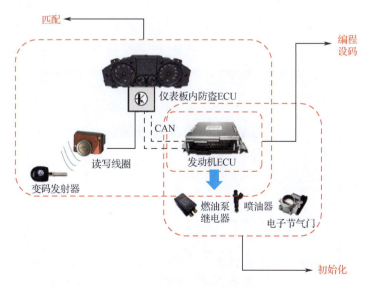

图2-66　广义的编程作业项目示例

在早期的车型上,个性化设置按钮的作用是将针对具体客户的车辆和钥匙记忆功能设置转移到某些电气系统中。在带有个性化配置的车辆上,客户可以直接进行个性化设置,这些车辆的车辆菜单中取消了个性化设置按钮。

2.4.4.2 编程流程

编程包括不同的工作流程,其中一些要求手动干预,另一些则可自动进行。图2-67所示为编程流程示例。

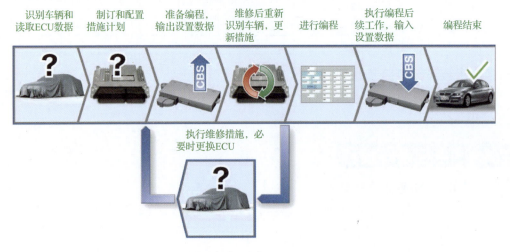

图2-67 编程流程示例

2.4.4.3 应用示例

1)自学习

使用德尔福电喷系统的车辆,在更换新发动机ECU但未进行齿讯(发动机控制单元输出的齿轮位置信息的通信)学习时,会出现起动后故障指示灯点亮的问题,故障诊断仪显示故障码P1336,可以按照以下方法进行齿讯学习来消除故障码。

(1)起动后,确保冷却液温度达到60℃,车辆运行时间大于10s,车上其他负载处于关闭状态。

(2)通过故障诊断仪选择"车型—德尔福电子油门—动作测试"菜单,自学习界面如图2-68所示,利用故障诊断仪发送"齿讯学习"指令(指令"30 2c 07 ff")。

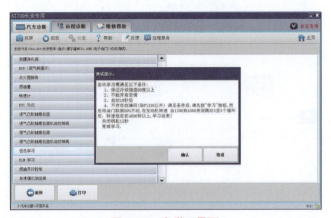

图2-68 自学习界面

（3）将加速踏板迅速踩到底并保持住，发动机ECU开始进行齿讯学习，发动机转速在1300～4500r/min内循环2～5次，最后在4500r/min附近振荡，学习结束；如果发动机转速超过5000r/min，则松开加速踏板，检测车辆，查找问题。（以上为进行齿讯学习时发动机转速的典型特征，可由此判断齿讯学习是否进行及结束。）

（4）通过故障诊断仪发送"停止齿讯学习"指令（指令"30 2C 00"）。

（5）发动机熄火，约15s后接通点火开关，清除故障码，将点火开关转至"OFF"位置。

（6）等待15s，起动发动机，查看故障码是否消除。

2）标定

在更换电子驻车制动器（EPB）ECU后，需要对EPB的加速度传感器（G-SENSOR）重新进行标定。将车辆停驻在水平地面上，在用故障诊断仪接入整车OBD接口后，执行以下标定步骤：

① 通过故障诊断仪选择"天合GEN4电子手刹"菜单；

② 进入"特殊功能"；

③ 选择"数据写入"；

④ 选择"例程控制"；

⑤ 开始进行G传感器标定，其界面如图2-69所示；

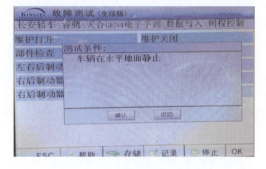

图2-69 G传感器标定界面

⑥ 清除故障码；

⑦ 读取故障码，系统正常，标定结束。

3）汽车ECU编程

现代汽车的某些电控系统，在维修后需要进行基本设定。在基本设定过程中，ECU中的某些参数会被调整到制造商设定的指定值，或是ECU存入某些元件参数，以便实行精确控制。

例如，大众捷达轿车在进行EPC编程后，出现行驶中偶发EPC灯点亮、无法加速的故障。为消除该故障，需要将故障诊断仪VAS5051/5052与车辆连接，打开点火开关，将刻录好的光盘放入VAS5051/5052的光驱中，单击"车辆自诊断"，进入发动机控制器，自动出现"升级-编程"按钮，如图2-70所示。

图2-70 升级操作界面

升级后的界面如图2-71所示。

图2-71 升级后的界面

进入"04-基础设定"菜单后，输入"060"进行节流阀体自适应。之后，关闭点火开关约60s，再次点火试车，刷新结束。

4）打开汽车隐藏功能

汽车隐藏功能是汽车出厂时隐藏在行车ECU中的一些预设功能。当汽车量产时，制造商因为一些成本要求，会对汽车进行"模块化"批量生产，等到后期车辆组装出厂时，考虑到具体车辆的产品定位或者价格要求，再在一些使用功能上进行高配、中配、低配的区分。因此，在一辆车出厂之前，制造商已经在ECU中预设了很多隐藏功能，具体车辆的配置之分其实就是ECU隐藏功能的激活程度之分。

例如，大众迈腾汽车在雨天自动关天窗的功能，其打开方法如下：修改09和46两个组件/模块的编码。首先修改09编码中的RLS编码，打开09模块，选择07编码，在下拉菜单中选择RLS组件并记录当前的编码，如00208933（十进制），先将其转换为十六进制的形式，即33025，并将第一位的3加上4，变为73025（十六进制）；再将73025（十六进制）转换为十进制的形式，即471077，用00471077替换00208933并保存。接着修改46编码，打开46模块，选择07编码，把第10位改为02并保存（从左边开始数，每2个数字为一位）。

当完成以上设置后，可以在仪表设计中看到相应的设置，如图2-72所示。

图2-72 仪表显示设置菜单

注意事项：在车外锁车后，应等仪表完全熄灭后才生效，该功能还包括侧窗自动关闭，不只是天窗。

第3章
汽车混合动力系统

第1节 混合动力系统概述

3.1.1 混合动力系统的类型

混合动力电动汽车是指使用电动机和传统发动机联合驱动的汽车,按动力耦合方式的不同可以分为串联式混合动力汽车、并联式混合动力汽车和混联式混合动力汽车。

(1)串联式混合动力汽车(SHEV)。该种车辆的驱动力只来源于电动机的混合动力。其结构特点是由发动机带动发电机发电,电能通过电机控制器输送给电动机,由电动机驱动汽车行驶。另外,动力蓄电池也可以单独向电动机提供电能驱动汽车行驶。串联式混合动力汽车的结构形式如图3-1所示。

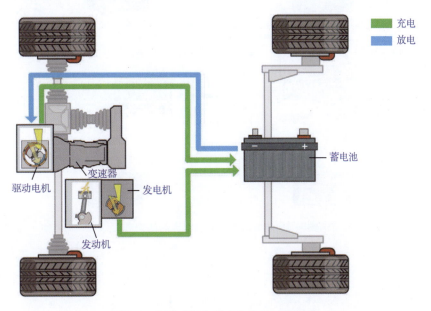

图3-1 串联式混合动力汽车的结构形式

(2)并联式混合动力汽车(PHEV)。该种车辆的驱动力由电动机及发动机同时或单独供给。其结构特点是并联式驱动系统可以单独使用发动机或电动机作为动力源,也可以同时使用电动机和发动机作为动力源驱动汽车行驶。并联式混合动力汽车的结构形式如图3-2所示。

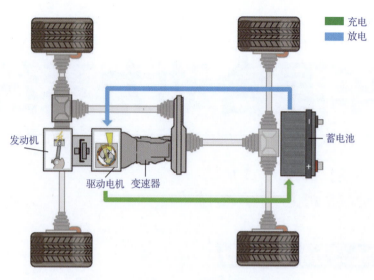

图3-2 并联式混合动力汽车的结构形式

（3）混联式混合动力汽车（CHEV）。该种车辆同时具有串联式和并联式两种驱动方式。其结构特点是既可以在串联混合模式下工作，也可以在并联混合模式下工作，同时兼顾了串联式和并联式的特点。混联式混合动力汽车的结构形式如图3-3所示。

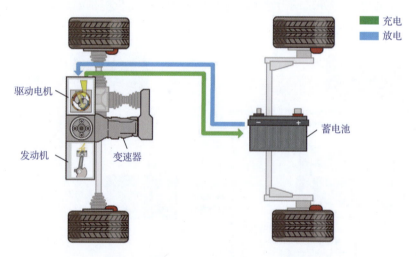

图3-3 混联式混合动力汽车的结构形式

根据基本设计的不同方向，混合动力系统（以下简称混动系统）可以分为微混合动力系统、中度混合动力系统、全混合动力系统3种类型。

（1）微混合动力系统。在该种动力系统中，电气组件（发电机/起动机）仅用于起动/停止功能。车辆制动时，部分动能可以转化为电能得到重新利用（能量再生）。车辆无法通过纯电力驱动行驶。因发动机需要频繁起动，故对12V（玻璃纤维）蓄电池进行了升级改造。微混合动力系统的组成形式如图3-4所示。

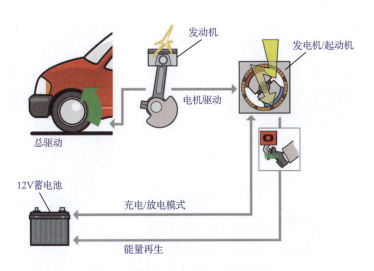

图3-4 微混合动力系统的组成形式

（2）中度混合动力系统。在该种动力系统中，电力驱动用来辅助发动机驱动车辆，车辆无法通过纯电力驱动行驶。利用中度混合动力系统，可以在制动时回收更多的动能，并以电能的形式储存在高压蓄电池中。高压蓄电池及电气组件的额定电压和额定功率更高。由于驱动电机的辅助，发动机可以在最佳效率范围内起动，即负载点推移。中度混合动力系统的组成形式如图3-5所示。

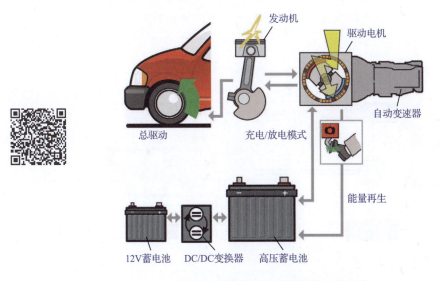

图3-5 中度混合动力系统的组成形式

（3）全混合动力系统。该种动力系统将功率更强的驱动电机和发动机结合起来，可以实现纯电力驱动。一旦达到规定条件，驱动电机即可辅助发动机运行。当汽车低速行驶时，它完全由电力驱动。发动机具备起动/停止功能，回收的制动能量可为高压蓄电池充电。位于发动机和驱动电机之间的离合器，可以断开这两个部分之间的连接，保证发动机仅在需要时介入。全混合动力系统的组成形式如图3-6所示。

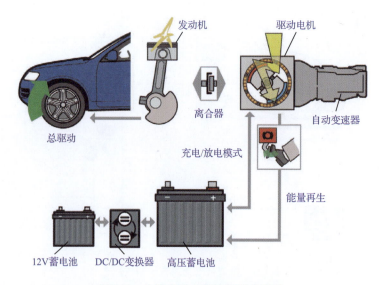

图3-6 全混合动力系统的组成形式

汽车混合动力技术的一种扩展应用是插电式混合动力汽车（Plug-in Hybrid Electric Vehicle，PHEV），它综合了纯电动汽车（EV）和混合动力电动汽车（HEV）的优点，既可实现纯电动、零排放行驶，也能通过混动模式增加车辆的续驶里程。PHEV既有传统汽车的发动机、变速器、传动系统、油路、油箱，也有纯电动汽车的蓄电池、驱动电机、控制电路，并且蓄电池容量较大，配置充电接口。因此，PHEV既可以通过发动机进行充电，也可以通过车载充电机连接市电供电系统进行充电。插电式混合动力汽车的结构形式如图3-7所示。

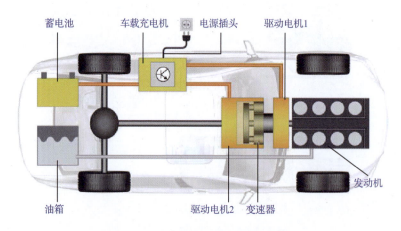

图3-7 插电式混合动力汽车的结构形式

3.1.2 混合动力系统的工作原理

丰田混合动力系统（Toyota Hybrid System，THS）的核心是由行星齿轮机构组成的动力合成器（Power Split Device，PSD），或称为动力分配器，主要用于协调发动机、发电机和电动机的运行和动力传递。THS的主要控制功能见表3-1。

表3-1 THS的主要控制功能

控制功能	说明
怠速停止	自动停止发动机的怠速运转以减少能量损失
EV行驶（高效行驶控制）	当发动机效率低时，仅使用电动机驱动车辆；当发动机效率高时，可用于发电。进行该种控制的目的是使车辆的总效率达到最高
EV行驶模式	如果驾驶人操作开关且满足工作条件，车辆可仅依靠电动机驱动
电动机辅助	加速时，电动机负责补充发动机的动力
再生制动（能量再生）	在减速期间和踩下制动踏板时，通过收集以往以热量形式损失的部分能量，重新生成电能以供再次使用

THS-Ⅱ主要由发动机、混合动力车辆传动桥总成、带转换器的逆变器总成和高压蓄电池等组成，属于混联式混合动力系统，如图3-8所示。

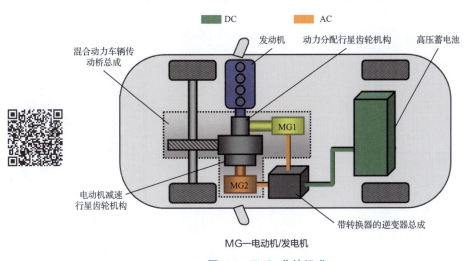

图3-8 THS-Ⅱ的组成

本田的智能化多模式驱动（Intelligent Multi Mode Drive，i-MMD）系统采用以串联式混合动力系统为基础，兼具发动机直接驱动模式（高速时）的全新混动模式，该系统的关键部件如图3-9所示。

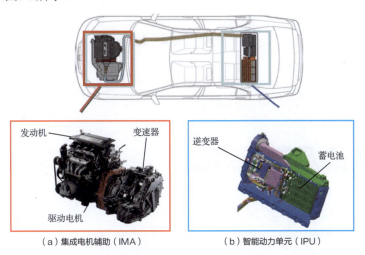

图3-9 本田i-MMD系统的关键部件

i-MMD系统由高压电机和发动机提供动力，可根据行驶情况或通过手动操作EV开关切换驱动模式。

除发动机外，该系统的主要部件还包括变速器（e-CVT）内的两个高压电机、发动机舱中的电源控制单元（PCU）、行李舱中的高压蓄电池、PCU和高压蓄电池之间的高压电机电源逆变器单元电缆。电动动力系统的电路示意图如图3-10所示。

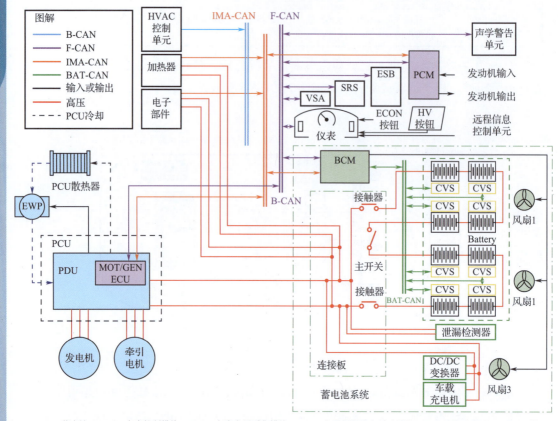

Battery—蓄电池；BCM—车身控制模块；CVS—电流电压采集模块；ESB—电子伺服助力制动系统；EWP—电动水泵；HVAC—供暖通风与空气调节；MOT/GEN ECU—电动机/发电机电控单元；PCM—动力控制模块；PCU—动力控制单元；PDU—电源分配单元；SRS—辅助约束系统（安全气囊）；VSA—车辆稳定控制系统

图3-10　电动动力系统的电路示意图

第2节　混合动力系统维修

3.2.1　混合动力系统的部件拆装

这里以丰田凯美瑞HEV为例，介绍混动控制系统模块的拆装方法，具体如下：

（1）拆卸位于仪表板下方的1号安全囊总成。

（2）拆卸3号仪表板至前围支架分总成，如图3-11所示。

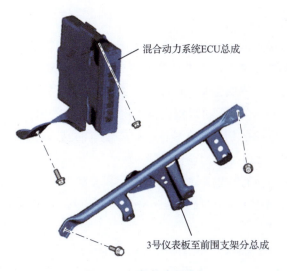

图3-11 拆卸仪表板支架

（3）拆卸混合动力系统ECU总成。

① 断开4个插接器，如图3-12所示。

② 拆下螺栓、螺母和混合动力系统ECU总成，如图3-13所示。

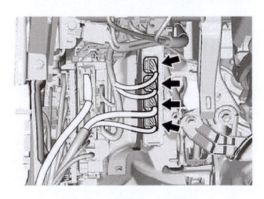

图3-12 断开4个插接器

图3-13 拆下混合动力系统ECU总成

（4）在完成维修作业后，按与拆卸相反的顺序安装各总成与部件，注意按规定的力矩紧固各螺栓、螺母。

3.2.2　混合动力系统的故障诊断

故障现象：一辆丰田凯美瑞HEV在行驶过程中出现发动机故障指示灯、防滑指示灯、制动系统故障指示灯同时点亮的问题，于是将车停在路边，并关闭点火开关。之后，重新起动车辆，观察发现仪表板上的"READY"灯启动后能正常熄灭，车辆恢复正常行驶且无明显异常。

故障诊断：

（1）用故障诊断仪读取混合动力系统的故障码，显示C1203（ECM通信故障）和C1345（线性电磁阀偏移学习未进行）。

（2）根据故障码翻阅维修手册，查到指示部位分别为混合动力系统ECU总成和线性电磁阀。

(3) 用故障诊断仪对故障码进行清除，故障指示灯熄灭后又马上点亮，读取故障码为C1345（线性电磁阀偏移学习未进行)和C1368（线性电磁阀偏移故障），虽然多了一个故障码，但都是线性电磁阀偏移故障。参阅维修手册，防滑ECU可存储并校准各部件（如行程传感器、执行器电磁阀和行程模拟器电磁阀）的差值。如果更换其中的一个部件，则应执行线性电磁阀的初始化和校准。需要注意的是，在执行线性电磁阀的初始化和校准之前，将输出C1203（ECM通信故障）。

(4) 按照维修手册执行线性电磁阀的初始化和校准。

① 进入Chassis/ABS/VSC/TRC/Reset Memory菜单，清除存储的线性电磁阀校准数据。

② 进入Chassis/ABS/VSC/TRC/ECB（电子制动控制系统）/Utility/Linear Valve Offset菜单，执行线性电磁阀的初始化和校准。

③ 在车辆静止且不踩下制动踏板的情况下，检查制动警告灯黄色的闪烁间隔由1s变为0.25s。

(5) 当线性电磁阀的初始化和校准进行到最后一步时，制动警告灯黄色的闪烁间隔并未从1s变为0.25s，而是保持1s不变，初始化和校准完成失败，输出故障码C1345（线性电磁阀偏移学习未进行）和C1368（线性电磁阀偏移故障）。重复步骤（1）～步骤（3），现象依旧。根据维修手册提示，若多次初始化和校准不能完成，则需更换制动执行器总成。

(6) 执行蓄压器压力归零（释放蓄压器中的压力）；更换制动执行器总成，再次进行初始化和校准。线性电磁阀初始化和校准顺利完成，故障指示灯熄灭，故障排除。

故障排除：更换制动执行器总成，执行蓄压器压力归零与线性电磁阀的初始化和校准。

第4章
汽车电动系统

第1节　电动系统概述

4.1.1　电动汽车的结构

纯电动汽车是完全由可充电电池（如铅酸蓄电池、镍氢电池或锂离子蓄电池）提供动力源的汽车，其组成部件如图4-1所示。

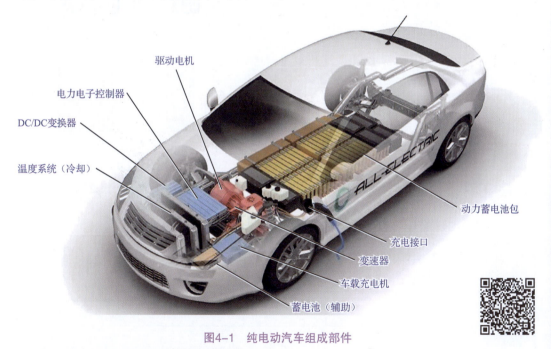

图4-1　纯电动汽车组成部件

4.1.2　电动汽车的工作原理

以大众高尔夫纯电动汽车（BEV）为例，它不装载发动机。除了通过再生性制动充电的蓄电池，高压蓄电池只能通过一个充电站、230V的电源插座或连接至公共充电站的充电电缆进行外部充电。除了高压系统，车辆还带有12V车载供电转换装置和12V车载供电蓄电池。85kW电动机/发电机通过一个减速器和差速器将动力传至驱动轮。车辆驱动单元与高压系统部件的分布如图4-2所示。电动汽车的工作模式见表4-1。

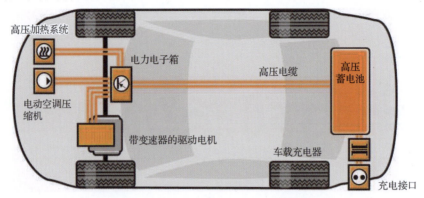

图4-2 车辆驱动单元与高压系统部件的分布

表4-1 电动汽车的工作模式

工作模式	说明	能量传递线路
电动驱动	纯电动汽车电动驱动单元的配置与混合动力电动汽车的完全相同：高压蓄电池向动力电子元件供能。动力电子元件将直流电压转变为交流电压，用于驱动电机	电机作为驱动单元运行 ← 电力电子箱 ← 高压蓄电池输出电能
再生制动	如果电动汽车处于"滑行"（车辆在没有来自电机的驱动转矩下移动）状态，部分热能通过作为交流发电机的电机转化为电能并对高压蓄电池充电	电机作为交流发电机运行 → 电力电子箱 → 高压蓄电池充电
外部充电	高压蓄电池通过车辆上的充电触点进行充电。当连接外部充电电源时，车辆将按照之前的设定值自动充电，该过程会自动完成。如果在充电过程中使用用电设备，则由充电电压供电	充电接口 → 电力电子箱 → 高压蓄电池充电
车辆温度控制	如果电动汽车处于交通堵塞中，则不用电动机/发电机输出能量。高压加热系统和高压空调压缩机将满足乘员的舒适性需求	高压加热系统、高压空调压缩机 ← 电力电子箱 ← 高压蓄电池输出电能

第2节 高压安全

4.2.1 高压安全基础知识

以比亚迪新能源车型为例,高压互锁包括结构互锁(见图4-3)和功能互锁(见图4-4)。

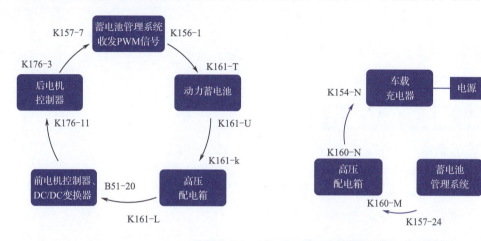

图4-3 结构互锁(高压驱动互锁连接)　　图4-4 功能互锁(充电高压互锁连接)

结构互锁的主要高压插接件均带有互锁回路,当其中某个插接件被带电断开时,高压蓄电池管理会检测到高压互锁回路存在断路,为保护人员安全,将立即进行告警并断开主高压回路电气连接,同时激活主动泄放。

功能互锁是指当车辆充电或插上充电枪时,高压电控系统限制整车不能通过自身驱动系统驱动,以防止可能发生的线束拖拽或安全事故。

维修开关(Service Switch)位于高压蓄电池包的左上角,它与高压蓄电池的一个正极和一个负极相连。维修开关的主要作用是在车辆维修时直接断开高压回路,以保证操作人员的安全。当维修开关处于正常状态时,它的手柄处于水平位置;当需要将维修开关拔出时,应先将手柄旋转至竖直状态,再向上拔出;当需要将其插入时,应先沿垂直方向用力向下插入,再将手柄旋转至水平状态。比亚迪新能源车型唐DM的维修开关安装位置如图4-5所示。

图4-5 维修开关安装位置(比亚迪唐DM)

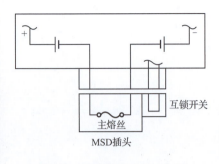

图4-6 手动维修开关的内部

手动维修开关（MSD）的内部装有高压电路的主熔丝和互锁的舌簧开关（互锁开关），如图4-6所示。

拉起手动维护开关上的卡子锁止器可断开互锁回路，从而切断高压蓄电池的正、负极继电器。但为确保安全，须将起动开关置于"OFF"位置，在断开蓄电池负极接线柱并等待10min后，拆下手动维护开关。在实施任何检查或维护作业前，应先拆下手动维护开关，使高压电路在高压蓄电池的中间位置切断，以确保维护期间的安全。

4.2.2 高压解除与重启

以江淮新能源车型为例，手动维修开关的拆卸步骤如下：

（1）将钥匙置于"LOCK"挡。

（2）断开12V蓄电池的负极连接。

（3）断开维修开关，其位置如图4-7所示。

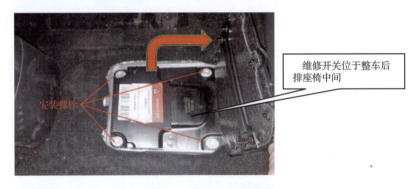

图4-7 维修开关的位置

① 打开维修开关上方的地毯盖板；
② 先拆下维修开关盖板的4个安装螺栓，再拆下维修开关盖板；
③ 打开维修开关的二次锁扣，如图4-8所示；

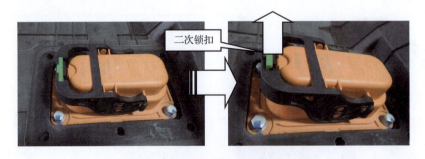

图4-8 打开维修开关的二次锁扣

④ 按住卡扣，先按图4-9所示的方向转动维修开关的手柄，再向上用力直至手柄竖直，取出维修开关。在取出维修开关后，需要等待10min，以确保高压残余电量耗尽。

图4-9 取出维修开关

4.2.3 高压作业规范

4.2.3.1 高压系统维修注意事项

混合动力电动汽车和电动汽车上的高压车载网络以最高650V的直流电压工作且需提供较大电能,其高压电路部分的连接线束为橙色。部分高压部件带有警示标志,如图4-10所示。如果不遵守作业要求,则可能导致严重性伤害。

图4-10 高压部件的警示标志

工作人员需要穿好绝缘鞋,身上不能携带金属物品,如硬币等。此外,工作人员还应使用1000V耐久性的绝缘手套,并在使用前确认其是否完好,在未带手套的情况下不能直接接触高压电路部分。

当进行场地检查时,应在比较明显的位置使用带有"高压电作业中触摸危险"字样的三角警示牌,以提醒其他人员注意安全。在将维修车辆停放在维修工作区域时,应先确认地面和发动机舱内没水,因为不允许在潮湿的环境中作业。此外,还应确认工作区域内是否配置二氧化碳灭火器。

准备所需维修工具,并确认维修工具已经过绝缘处理。

注意不能在手上有水时进行高压作业,也不能在高压部件沾有水的状态下作业。当地面或周围湿度过高时,应立即停止作业。

切断高压系统电源,首先需要切断手动维修开关。

4.2.3.2 高压安全操作规范

(1)在开展维修作业前,应采用安全隔离措施(使用警戒栏隔离作业区域),并树立高压警示牌,如图4-11所示,以警示相关人员,避免发生安全事故。

图4-11 作业区域隔离与高压警示牌

（2）在维修高压部件前，应将车身用搭铁线连接到电动汽车专用维修工位的接地线上。

（3）在检修有电解液泄漏的高压蓄电池包时，应佩戴防护眼镜，以防电解液溅入眼中。

（4）在车辆上电前，注意确认是否还有人员在进行高压维修操作，避免发生意外。

（5）在检修高压线束时，对拆下的任何高压配线都应立刻用绝缘胶带包扎绝缘。

（6）在进行钣金维修时，应采用干磨工艺，严禁采用水磨工艺。

（7）在整车进入烤漆房进行烘烤工艺时，应将高压蓄电池包与整车分离。

（8）不能用手指触摸高压线束插接件里的带电部位，以免发生触电；另外，应防止有细小的金属工具或铁条等接触插接件中的带电部位。

（9）若发生异常事故和火灾，操作人员应立即切断高压回路，其他人员迅速使用灭火器扑救，应使用干粉灭火器，严禁用水剂灭火器。

（10）当发生电解液泄漏时，切勿用手触摸，电解液需用葡萄糖软膏进行稀释，不可用水稀释。

（11）空调制冷剂和冷冻液的回收、加注需使用单独的专用设备，不能与燃油车型的制冷剂加注及回收设备混用，避免对车辆的空调系统及环境造成危害。

图4-12 前机舱高压部件及橙色线束（北汽新能源EC200）

（12）在维修作业中需要注意用于高压部件及区域提示的颜色或标示。

① 橙色线束均用于高压电路（适用于所有新能源车型，如图4-12所示的北汽新能源EC200）；

② 动力蓄电池包至电源管理器的电压采样线束为红色（适用于部分新能源车型，如图4-13所示的比亚迪新能源车型）；

图4-13 比亚迪新能源车型的电压采样线束

③ 高压部件。电动汽车的高压部件包括动力蓄电池包、高压配电箱（或集成至电

控总成)、车载充电机（或集成至电控总成或无配置）、DC/DC变换器（或集成至电控总成）、电机控制器总成（或集成至电控总成）、电驱总成（按配置分前、后）、电动空调压缩机和电加热器（PTC）等。配置及集成度不同的品牌车型，搭载的高压部件稍有差异。以大众ID.4X车型为例，电动汽车高压部件的分布如图4-14所示。

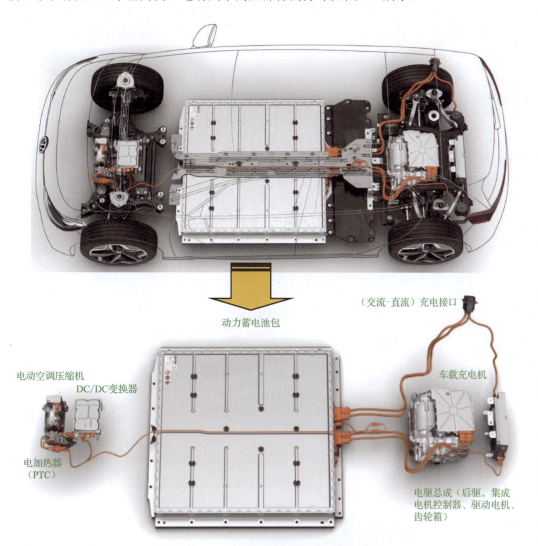

图4-14　电动汽车高压部件的分布（大众ID.4X）

如图4-15所示，新能源汽车高压系统的维修准备工作如下：

图4-15　高压系统的维修准备工作

① 切断车辆电源（将起动按钮转置"OFF"挡），等待5min；
② 戴好绝缘手套；
③ 拔下维修开关并存放在规定的地方；
④ 在断开紧急维修开关5min后，应使用万用表测量整车高压回路，确保无电。

第3节 高压系统

4.3.1 高压蓄电池

高压蓄电池又称为动力蓄电池（以下简称动力电池），这是区别于传统12V车载供电低压蓄电池的称呼。目前，高压蓄电池的电芯主要以三元锂电池为主，也有的使用铁锂电池、镍氢电池、氢燃料电池等。

三元锂电池（Ternary Lithium Battery）是指以镍钴锰酸锂或镍钴铝酸锂为正极材料，以石墨为负极材料，以六氟磷酸锂为主的锂盐作为电解质的锂电池。三元锂电池以其正极材料命名，因其正极材料包含镍、钴、锰（铝）3种金属元素，因而得名"三元"。高压蓄电池模块的部件分解如图4-16所示。

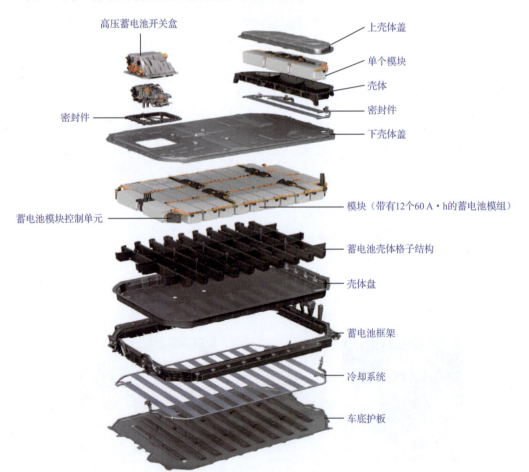

图4-16 高压蓄电池模块的部件分解

三元锂电池主要分为镍钴锰（NCM）和镍钴铝（NCA）两条技术路线。国内的新能源汽车主要配备NCM电池，该电池以方形和软包为主，镍钴锰比例从早期的5∶2∶3逐渐发展为高镍体系的8∶1∶1，成本更低，能量密度更高。NCA电池的性能更加优越，松下生产的圆柱型NCA电池18650和21700主要供应特斯拉，整个动力蓄电池包的组成如图4-17所示，其质量能量密度最高可达300W·h/kg。

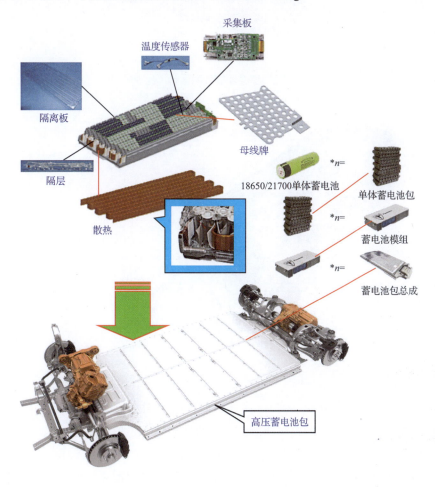

图4-17 动力蓄电池包的组成

铁锂电池是锂电池家族中的一类电池，其正极材料主要为磷酸铁锂。铁锂电池的全名是磷酸铁锂锂离子蓄电池，由于其性能特别适合于动力方面的应用，故而又称为锂铁动力电池。与三元锂电池相比，铁锂电池的安全性更好，并且无须添加稀有的钴元素，整体造价更低。比亚迪汉EV应用的刀片式铁锂电池模块的结构如图4-18所示。

镍氢电池分为高压镍氢电池和低压镍氢电池。镍氢电池的正极活性物质为$Ni(OH)_2$（电极称为NiO电极），负极活性物质为金属氢化物，也称为储氢合金（电极称为储氢电极），电解液选用浓度为6mol/L的氢氧化钾溶液。镍氢电池主要用于早期的混合动力电动汽车，如丰田的普锐斯（见图4-19）、本田的思域及凯迪拉克的凯雷德等油电混动车型。

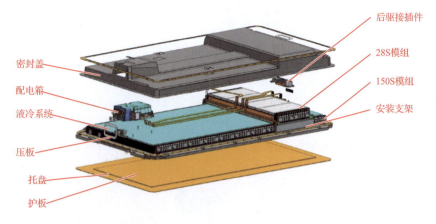

图4-18 刀片式铁锂电池模块的结构（比亚迪汉EV）

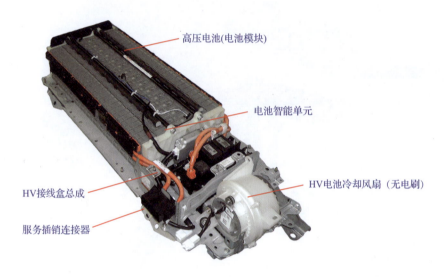

图4-19 普锐斯的镍氢电池模块

燃料电池是一种能量转化装置，可将燃料的电化学能转化为电能。采用氢气作为燃料的燃料电池称为氢燃料电池，可将其工作原理理解为水电解成氢气和氧气的逆反应。氢燃料电池的效率可达60%以上。由于燃料电池的生成物是水，基本不排放有害气体，故而可以做到无碳排放，并且不产生噪声，有望成为继锂电池之后的的新型清洁动力。奥迪A7氢燃料电池汽车的主要部件组成如图4-20所示。

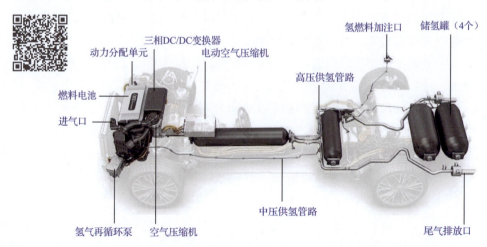

图4-20 奥迪A7氢燃料电池汽车的主要部件组成（氢燃料系统视图）

4.3.2 车载充电机

充电机按照充电系统是否安装在车上,分为车载充电系统和非车载充电系统。车载充电系统安装在车辆内部,具有体积小、冷却和封闭性好、质量小等优点,但功率普遍较小,充电时间长;非车载充电系统安装在新能源汽车的外部,具有规模大、使用范围广、功率大等优点,但体积大、质量大、不易移动,主要适用于新能源汽车的快速充电。

车载充电机是指固定安装在电动汽车上的充电机,具有为电动汽车的动力电池安全、自动地充电的能力。它依据蓄电池管理系统(BMS)提供的数据,能动态调节充电电流或电压参数,并执行相应的动作,完成充电过程。

可采用交流(AC)或者直流(DC)方式给高压蓄电池充电。当将充电插座上的交流(AC)接口连接到高压蓄电池的充电器上,将直流(DC)接口连接到开关盒上时,直流电会直接输入高压蓄电池。在充电器内,交流电转换为直流电,并通过开关盒输入高压蓄电池。充电系统部件的连接示意图如图4-21所示。

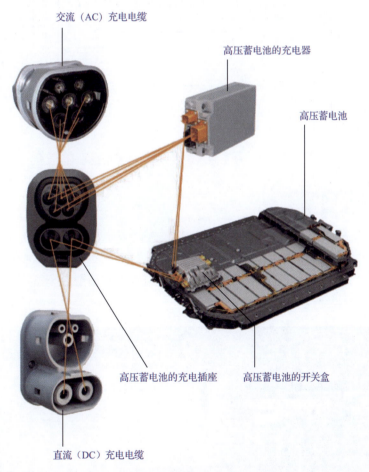

图4-21 充电系统部件的连接示意图

当充电系统工作时,车载充电机将外部交流电转换为直流电给高压蓄电池充电。充电时,车载充电机根据车辆控制器(VCU)的指令确定充电模式。车载充电机内部有滤波装置,可以抑制交流电网波动对车载充电机的干扰。高压接线盒负责接收车载充电机或直流充电桩的电能,并输送给高压蓄电池。整车充电系统的电路连接示意图如图4-22所示。

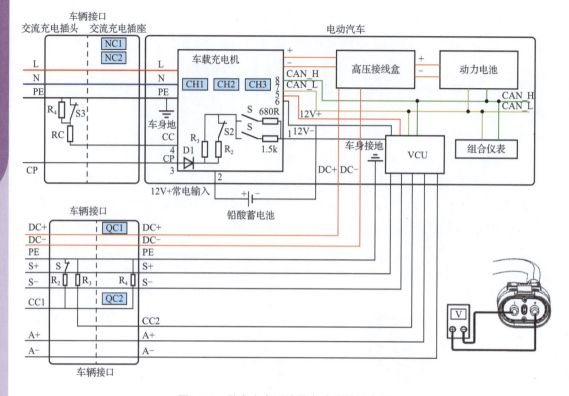

图4-22 整车充电系统的电路连接示意图

4.3.3 高压配电箱

高压配电箱总成的主要功能是通过控制接触器,将高压蓄电池的高压直流电供给整车高压电器,并接收车载充电机或非车载充电机的直流电给高压蓄电池充电,同时具备其他辅助检测功能,如电流检测,漏电监测等。以比亚迪新能源车型为例,唐DM的高压配电箱总成如4-23所示。

图4-23 比亚迪唐DM的高压配电箱总成

高压配电箱的功能见4-2。

表4-2 高压配电箱的功能

序号	功　能	描　述
1	高压直流输出	通过蓄电池管理器控制预充接触器、主接触器等吸合，接通放电回路，为前、后电机控制器及空调负载供电
2	车载充电机单相充电输入	通过蓄电池管理器控制车载充电接触器吸合，接通车载充电机的充电回路，为高压蓄电池充电
3	电流采样	通过霍尔电流传感器采集高压蓄电池正极母线中的电流，为蓄电池管理器提供电流信号
4	高压互锁	通过低压信号确认整个高压系统端子及高压插接件是否已经完全连接，唐DM车型采用3个相互独立的高压互锁系统：驱动系统（串接开盖检测）、空调系统和充电系统

以比亚迪唐DM车型为例，高压配电箱的外部连接如图4-24所示，内部结构如图4-25所示。

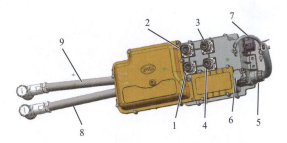

1—前电机控制器正极输出；2—前电机控制器负极输出；3—后电机控制器负极输出；4—后电机控制器正极输出；
5—低压插接件；6—空调输出；7—车载充电机输入；8—蓄电池包正极输入；9—蓄电池包负极输入

图4-24　高压配电箱的外部连接（比亚迪唐DM）

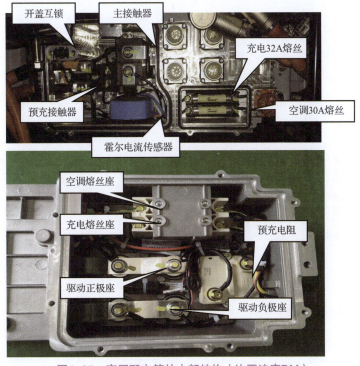

图4-25　高压配电箱的内部结构（比亚迪唐DM）

4.3.4 电力驱动系统

电机由转子和定子组成,动力电子元件通过将高压蓄电池提供的直流电转换为交流电,使电机进行工作,驱动车辆行驶。在某些情况下,电机选择发电机的模式进行工作,即将动能转化为电能,经动力电子元件转换为直流电存储在高压蓄电池中。电机的组成部件和电路连接如图4-26所示。

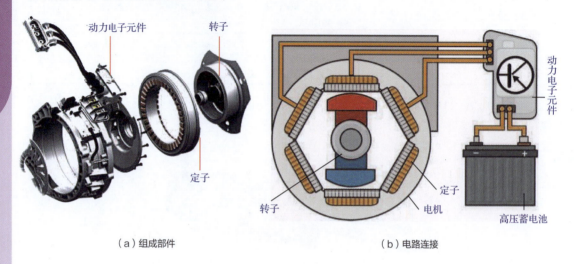

（a）组成部件　　　　　　　　　（b）电路连接

图4-26　电机的组成部件和电路连接

当电机作为电动机工作时,定子绕组会产生一个旋转磁场,而转子是一个可以产生磁场的永磁体。同步电动机的转速可通过感应交流电的频率精确控制。当系统中装有变频器时,可对同步电动机的转速进行无级调整。转子位置传感器可持续检测转子的位置,控制电子器件以此测定发动机的实际转速。电机的工作原理如图4-27所示。

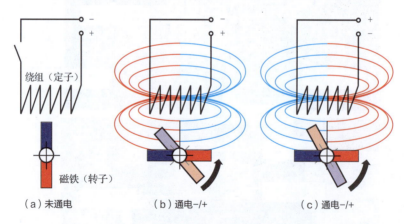

（a）未通电　　　（b）通电-/+　　　（c）通电-/+

图4-27　电机的工作原理
（磁铁的旋转方向由绕组的磁场方向而定）

电力驱动系统采用能量回收技术,可在汽车制动时,通过控制器将车轮损耗的动能进行回收,并使电机处于发电机状态,将产生的电能输送给蓄电池。电动汽车使用的电机,按工作电源种类可分为直流电机（可分无刷直流电机和有刷直流电机,以及永磁直流电机和电磁直流电机）和交流电机（可分为单相电机和三相电机；按结构和工作原理可分为异步电机和同步电机）。目前，电动汽车上多配置永磁同步直流电机，少数车型使用异步交流电机，如特斯拉与蔚来等品牌车型。

电机的主要组件包括转子、定子、各类接口、转子位置传感器及冷却系统等，如图4-28所示。

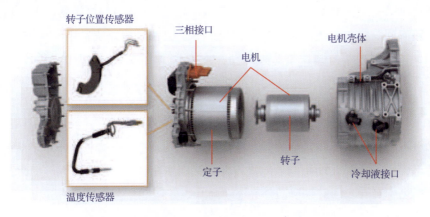

图4-28　电机的结构（大众e-Golf的永磁同步电机）

奥迪 e-tron汽车电力驱动系统使用的电机是异步电机，它主要包括带有3个呈120°布置铜绕组（U，V，W）的定子和转子（铝制笼型转子）。为了能达到一个较高的功率密度，静止不动的定子与转动的转子之间的气隙非常小。电机与齿轮箱共同组成一个车桥驱动装置。

车桥驱动装置有两种不同的类型，其区别体现在电机相对于车桥的布置上。前桥采用平行轴式电机来驱动车轮，即前驱电机，其结构如图4-29所示；后桥则采用同轴式电机来驱动车轮。

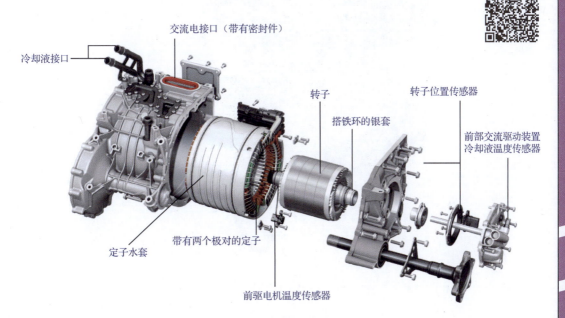

图4-29　前驱电机的结构

电机控制器日趋集成化，集成形式包括单主驱动控制器、三合一控制器（电动高压电源系统（EHPS）控制器+辅助控制模块（ACM）控制器+DC/DC变换器）、五合一控制器（EHPS控制器+ACM控制器+DC/DC变换器+电源分配单元（PDU）+双源应急电源系统（EPS）控制器）及乘用车控制器（主驱+DC/DC变换器）。多合一集成后的电机控制包括：①为集成控制器各个支路提供配电，如熔断器、TM接触器、电除霜回路供电、电动转向回路供电、电动空调回路供电等；②为控制电路提供电源（如VCU，为驱动电路提供隔离电源）；③接收控制信号，驱动绝缘栅双极型晶体管（IGBT）并反馈状态，提供隔离及保护；④接收VCU控制指令，并做出反馈，检测电机系统转速、温度等传感器信号，通过指令传输电机控制信号；⑤为电机控制器提供散热功能，保障控制器安全。

功率电子装置与前桥和后桥的低温冷却循环管路相连，能够更好地对功率电子装置内部的各部件进行冷却。功率电子装置的内部结构如图4-30所示，其中的密封件负责将电机与功率电子装置之间的接口同外界环境隔开，并保证与车身搭铁的等电位。

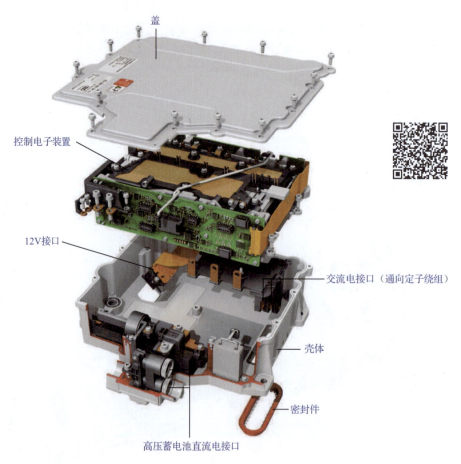

图4-30　功率电子装置的内部结构

第4节　整车控制器

4.4.1　整车控制器的功能

新能源汽车根据其动力源可分为纯电动汽车（EV）和混合动力电动汽车（HEV）。整车控制器（VCU）是新能源汽车的核心控制部件，主要用于解析驾驶人的需求，监控汽车行驶状态，协调控制单元如蓄电池管理系统（BMS）、电机控制单元（MCU）、发动机管理单元（EMS）、变速器控制单元（TCU）等的工作，实现整车的上下电、驱动控制、能量回收、附件控制和故障诊断等功能。整车控制系统的原理框图如图4-31所示。

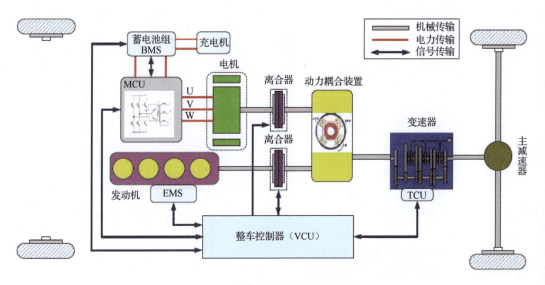

图4-31　整车控制系统的原理框图

以广汽传祺新能源车型为例，整车控制器作为电动汽车的核心部件，负责实现整车控制策略，协调各子系统工作，它是电动汽车的控制中枢。整车控制器的工作原理示意图如图4-32所示。

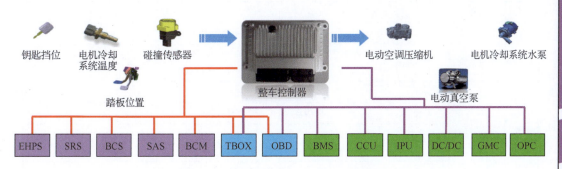

图4-32　整车控制器的工作原理示意图

整车控制器关联部件的功能见表4-3。

表4-3 整车控制器关联部件的功能

部件名称	英文缩写	功能	部件名称	英文缩写	功能
电控动力转向系统	EHPS	控制电磁阀的开度,以满足高、低速时的转向助力要求	蓄电池管理模块	BMS	检测高压蓄电池的状态,控制高压蓄电池的输入/输出
安全气囊	SRS	被动安全性保护系统,与座椅安全带配合使用,为乘员提供防撞保护	整车控制器	VCU	接收整车高压/低压部件信号,对整车进行控制
车身控制系统	BCS	控制ABS/ESP	耦合控制单元	CCU	检查机电耦合系统(GMC)的油压/油温,通过控制电磁阀实现离合器的接合/断开
半主动悬架	SAS	通过传感器感知路面状况和车身姿态,改善汽车行驶平顺性和稳定性	集成电机控制器	IPU	控制驱动电机和发电机
车身控制模块	BCM	设计功能强大的控制模块,用于实现离散的控制功能,对众多用电器进行控制	直流-直流变换器	DC/DC	将高压蓄电池内的高压直流电转化为12V低压电,供低压用电器使用
远程监控系统	TBOX	行车时实时上传整车信号至服务器,实现对车辆的实时动态监控	机电耦合系统	GMC	包括内置牵引电机(TM)、集成式起动-发电一体化电机(ISG)、差减速器,用于实现整车动力输出
车载诊断系统	OBD	诊断整车故障状态	低压油泵控制器	OPC	辅助控制GMC内部冷却液的流动

4.4.2 整车控制器的诊断

整车控制器根据电机、蓄电池、DC/DC等部件的故障,以及整车CAN网络故障和VCU硬件故障进行综合判断,确定整车的故障等级,并进行相应的控制处理。

整车的故障等级划分见表4-4。

表4-4 整车的故障等级划分

等级	名称	故障后处理	故障列表
一级	致命故障	紧急断开高压电路	MCU直流母线过压故障,BMS一级故障
二级	严重故障	零转矩	MCU相电流过流、IGBT、旋变等故障;电机节点丢失故障;挡位信号故障
三级	一般故障	跛行	加速踏板信号故障
		降功率	MCU电机超速保护
		限功率<7kW	跛行故障,SOC<1%,BMS单体欠压、内部通信、硬件等二级故障
		限速<15km/h	低压欠压故障,制动故障
四级	轻微故障	只仪表显示(维修提示)能量回收故障,仅停止能量回收	MCU电机系统温度传感器、直流欠压故障;VCU硬件、DC/DC异常等故障

仪表显示整车故障的正确诊断流程如图4-33所示。

对于故障诊断仪无法连接的车辆，可按以下顺序进行排查：使用万用表检查VCU的供电是否正常，包括ON挡电、常电，同时检查低压电气盒中VCU的各个供电保险装置是否正常；使用万用表检查OBD诊断接口与VCU的CAN总线线束连接是否牢固、正常。如果以上都正常，则应更换全新的整车控制器。

在排查结束后，故障诊断仪可以顺利地与整车控制器建立CAN总线通信连接。进入诊断界面后，按照流程进行其他故障的定位、排查、维修，最后清除故障码并试车。

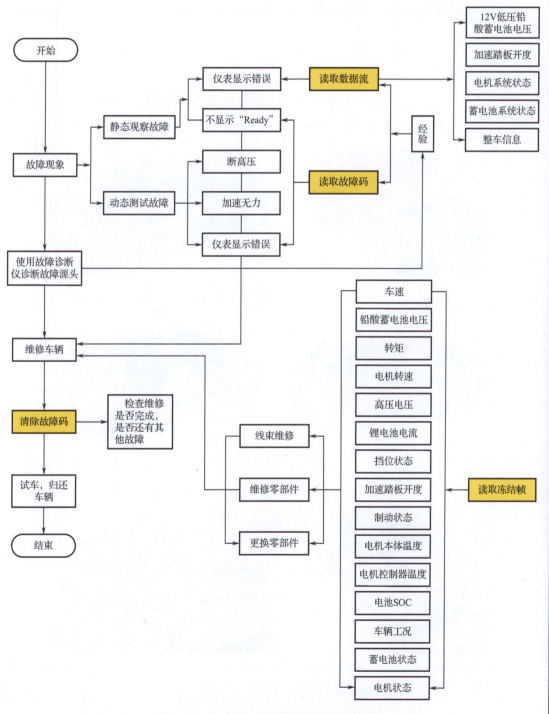

图4-33 仪表显示整车故障的正确诊断流程

第5章 汽车传动系统

汽车传动系统的布置形式因汽车的用途、发动机的结构和安装位置不同而不同。如图5-1所示,汽车上广泛采用的传动系统布置形式有发动机前置前驱(FF)、发动机前置后驱(FR)、发动机中置后驱(MR)、发动机后置后驱(RR)及四轮驱动(4WD)等类型。

发动机前置前驱型:低、中级车常用的驱动形式,变速器一般与驱动桥安装在一起,称为变速驱动桥,有手动和自动两种方式

发动机前置后驱型:中、高级车常用的驱动形式,发动机输出的转矩经离合器与变速器后,由传动轴传到后驱动桥驱动后轮

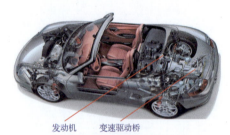

发动机中置后驱型:多见于高级跑车,发动机居于前、后桥的中部,通过变速器驱动后轮

发动机后置后驱型:在部分高级跑车(如保时捷、法拉利)上常见

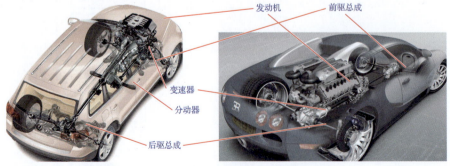

四轮驱动型:多用于高级豪华轿车、高端SUV与越野车,为了分配动力,通常增设分动器

图5-1 常见的汽车传动系统布置形式

汽车传动系统主要由离合器（自动变速器为液力变矩器）、变速器（分为手动和自动两种类型）、传动轴及驱动桥（有的集成于变速器，有的为单独装置）等部分组成，如图5-2所示。

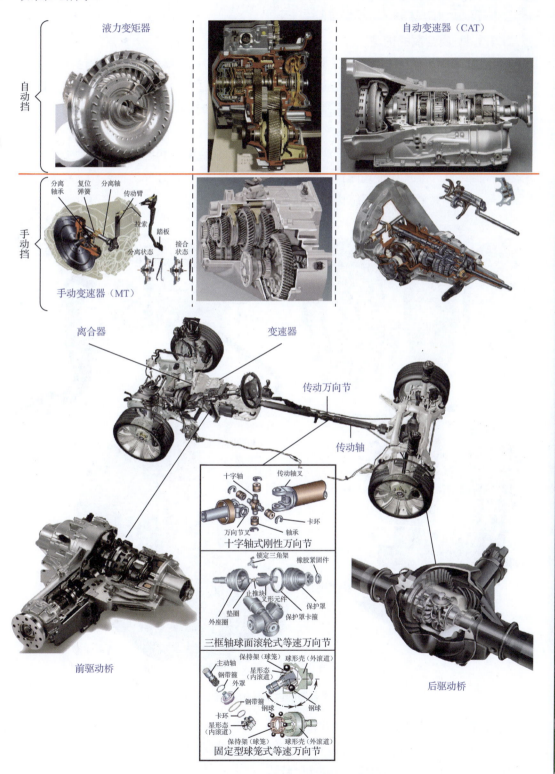

图5-2　汽车传动系统的组成示意图

第1节　离合器

5.1.1　离合器的构造与工作原理

5.1.1.1　离合器的构造

汽车离合器位于发动机和变速器之间的飞轮壳内,通过螺钉固定在飞轮的后端面上,离合器的输出轴就是变速器的输入轴。在汽车行驶过程中,驾驶人可根据需要踩下或松开离合器踏板,使发动机与变速器暂时分离或逐渐接合,以切断或传递发动机向变速器传输的动力。

汽车离合器有摩擦式离合器、液力变矩器(液力偶合器)和电磁离合器等类型,摩擦式离合器又分为湿式和干式两种。按从动盘的数目,离合器又分为单盘式、双盘式和多盘式等类型。离合器的内部结构及组成部件如图5-3所示。

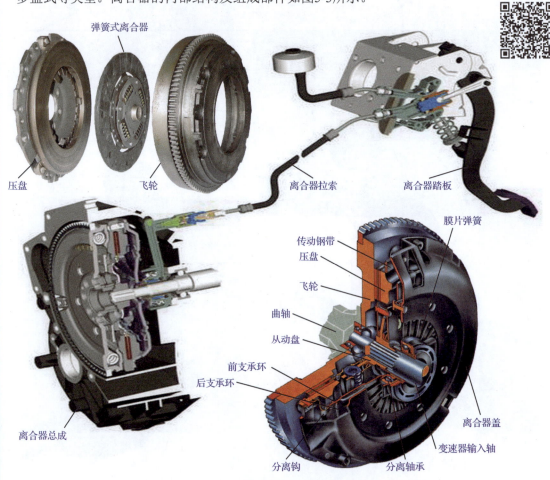

图5-3　离合器的内部结构及组成部件

湿式摩擦式离合器一般为多盘式,浸在油中以便于散热。采用若干螺旋弹簧作为压紧弹簧,并将这些弹簧沿压盘圆周分布的离合器称为周布弹簧离合器;采用膜片弹簧作为压紧弹簧的离合器称为膜片弹簧离合器。

离合器主要由主动部分（飞轮、离合器盖等）、从动部分（摩擦片）、压紧机构（弹簧）和操纵机构组成。目前，与手动变速器配合使用的离合器大多为干式摩擦式离合器，其组成部件如图5-4所示。

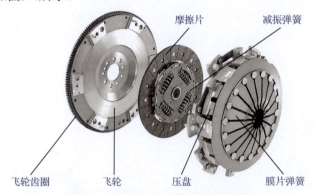

图5-4　干式摩擦式离合器的组成部件

5.1.1.2　离合器的工作原理

离合器盖通过螺钉固定在飞轮的后端面上，离合器内的摩擦片在弹簧的作用下被压盘压紧在飞轮端面上，摩擦片与变速器输入轴相连。通过飞轮及压盘与从动盘接触面的摩擦作用，发动机输出的转矩被传递给变速器，如图5-5所示。

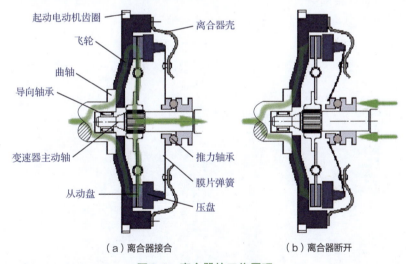

图5-5　离合器的工作原理

在未踩下离合器踏板前，摩擦片是紧压在飞轮端面上的，发动机的动力可以传递给变速器。当踩下离合器踏板后，通过操作机构，力被传递到分离叉和分离轴承，分离轴承前移将膜片弹簧向飞轮端压紧，膜片弹簧以支撑圈为支点向相反方向移动，压盘离开摩擦片，发动机动力传递中断；当松开离合器踏板后，膜片弹簧重新回位，离合器重新接合，发动机动力传递恢复。

5.1.2　离合器维修

5.1.2.1　离合器放气

（1）用适配器拆下放气螺栓盖，将放气软管与放气螺栓相连，如图5-6所示。

（2）将放气软管的一端插入空的容器中。

（3）慢慢踩下离合器踏板几次。

（4）完全踩下离合器踏板，拧下放气螺栓，通过放气软管排出油液。

（5）重复步骤（3）和步骤（4），直到排出的油液中没有气泡。

注意在放气过程中保持油位超过储油箱的最大值标记，不要使油液接触漆面。

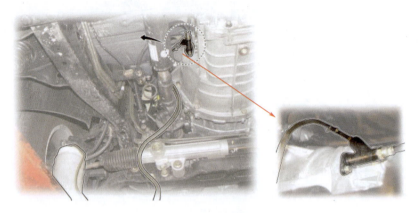

图5-6 离合器放气软管的安装位置

5.1.2.2 离合器更换

（1）用适配器分离离合器的油管，防止油液泄漏。

（2）拆卸变速器总成。

（3）将定中心销（专用工具）插入中央花键，按横向顺序拧松离合器壳螺栓直到弹簧张力释放。

（4）拧下螺栓并拆卸离合器盖、压盘和摩擦片，如图5-7所示。

图5-7 离合器拆卸示意图

（5）按与拆卸相反的顺序安装离合器。

5.1.2.3 故障诊断与排除

离合器故障的诊断与排除见表5-1。

表5-1 离合器故障的诊断与排除

故障现象		原因分析	排除方法
离合器打滑、分离不良		飞轮表面磨损过大	更换故障部件
		飞轮表面磨损或油污	调节或更换故障部件
		飞轮损坏	更换故障部件
		膜片弹簧损坏或烧损	更换故障部件
		离合器踏板自由间隙不足	调节
		离合器踏板工作故障	维修或更换故障部件
		摩擦片磨损或损坏	更换故障部件
		摩擦片径向圆跳动过大或振动	更换故障部件
		摩擦片花键磨损或生锈	维修或更换故障部件
		飞轮表面油污	调节或更换故障部件
		离合器踏板自由间隙过大	调节
换挡困难或不能换挡		离合器踏板自由间隙过大	调节
		离合器分离泵故障	维修
		摩擦片磨损，径向圆跳动过大，蹄片磨损	维修或更换故障部件
		摩擦片输入轴的花键脏污或损坏	维修
		压盘损坏	更换故障部件
起动时，离合器有"咔哒"声		飞轮表面油污	维修或更换故障部件
		飞轮表面磨损或故障	更换故障部件
		减振弹簧烧损	更换故障部件
		压盘异常	更换故障部件
		膜片弹簧弯曲	更换故障部件
		飞轮端面磨损或弯曲	调节或更换故障部件
		发动机支座松动或部分烧损	拧紧或更换故障部件
离合器踏板工作困难		液压系统放气不良	放气或更换故障部件
		踏板轴润滑不良	润滑或更换故障部件
		离合器踏板润滑不良	维修
离合器噪声	不使用离合器时	离合器踏板自由间隙不足	调节
		摩擦片表面磨损过大	更换故障部件
	分离后	同轴分泵磨损或损坏	更换故障部件
	分离时	离合器总成或轴承安装异常	维修
	部分踩下离合器和汽车减速时	踏板导向衬套损坏	更换故障部件

第2节 手动变速器

5.2.1 手动变速器的构造与工作原理

5.2.1.1 手动变速器的构造

手动变速器（Manual Transmission，MT）又称为机械式变速器，需要用手动拨动变速杆才能改变变速器内的齿轮啮合位置，从而改变传动比，达到变速的目的。手动变速器在操纵时需要踩下离合器踏板，才能拨动变速杆。手动变速器通过不同的齿轮组合实现变速。常见的手动变速器有5个挡位（4个前进挡、1个倒挡），有的也有6个挡位。手动变速器的传动效率一般比自动变速器的高。

手动变速器由变速传动机构、变速器壳体和操纵机构组成。按照轴的形式可以分为固定轴式（齿轮的旋转轴线固定不动）和旋转轴式（齿轮的旋转轴线是转动的，如行星齿轮变速器），其中固定轴式手动变速器可以根据轴数的不同，分为两轴式、中间轴式、双中间轴式及多中间轴式。手动变速器的操纵机构组成如图5-8所示。

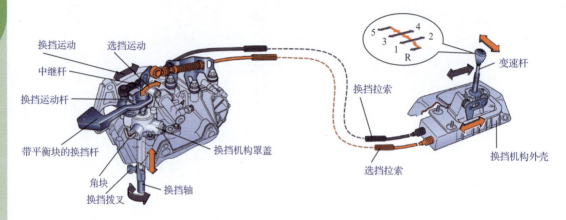

图5-8　手动变速器的操纵机构组成

以奔驰6挡变速驱动桥（前置前驱型手动变速器）为例，变速器的剖面图如图5-9、图5-10所示。

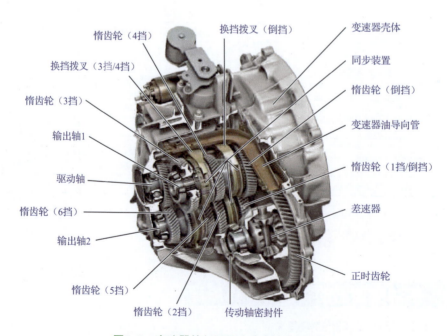

图5-9　变速器的剖面图（动力输出侧视图）

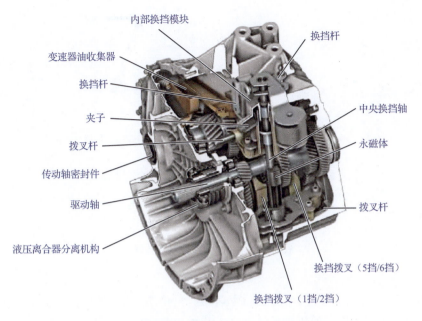

图5-10　变速器的剖面图（发动机连接侧视图）

5.2.1.2 手动变速器的工作原理

手动变速器的工作原理：通过拨动变速杆，切换中间轴的主动齿轮，通过不同的齿轮组合与输出轴相结合，改变驱动轮的转矩和转速。发动机输出的动力，经过中间轴间接传递给输出轴。通过同步器的接合与分离可以接通和切断动力输出，未接合时为空挡状态。图5-11所示为二挡变速器结构简图。

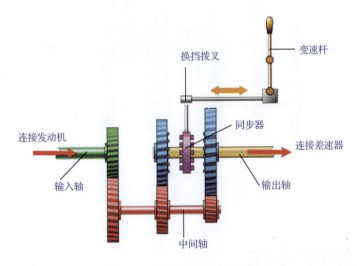

图5-11　二挡变速器结构简图

当向左拨动变速杆时，同步器向右移动与齿轮接合，发动机动力通过中间轴的齿轮传递给输出轴，如图5-12所示。

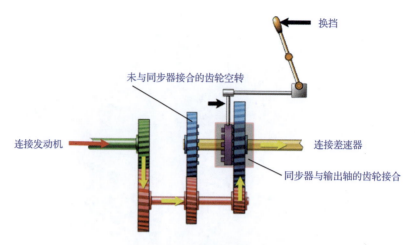

图5-12 挡位切换与动力传递

同理,对于挡位数超过2个的手动变速器,只是增加了传递动力的齿轮与同步器的数量,在R位(倒车挡)的主动齿轮和从动齿轮之间增加一个中间齿轮,就可以实现汽车的倒退行驶。图5-13所示为5挡手动变速器的齿轮组成。

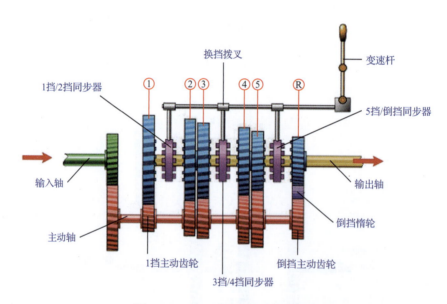

图5-13 5挡手动变速器的齿轮组成

5.2.2 手动变速器维修

5.2.2.1 手动变速器总成的拆装

5挡手动变速器总成的拆卸流程见表5-2。

表5-2　5挡手动变速器总成的拆卸流程

步骤	1.将变速器总成放在工作台上，拧开放油螺塞，将油排净	2.拆开连接分离轴承的卡子（无须拆下）	3.拆下液压分离轴承座及分离轴承快速接头
图解			
步骤	4.分离接头总成	5.拆下分离轴承螺栓，取下分离轴承	6.用工具旋下离合器后盖螺栓，取下离合器后盖
图解			
步骤	7.直接取出倒挡同步环	8.挂入一个前进挡，将弹性锁销冲出	9.用扭力扳手沿逆时针方向旋下5挡主动齿轮的紧固螺母
图解			
步骤	10.用冲子冲出弹性锁销，之后，挂入倒挡，取出5挡/倒挡拨叉	11.取出5挡同步器和5挡的主、从动齿轮	12.拆下滚针轴承
图解			
步骤	13.用内六角套筒旋下轴承挡板螺栓，取下轴承挡板	14.用卡钳拆下输出轴后轴承的调整垫片	15.按同样方式拆下输入轴后轴承的调整垫片
图解			

续表

步骤	16.旋下操纵机构壳体螺栓	17.旋下定位座一换挡指	18.旋下倒车灯开关
图解			
步骤	19.旋出3个定位螺栓	20.用内六角套筒旋下惰轮轴的螺钉	21.旋下变速器壳体螺栓
图解			
步骤	22.旋下离合器壳体螺栓	23.拆下变速器壳体和5挡轴套	24.取出倒挡惰轮总成
图解			
步骤	25.旋出倒挡拨叉机构总成螺栓，取出倒挡拨叉	26.用卡钳拆下开口挡圈	27.取出轴总成及差速器总成
图解			

按与拆卸流程相反的顺序安装5挡手动变速器总成。

5.2.2.2 故障诊断与排除

手动变速器常见故障的诊断与排除见表5-3。

表5-3 手动变速器常见故障的诊断与排除

故障现象	原因分析	排除方法
噪声过大或异常	输入轴或输出轴的轴承损坏	更换轴承
	齿轮齿面磕碰、有毛刺或齿面发生点蚀、接触不良	修复或更换齿轮
	齿轮轴向位置和间隙调整不当	检查、调整
	油面过低,润滑不充分	加油至规定位置
	总成内有异物	检查、排除
渗油	油封过量磨损或损坏	更换油封
	密封胶涂敷不均匀或密封垫损坏	更换密封垫、涂胶
	接合面磕碰未及时修平	检查、修复
	差速器轴承损坏	更换轴承
换挡困难	离合器调整不当,分离不彻底	调整
	换挡机构调整不当或发生运动障碍	检查、调整
	同步器的同步环失效	更换同步器
掉挡	同步器齿套或齿轮的接合齿面磨损	更换有关部件
	换挡机构调整不当	检查、调整
无挡	换挡机构松动	检修
	换挡摇臂松动	修复
轴承非正常损坏	机油含金属杂质	更换机油
	润滑不充分或机油不符合要求	更换机油
	使用不合格的轴承	更换轴承

第3节 自动变速器

5.3.1 行星齿轮变速器

和手动挡汽车不同,自动挡汽车的发动机和变速器之间没有传统意义上的离合器,取而代之的是液力变矩器(主要应用于行星齿轮式自动变速器与部分无级变速器)。液力变矩器依靠工作液(油液)传递转矩,其壳体与泵轮连为一体,是主动件;涡轮与泵轮相对运动,是从动件。当泵轮转速较低时,不能带动涡轮转动,主动件与从动件之间处于分离状态;随着泵轮转速的提高,涡轮开始转动,主动件与从动件之间处于接合状态。液力变矩器的组成部件如图5-14所示。

图5-14 液力变矩器的组成部件

行星齿轮变速器是用行星齿轮机构实现变速的变速器。它通常安装在液力变矩器后方,并与液力变矩器一起组成液力自动变速器。行星齿轮机构因与太阳系相似而得名。它的中央是太阳轮,太阳轮的周围有几个围绕它旋转的行星轮,行星轮之间有一个共用的行星架,行星轮的外围有一个齿圈。应用较多的行星齿轮机构有辛普森(Simpson)齿轮机构、拉威娜(Ravigneaux)齿轮机构及莱派特(Le Pelletier)齿轮机构。

图5-15所示为奔驰9挡自动变速器的内部结构。

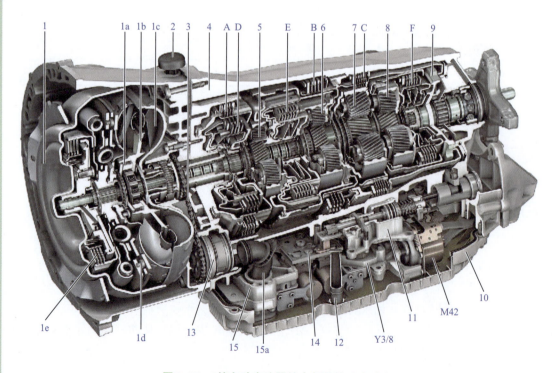

图5-15 9挡自动变速器的内部结构(奔驰)

序号	名称	序号	名称
1	变矩器盖	11	活塞外壳（驻车锁促动器）
1a	涡轮	12	导管
1b	定子	13	机油泵
1c	叶轮	14	全集成化变速器控制系统触点支架
1d	离心摆	15	护盖/换挡阀体
1e	变矩器锁止离合器	15a	压力管和吸油管
2	变速器外壳通风口	M42	电动辅助机油泵
3	机油泵传动链	Y3/8	全集成化变速器控制系统的控制单元
4	变速器外壳	A	多片式制动器 B08
5	行星齿轮组 1	B	多片式制动器 B05
6	行星齿轮组 2	C	多片式制动器 B06
7	行星齿轮组 3	D	多片式离合器 K81
8	行星齿轮组 4	E	多片式离合器 K38
9	驻车锁装置	F	多片式离合器 K27
10	油底壳		

图5-15　9挡自动变速器的内部结构（奔驰）（续）

5.3.2　双离合器变速器

双离合器变速器有别于一般的自动变速器，它以手动变速器为基础，除了拥有手动变速器的灵活性及自动变速器的舒适性，还能提供无间断的动力输出。双离合器变速器分为湿式和干式两种类型，二者的不同之处在于双离合器摩擦片的冷却方式：湿式的两组摩擦片处于一个密封的油槽中，通过自动变速器油吸收热量；干式的摩擦片则没有密封油槽，需要通过风冷散热。

对于双离合器变速器，不同的汽车制造商有不同的命名方式，如大众的DSG（Direct Shift Gearbox）、奥迪的S Tronic、宝马的M DKG（Doppel Kuppling Getriebe）或M Double Clutch Gearbox或M-DCT（Dual Clutch Transmission）、福特/沃尔沃的PowerShift、保时捷的PDK（Porsche Doppel Kupplung）、三菱的TC-SST（Twin Clutch-Super Sport Transmission）、日产的GR6（Rear Gearbox 6 Speed）及部分品牌的DCT（Dual Clutch Transmission）。双离合器的结构如图5-16所示。

图5-17所示为大众6挡和7挡DSG的工作原理示意图。6挡DSG的离合器K1负责控制1挡、3挡、5挡及倒挡，离合器K2负责控制2挡、4挡、6挡；7挡DSG的离合器K1负责控制1挡、3挡、5挡、7挡，离合器K2负责控制2挡、4挡、6挡和倒挡。

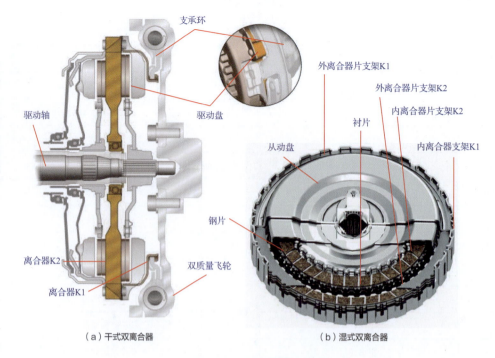

(a)干式双离合器

(b)湿式双离合器

图5-16 双离合器的结构

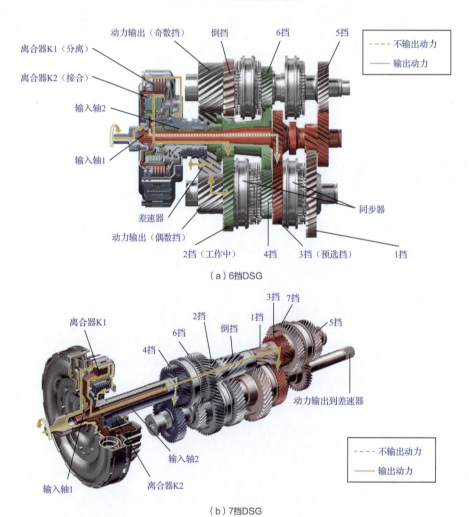

(a)6挡DSG

(b)7挡DSG

图5-17 大众6挡和7挡DSG的工作原理示意图

7挡DSG是采用三根轴的全同步滑动套筒变速器，原则上它是由两个完全独立的分变速器构成的。每个分变速器的工作原理与传统手动变速器相同并各自配有一个膜片式离合器。两个膜片式离合器由机械电子单元根据挂入的挡位控制接合和断开。当挂入1挡、3挡、5挡或7挡时，通过离合器K1进行动力传递；当挂入2挡、4挡、6挡或倒挡（R位）时，通过离合器K2进行动力传递，如图5-18所示。

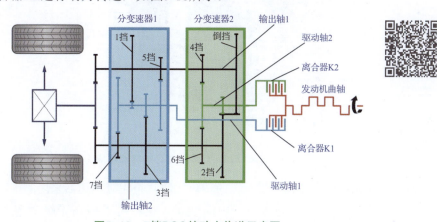

图5-18　7挡DSG的动力传递示意图

5.3.3　无级变速器

钢带式无级变速器是在片状钢带上镶嵌许多V形钢片，用来取代原来的橡胶传动带，以解决橡胶传动带寿命短的问题。此外，这种无级变速器还装有由微机控制的液压调整和变速比调整机构，可以根据驾驶人的习惯（节油或大动力）及发动机的工作状况，将液压和变速比自动调整到最佳状态。

奔驰722.8无级变速器的结构组成如图5-19、图5-20所示（两张图的展示角度不同）。

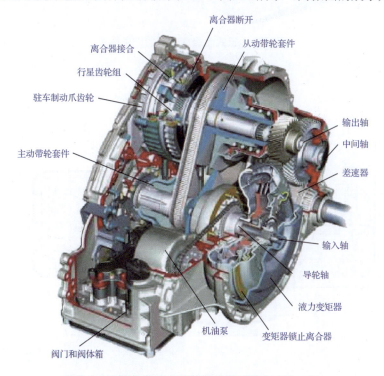

图5-19　奔驰722.8无级变速器的结构组成（一）

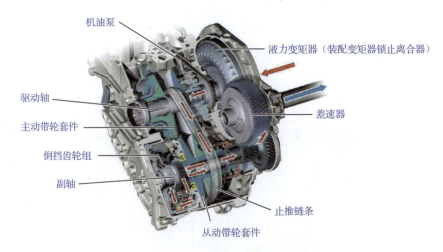

图5-20 奔驰722.8无级变速器的结构组成（二）

为了保证无级变速器能承受更大的转矩，通常将无级变速器采用的推动式钢带改进为拉动式链条，以作为动力传递的中间装置，这样可以提高无级变速器的强度，如图5-21所示。该系列无级变速器早期可承受310N·m的最大转矩，之后提高到400N·m。

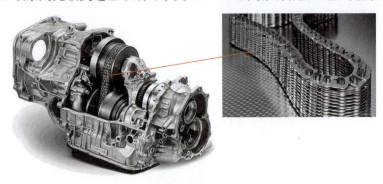

图5-21 链式无级变速器的链条形式

以奥迪01J无级变速器为例，链式无级变速器的内部结构如图5-22所示。

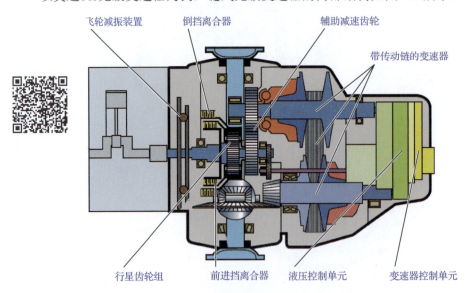

图5-22 链式无级变速器的内部构造（奥迪01J）

5.3.4 电动无级变速器

以本田雅阁全混合动力汽车为例,该车采用电动无级变速器(E-CVT),其部件如图5-23所示。

图5-23 E-CVT的部件

E-CVT通过组合使用发动机、齿轮和电动机,提供无级前进速度和倒车功能。E-CVT允许车辆通过电动动力或发动机动力驱动。两种动力均通过E-CVT内的齿轮传递到输出轴。该变速器无传统的齿轮或带轮变速机构。电动机的功率输出特点不同于发动机,可以在运转初期就输出很大的转矩(注意起步时不可过于激烈操作加速踏板,避免出现危险)。

E-CVT需要定期更换自动变速器油(ATF-DW1),并且不可分解,只能整体更换(虽然没有变速机构,但还有机械传动机构和离合器,因而需要使用自动变速器油,电动机、发电机也要通过自动变速器油进行散热)。图5-24所示为E-CVT的内部结构。

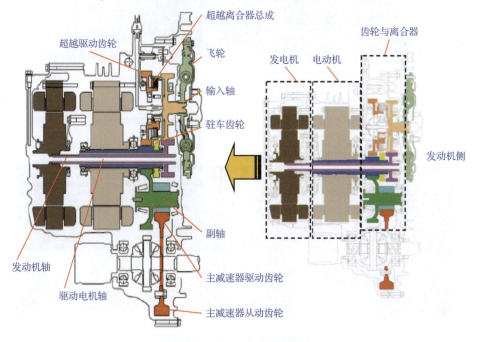

图5-24 E-CVT的内部结构

5.3.5 自动变速器维修

5.3.5.1 自动变速器总成拆装

首先拆卸与自动变速器连接的传动轴,然后拆卸与自动变速器连接的电气插接器及油路管道,最后拆卸液力变矩器孔盖,并在顺时针转动发动机曲轴的同时拆卸液力变矩器螺栓(见图5-25)。

图5-25 拆卸液力变矩器螺栓

拆卸自动变速器壳螺栓并用千斤顶缓慢降下自动变速器总成,如图5-26所示,之后,用专用工具拆卸液力变矩器。

图5-26 拆卸自动变速器总成

按与拆卸相反的顺序安装自动变速器总成。

5.3.5.2 故障诊断与排除

自动变速器常见故障的诊断与排除见表5-4。

表5-4 自动变速器常见故障的诊断与排除

故障症状	故障特征	原因分析	排除方法
自动变速器温度过高	自动变速器外部出现漏油问题	差速器油封磨损、损坏	检查差速器油封，视情况更换差速器油封
		油底壳接触面渗油、漏油	检查油底壳接触面的渗漏位置，视情况更换自动变速器总成
	自动变速器与发动机接触位置漏油	机油泵油封磨损、漏油	检查机油泵油封，视情况更换自动变速器总成
		液力变矩器安装不到位	自动变速器与发动机接合时，液力变矩器脱出造成机油泵油封或本体磨损，应更换自动变速器总成
	自动变速器冷却液异常	自动变速器冷却油管损坏或接头处漏油	检查自动变速器冷却油管，视情况更换
		散热器中的冷却液不足	检查冷却液液位，视情况添加或更换冷却液
自动变速器挡位不明确	换挡机构故障	换挡机构的排挡间隙过大	检查并视情况更换换挡机构总成
	变速器维持一个挡位不变	换挡拉索连接端脱落	检查换挡拉索连接机构
		换挡机构损坏或卡滞	检查或更换换挡机构总成
		变速杆脱落或松动	检查变速杆，紧固螺母或更换变速杆
		变速器控制单元（TCU）与挡位开关故障	更换挡位开关或进行自学习程序
发动机无法起动或挡位无法正确切换	车辆无挡位信息显示	仪表显示信息错误	检查或更换仪表总成
		挡位开关损坏或松动	检查或更换挡位开关
		TCU损坏无法接收挡位信息	检查TCU，视情况进行学习或更换
	自动变速器挡位缺少	自动变速器挡位轴磨损或损坏	检查并确定故障，视情况更换自动变速器总成
		变速杆安装错误	根据正确的方式重新安装
	自动变速器内部故障	离合器电磁阀损坏	视情况更换自动变速器总成
		阀体内漏	视情况更换自动变速器总成
		油压不足	视情况更换自动变速器总成

第4节 驱动桥

5.4.1 驱动桥的构造

差减速器总成由差速器与减速器组成。后驱汽车将它安装在后桥上，前驱汽车将它安装在变速器内部。差速器是实现左、右驱动轮不同转速转动的机构。差减速器总成的结构及组成部件如图5-27所示。

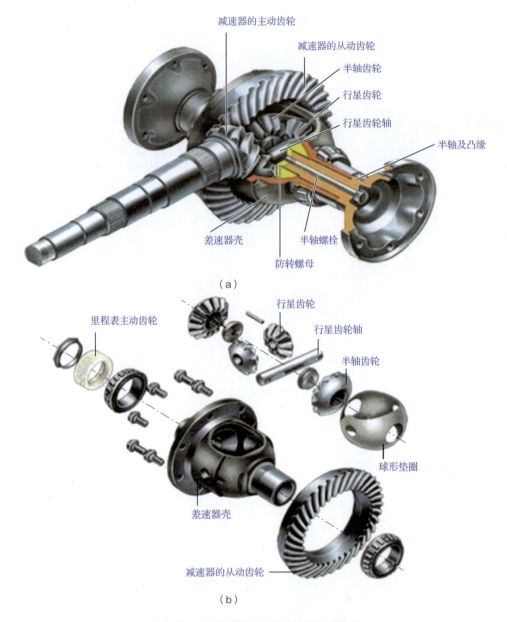

图5-27 差减速器总成的结构及组成部件

减速器将变速器输出的动力进一步减速、增大转矩，并改变方向。差速器主要由差速器壳、行星齿轮、半轴齿轮及行星齿轮轴等组成。使用差速器的左、右车轮的转速是不一样的，当某一侧的车轮静止时，另一侧车轮的转速会加倍。减速器主要由主动齿轮、从动齿轮、轴承座及减速器壳等组成，它通过小轮带动大轮实现减速增矩的作用。

布置在前驱动桥（前驱汽车）和后驱动桥（后驱汽车）上的差速器，分别称为前差速器和后差速器；安装在四驱汽车的中间传动轴上用来调节前、后轮转速的称为中央差速器。

5.4.2 驱动桥维修

5.4.2.1 驱动轴拆装

（1）拆卸轮毂轴承盖，拧松制动盘上的锁紧螺母。轮毂轴承盖和锁紧螺母不能重复使用，拆卸后应更换新件。

（2）先拧松转向节上的臂锁紧螺母、转向横拉杆末端锁紧螺母和下臂锁紧螺母，再拆卸前制动盘和车轮末端总成。

（3）松开上悬臂和横拉杆球头，通过提升这两个部件的位置（见图5-28），进行驱动轴的拆卸和装配。

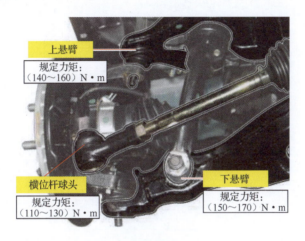

图5-28 驱动轴拆卸（一）

（4）用专用工具从桥壳上拆卸驱动轴，如图5-29所示。按与拆卸相反的顺序安装驱动轴。

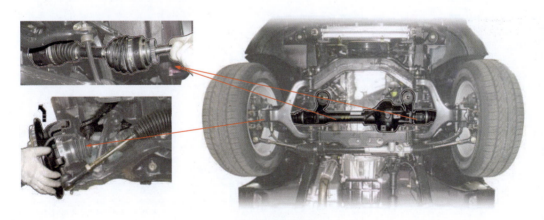

图5-29 驱动轴拆卸（二）

5.4.2.2 故障诊断与排除

驱动轴常见故障的诊断与排除见表5-5。

表5-5 驱动轴常见故障的诊断与排除

故障现象	故障特征	原因分析	排除方法
驱动轴异响	驱动轴经常高频振动,当车辆在不平整路面受到冲击,特别是转向时经常出现明显的异响	驱动轴的万向节润滑不足或损坏	检查万向节的润滑情况及使用情况,加注润滑脂,必要时更换相关部件
		驱动轴与差速器或车轮连接异常	检查驱动轴与差速器及车轮是否正常连接,必要时更换相关部件
		驱动轴与其他部件接触或存在异物	检查驱动轴
		车轮轴承、制动部件、悬架部件或转向部件磨损或损坏	检查车轮轴承、制动部件、悬架部件或转向部件是否损坏,必要时更换相关部件
	在空挡滑行后再加速时有沉闷的金属声	万向节护套开裂或损坏	检查万向节护套或万向节是否损坏,必要时更换相关部件
		等速万向节磨损或损坏	
		差速器间隙过大或轴承磨损	检查差速器及轴承是否损坏,必要时更换相关部件
车辆行驶时异常抖动	高速行驶时振动	前轮径向圆跳动过大	使用内径千分尺测量内径磨损情况,必要时更换相关部件
		驱动轴安装不正确	检查驱动轴安装是否正确,必要时重新安装驱动轴或更换驱动轴
	加速时抖动或振动	装配高度不当导致三球销式万向节角度过大	检查驱动轴安装是否正确,必要时重新安装驱动轴或更换驱动轴
		驱动轴过度磨损或损坏	检查驱动轴安装是否正确,必要时重新安装驱动轴或更换驱动轴
		三球销式万向节或滑动球笼节脱开	检查三球销式万向节或滑动球笼节是否正常,必要时重新安装或更换
	车辆低速行驶摆动	轮胎动平衡不准确	检查相关部件,必要时重新校正或更换相关部件
		车轮定位不正确	
		轮毂轴承损坏	
		驱动轴损坏	
		支柱损坏	
		稳定杆及衬套磨损或损坏	
驱动轴脱落	驱动轴在行驶时不受外力自然脱落	驱动轴与变速器的连接端卡簧变形	检查驱动轴与变速器的连接端卡簧是否损坏,必要时更换新的卡簧
		驱动轴变形	检查驱动轴是否损坏,必要时更换新的驱动轴
		前支柱变形	检查前支柱是否损坏,必要时更换
		驱动轴紧固螺母损坏	检查驱动轴紧固螺母是否损坏,必要时更换

第5节 分动器

5.5.1 分动器的构造

分动器位于变速器的后部,它是四轮驱动系统的中枢。在四轮驱动汽车中,动力先由变速器传至分动器,再由分动器同时传至前、后桥总成。

分动器壳体通常为铝制,其内装有以下部件:输入轴、前输出轴、后输出轴、链轮、轴承、驱动链条、行星齿轮组和挡位总成(仅低速比分动器)、换挡拨叉、换挡拨叉轴及轴间差速器或油压离合器(仅全时分动器有)等,部分部件如图5-30所示。

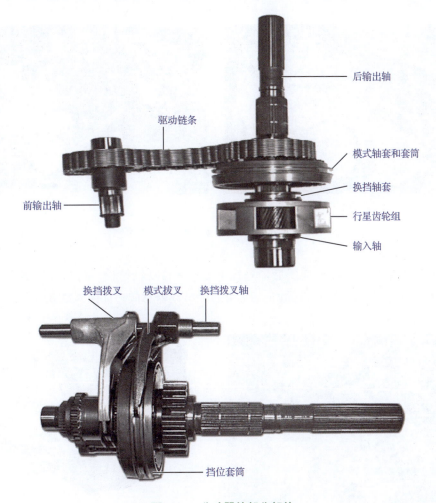

图5-30 分动器的部分部件

分动器有不同的工作状态,如2WD、4WDHI和4WDLO(两轮驱动、四轮高速驱动和四轮低速驱动)。经过分动器的动力传递路线如下:

① 来自变速器的动力输入齿轮。

② 若配备行星齿轮组,换挡轴套与输入轴上的轮齿相啮合,为直接挡传动;分动器输入齿轮与行星齿轮组的齿轮相啮合,为齿轮减速传动。若不配备行星齿轮组,则动

力直接传到输入轴上。

③ 动力通过输入轴传到链轮和驱动链条上。当模式轴套与链轮相结合时,动力同时传至前、后输出轴上;当模式轴套与链轮不结合时,自由轮将动力传到后输出轴上。

5.5.2 分动器维修

5.5.2.1 分动器总成拆装

(1) 断开蓄电池总成负极接线,举升车辆。

(2) 准备一个盛放废油的容器,拆卸排油塞并放油。

(3) 断开换挡电机与速度传感器连接线束,拆卸通气软管,如图5-31所示。

(a) 连接线束　　　　　　　　　　　　　　(b) 通气软管

图5-31　断开连接线束并拆卸通气软管

(4) 在用千斤顶支撑分动器后,先拧下前、后传动轴螺栓,再从变速器上拆卸横梁,拆下绝缘垫固定螺栓,拧松固定螺栓并拆下分动器总成,如图5-32所示。

图5-32　拧松螺栓并拆下分动器总成

按与拆卸相反的顺序安装分动器总成。

5.5.2.2 故障诊断与排除

分动器常见故障的诊断与排除见表5-6。

表5-6　分动器常见故障的诊断与排除

故障现象	原因分析	排除方法
电气换挡故障	分动器控制单元（TCCU）、电机、离合器或内部导线故障	大修并检查，必要时更换相关部件
	换挡凸轮、轮毂拨叉、换挡导轨损坏或磨损	大修并检查磨损和损坏情况，必要时更换相关部件
	换挡拨叉、轮毂轴环或齿轮卡住	检查滑动部件，必要时更换相关部件
切换到4H时不能驱动前轮	驱动链条损坏	检查内部部件，更换驱动链条
4WD 工作噪声	机油使用不当或油位低	排出机油，添加指定的机油
	螺栓或装配部件松动	按规定重新紧固
	分动器轴承有噪声	分解轴承和部件，检查磨损和损坏情况，必要时更换相关部件
	齿轮有异常噪声	检查包括车速表齿轮在内的齿轮的磨损和损坏情况，必要时更换相关部件
4H 内噪声	链轮或驱动链条磨损或损坏	分解并检查磨损和损坏情况，必要时更换相关部件
	胎压异常	调整胎压
分动器漏油	分动器有裂纹	更换分动器
	其他部件泄漏	清洁分动器和部件，检查泄漏情况
	通气软管堵塞	拆卸通气软管并清洁，必要时更换
	机油使用不当或过多	使用指定机油并调整油位
	密封螺栓松动	重新紧固
	涂抹的密封胶不合适	使用指定密封胶并重新紧固
	油封磨损或损坏	更换油封

第6节　传动轴

5.6.1　传动轴的构造

　　传动轴是汽车传动系统中负责传递动力的重要部件，其作用是与变速器、驱动桥一起将发动机的动力传递给车轮，使汽车产生驱动力。传动轴的外观如图5-33所示，它由轴管、伸缩套和万向节组成。其中，伸缩套能自动调节变速器与驱动桥之间的相对距离；万向节用于保证变速器输出轴与驱动桥输入轴两轴线夹角的变化，并实现两轴的等角速传动。

图5-33　传动轴的外观

万向节是汽车传动轴上的关键部件。在发动机前置后驱的车型上，带万向节的传动轴安装在变速器输出轴与驱动桥输入轴之间；发动机前置前驱车型省略了传动轴，万向节安装在既负责驱动又负责转向的前桥半轴与车轮之间。

十字轴万向节是目前汽车上应用最多的一种万向节。它以十字轴为中心，两端分别连接一个万向节叉，这样，即使两个万向节叉之间有夹角，依然可以传递动力。十字轴万向节的工作特性是当主动轴等速旋转时，从动轴的转速（角速度）是不均匀的。因此，为了实现等角速转动，传动轴两端须安装两个万向节，并满足两个条件：①传动轴两端的万向节叉处于同一平面内；②主动轴和从动轴与传动轴的夹角相等。十字轴万向节实物与部件分解如图5-34所示。

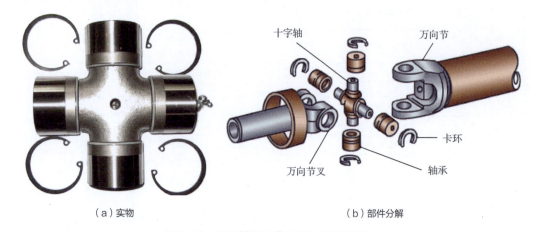

图5-34 十字轴万向节实物与部件分解

球笼式万向节因其工作时6个钢球都参与传力，故承载能力强、磨损小、使用寿命长。它被广泛用于各种型号的转向驱动桥和独立悬架的驱动桥中。球笼式万向节实物与部件分解如图5-35所示。

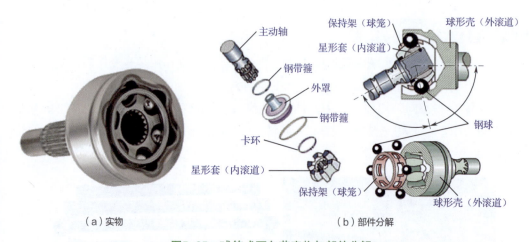

图5-35 球笼式万向节实物与部件分解

三枢轴式万向节具有结构简单、体积小、质量小等优点，广泛应用于汽车的前、后驱动桥中。当筒形壳转动时，球形滚轮带动三枢轴随之转动，而三枢轴又与从动轴以花键联接，进而带动从动轴转动，实现动力传递。三枢轴万向节实物与部件分解如图5-36所示。

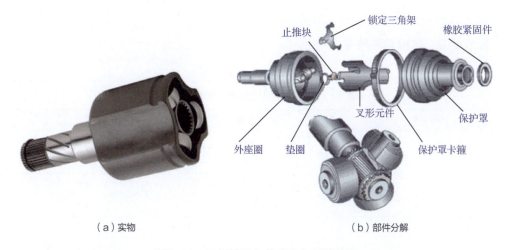

图5-36　三枢轴万向节实物与部件分解

5.6.2　传动轴维修

5.6.2.1　传动轴拆装

（1）从前驱动桥上拧下3个螺栓，从分动器上拧下3个螺栓，准备拆卸前传动轴。在拆卸传动轴之前，应在凸缘上做安装标记，如图5-37所示。

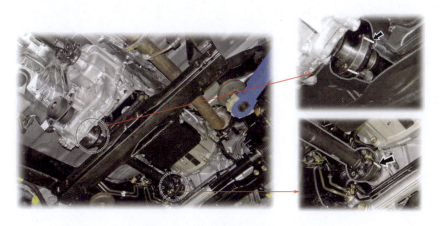

图5-37　拆卸时的安装标记

（2）拆卸前传动轴时，从前侧向后侧推动前传动轴，从而先分离前侧，如图5-38所示。

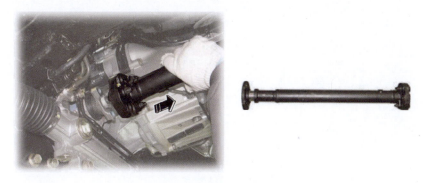

图5-38　拆卸传动轴

按与拆卸相反的顺序安装传动轴。

5.6.2.2 故障诊断与排除

传动轴常见故障的诊断与排除见表5-7。

表5-7 传动轴常见故障的诊断与排除

故障现象	原因分析	排除方法
振动	滑动接头安装不良	调整
	传动轴弯曲	更换传动轴
	万向节卡环对称不正确	调整
	拨叉螺栓松动	紧固
噪声	万向节轴承磨损或损坏	更换轴承
	万向节卡环缺失	调整和更换方向节
	拨叉连接松动	紧固
	滑动接头花键磨损	更换传动轴
	缺乏润滑脂	补充润滑脂

第6章 汽车行驶系统

第1节　普通悬架

6.1.1　悬架概述

悬架系统是汽车的车架与车桥或车轮之间一切传力连接装置的总称,其功能是传递作用在车轮和车架之间的力和力矩,缓冲由不平路面传给车架或车身的冲击力,并衰减由此引起的振动,以保证汽车平顺行驶。图6-1所示为汽车悬架系统的安装位置。

汽车的悬挂系统分为非独立悬挂和独立悬挂两种,非独立悬挂的车轮装在一根整体车轴的两端,当一侧车轮跳动时,另一侧车轮也相应跳动,在现代轿车中基本已不再使用,多用在货车和大客车上。独立悬挂的车轴分成两段,每个车轮由螺旋弹簧独立安装在车架下面,当一侧车轮发生跳动时,另一侧车轮不受影响,两边的车轮可以独立运动,独立悬挂系统又可分为横臂式、纵臂式、多连杆式、烛式及麦弗逊式悬挂系统等。

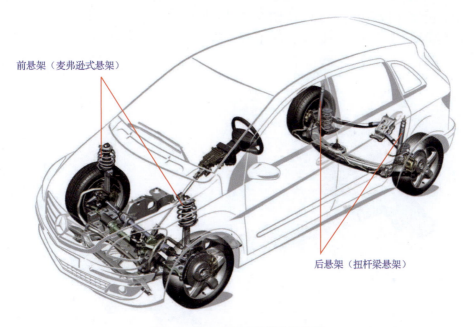

图6-1　汽车悬架系统的安装位置

6.1.2 麦弗逊式悬架

麦弗逊式悬架是目前应用最广泛的一种轿车悬架，一般用于轿车的前轮。麦弗逊式悬架由螺旋弹簧、减振器及横摆臂等组成，大部分车型还会增设横向稳定杆。麦弗逊式前悬架的结构形式如图6-2所示。

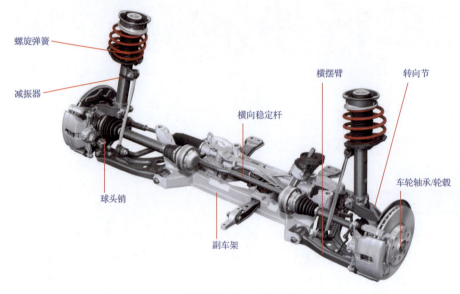

图6-2　麦弗逊式前悬架的结构形式

6.1.3 扭杆梁悬架

汽车悬架的金属弹簧有3种形式，分别为螺旋弹簧、钢板弹簧和扭杆弹簧。扭杆弹簧一端与车架固定连接，另一端与悬架控制臂连接，通过扭杆的扭转变形达到缓冲作用。扭杆用合金弹簧钢制成，具有较高的弹性，既可扭转变形，也可复原，实际作用与螺旋弹簧相同，只是表现形式不同。扭杆梁悬架的结构形式如图6-3所示。

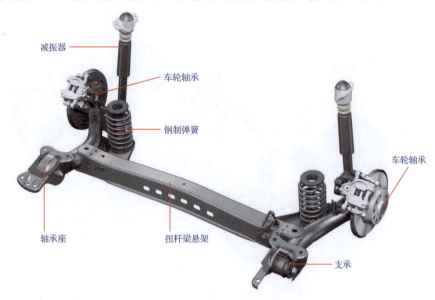

图6-3　扭杆梁悬架的结构形式

6.1.4　多连杆悬架

多连杆独立悬架主要由连杆、减振器和减振弹簧组成。它的连杆数量大于普通悬架，一般为4连杆或更多连杆。四连杆悬架的结构形式如图6-4所示。

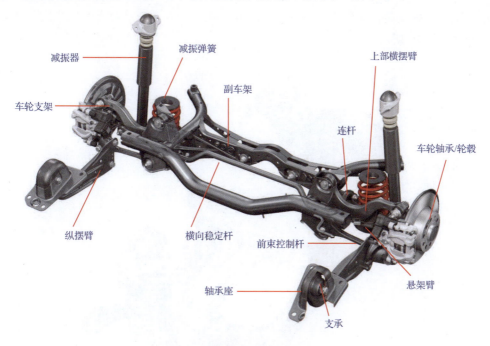

图6-4　四连杆悬架的结构形式

五连杆悬架的5根连杆分别指主控制臂、前置定位臂、后置定位臂、上臂和下臂，其中，主控制臂可以调整后轮前束，进而提高车辆行驶稳定性，有效降低轮胎的摩擦。五连杆悬架的结构形式如图6-5所示。

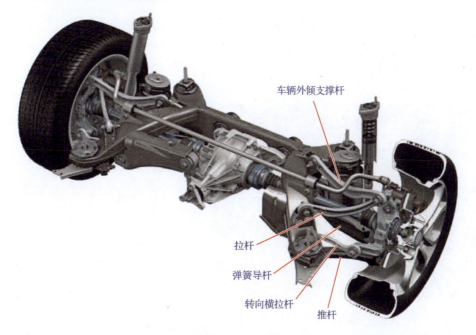

图6-5　五连杆悬架的结构形式

6.1.5 双摇臂悬架

双摇臂悬架是独立悬架的一种,又称为双叉骨/双愿骨悬架。它具有上、下两个不等长的摇臂,有的双摇臂会制成A字形或V字形。V形臂的上、下两个V形摇臂的一端按一定的距离分别安装在车轮上,另一端安装在车架上。以大众途锐为例,双摆臂悬架的结构形式如图6-6所示。

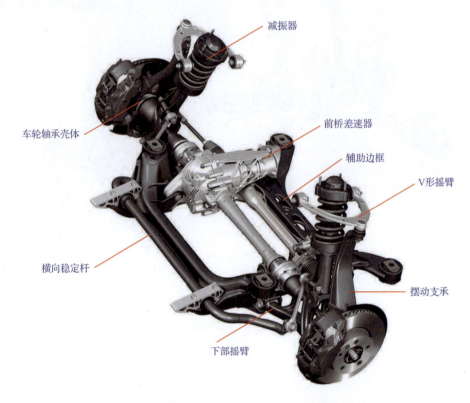

图6-6 双摆臂悬架的结构形式(大众途锐前悬架)

6.1.6 钢板弹簧悬架

图6-7 钢板弹簧

钢板弹簧是由若干等宽而不等长的合金弹簧片组合而成的弹性梁,如图6-7所示,由于合金弹簧片之间存在摩擦,钢板弹簧不仅是弹簧,还可以吸收振动的能量,因而兼有减振器的功用,在货车和低端MPV上得到了广泛应用。但是由于舒适性较差,在轿车上用得不多。按由中心螺栓至两端卷耳中心的距离是否相等(对称),钢板弹簧可分为对称式和非对称式两种。

6.1.7 悬架系统维修

6.1.7.1 减振器总成拆装

减振器总成的拆卸流程如下：

（1）拆卸轮胎和上悬臂。

（2）首先拧下发动机舱内的两个上部装配螺母，然后拧下车轮罩盖内螺旋弹簧减振器的上部装配螺母，如图6-8所示。

图6-8 拆卸减振器上部装配螺母

（3）从下摆臂上拧松螺旋弹簧和减振器万向节叉的下部螺母，注意不要完全拧下螺母。

（4）拆卸螺旋弹簧和减振器总成，如图6-9所示。

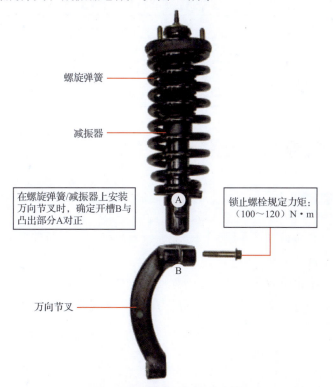

图6-9 拆卸螺旋弹簧和减振器总成

按与拆卸相反的顺序安装减振器总成。

6.1.7.2 故障诊断与排除

悬架系统常见故障的诊断与排除见表6-1。

表6-1 悬架系统常见故障的诊断与排除

故障现象	原因分析	排除方法
车辆侧倾	横向稳定杆损坏	更换横向稳定杆
	减振器故障	更换减振器
异常噪声	装配松动	重新紧固
	车轮轴承损坏或磨损	更换轴承
	减振器损坏	更换减振器
	轮胎损坏	更换轮胎
乘坐舒适性不良	轮胎充气过量	调整压力
	减振器故障	更换减振器
	车轮螺母松动	按规定力矩拧紧
	螺旋弹簧弯曲或损坏	更换螺旋弹簧
	轮胎损坏	更换轮胎
	轴套磨损	更换轴套
车辆向左侧或右侧跑偏	摆臂总成变形	更换摆臂总成
	轴套磨损	更换轴套
	螺旋弹簧弯曲或损坏	更换螺旋弹簧
转向困难	下悬臂球节阻力过大	更换下悬臂球节
	压力不足	更换损坏部件
	动力转向故障	调整
转向不稳定	下悬臂轴套磨损或松动	重新紧固或更换下悬臂轴套
车辆拖底	螺旋弹簧磨损或损坏	更换螺旋弹簧

第2节 空气悬架与电控悬架

6.2.1 空气悬架

空气悬架是一种可调节的车辆悬架，能够较容易地实现车身的自动调节。如图6-10所示，它具有以下特性：

（1）舒适性。不论负载多少，车身固有频率基本保持恒定。

（2）通过性。通过改变弹簧内的空气压力，可以实现不同的车辆高度。

（3）行驶稳定性。不论负载多少，减振器的衰减度保持恒定，车身高度也保持恒定。

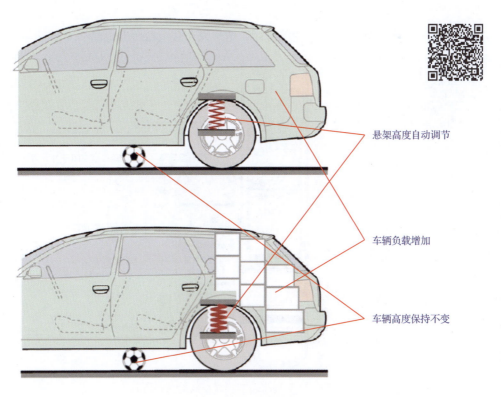

图6-10 空气悬架的特性

空气悬架主要由控制单元、吸气孔、排气孔、气动减振器和空气分配器等组成。它通过控制车身的稳定系统调节车身的水平势态。以宝马7系车型为例，空气悬架的组成如图6-11所示。

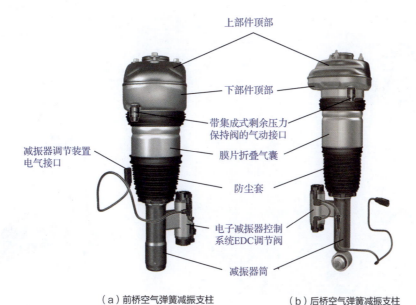

（a）前桥空气弹簧减振支柱　　　　　（b）后桥空气弹簧减振支柱

图6-11 空气悬架的组成（宝马7系）

电子调节式减振器是带有相应空气弹簧减振支柱的单元，无法单独更换。在减振器上有两个电动调节阀，可以通过这两个调节阀对电子调节式减振器的拉伸和压缩阶段分别进行调节，从而抵消车身和车轮的振动。电子调节式减振器的内部结构如图6-12所示。

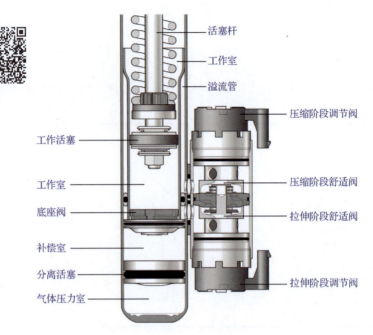

图6-12 电子调节式减振器的内部结构

通过快速处理数据和控制电动主动式侧倾稳定杆（EARS），可迅速抵消出现的侧倾力矩。EARS系统的组成示意图如图6-13所示。

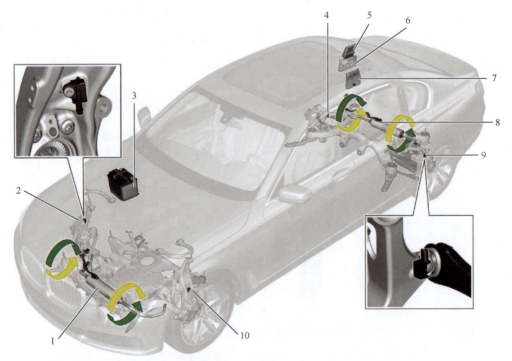

1—前桥电动主动式侧倾稳定杆；2—右前车轮加速度传感器；3—发动机舱12 V蓄电池（车载网络支持装置）；4—右后车轮加速度传感器；5—垂直动态管理平台（VDP）；6—右后配电盒；7—电源控制单元（PCU）（500 W DC/DC 变换器）；8—后桥电动主动式侧倾稳定杆；9—左后车轮加速度传感器；10—左前车轮加速度传感器

图6-13 EARS系统的组成示意图

电动主动式侧倾稳定杆接收垂直动态管理平台（VDP）的调节请求。两个电动主动式侧倾稳定杆的控制单元读取并处理总线电码，通过控制电机使两个稳定杆部分相对扭转。在永磁式同步电机内进行集中能量转化，通过设定的旋转磁场对电机的转动方向、转矩和转速进行调节。电动主动式侧倾稳定杆剖面图如图6-14所示。

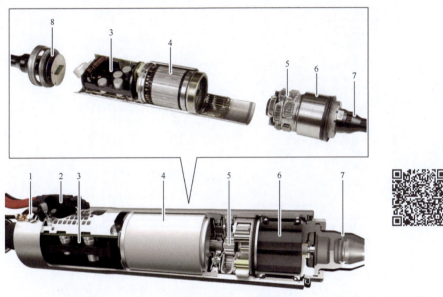

1—接地点；2—电气接口；3—控制单元；4—电机；5—三级行星齿轮箱；6—隔离元件；7—稳定杆连杆；8—力矩传感器

图6-14　电动主动式侧倾稳定杆剖面图

6.2.2　电控悬架

汽车的电控悬架属于主动式悬架，可分为电控空气悬架和电控油气悬架两种。电控悬架的控制系统由传感器、电控单元（ECU）和执行器3部分组成，如图6-15所示。

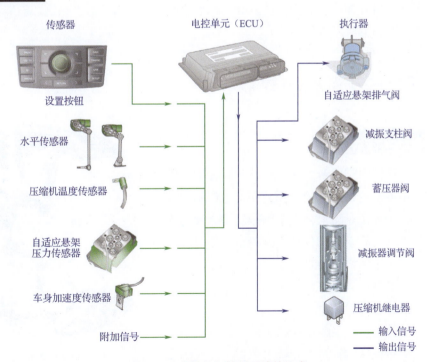

图6-15　电控悬架控制系统的组成

如图6-16所示，电子减振器控制系统（EDC）包括以下部件：带有两个调节阀的4个电动调节式减振器，垂直动态管理平台（VDP）控制单元，用于探测车轮移动的4个车辆高度传感器，以及用于探测车身移动（提升、俯仰和侧倾）的传感器组件。

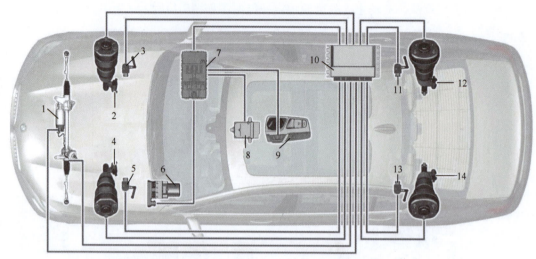

1—电子助力转向系统（EPS）（电动机械式助力转向系统）；2—右前减振器调节装置调节阀；3—右前车辆高度传感器；4—左前减振器调节装置调节阀；5—左前车辆高度传感器；6—动态稳定控制系统（DSC）；7—车身域控制器（BDC）；8—碰撞和安全模块（ACSM-High）；9—驾驶体验开关；10—垂直动态管理平台（VDP）；11—右后车辆高度传感器；12—右后减振器调节装置调节阀；13—左后车辆高度传感器；14—左后减振器调节装置调节阀

图6-16 电子减振器控制系统（EDC）示意图

电控悬架工作时由传感器检测系统运动的状态信号，并反馈给电控单元（ECU），ECU发出指令给执行器，从而构成闭环控制。通常采用电液伺服液压缸作为主动力发生器。它由外部油源提供能量，产生的主动控制力作用于振动系统，能够自动改变弹簧刚度和减振器阻尼特性参数。

第3节 车轮与轮胎

6.3.1 车轮

车轮通常由两个主要部件——轮辋和轮辐组成，轮辋是车轮上安装和支承轮胎的部件，轮辐是车轮上介于车轴和轮辋之间的支承部件。除上述部件外，有的车轮还包含轮毂。车轮结构如图6-17所示。

轮辋和轮辐可以是整体式的、永久连接式的或可拆卸式的。

轮辐是由保护车轮的轮圈、辐条所组成的装置，其特征是一对圆形罩板，罩板的直

图6-17 车轮结构

径和轮圈的直径相近。轮辐的结构分为辐板式和辐条式两种，当前主流的家用轿车均采用辐板式轮辐结构。

轮毂是车轮内廓支撑车轮的圆桶形的、中心装在轴上的金属部件，又称为轮圈、钢圈、胎铃。轮毂因直径、宽度、成形方式、材料不同分为多种。

6.3.2 轮胎

轮胎根据胎体帘线层排列的不同，分为子午线状构造和斜交状构造，如图6-18所示。轿车用轮胎几乎都是子午线轮胎。

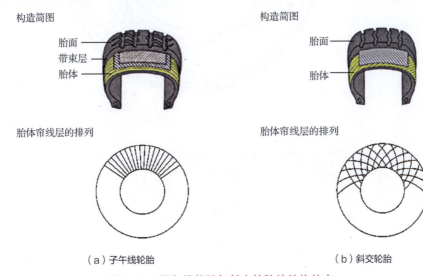

图6-18 子午线轮胎与斜交轮胎的结构特点

轿车与商用车（货车和客车）使用的子午线轮胎的材料不同，见表6-2。

表6-2 不同材料的子午线轮胎

种 类	名 称	材 料	
		胎体	带束层
轿车用	钢丝子午线	合成纤维	钢丝
小型货车用	钢丝子午线	合成纤维	钢丝
货车及公共汽车用	全钢子午线	钢丝	钢丝

无内胎轮胎是以在轮胎的内侧贴合透气性低的特殊橡胶（内衬）的一体化结构来代替内胎的轮胎。因为没有内胎，所以不会发生由内胎引起的故障，如图6-19所示。即使被钉子等尖锐物刺穿，也不容易造成快速漏气，从而能够降低行驶中的事故风险。因为轮胎内部的空气直接与轮辋接触，所以散热性较好。

在轮胎侧面，子午线轮胎标有"Radial"字样，无内胎轮胎标有"Tubeless"字样。汽车轮胎的常见标识及含义如图6-20所示，其中的负荷

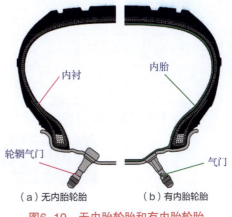

图6-19 无内胎轮胎和有内胎轮胎

指数见表6-3。

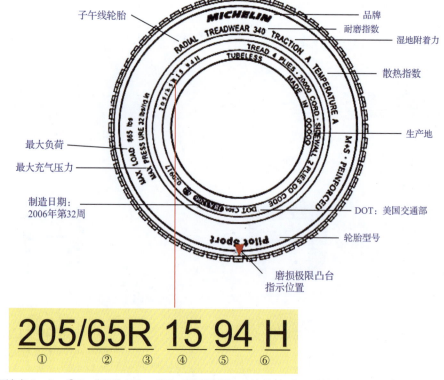

①205：断面宽度（mm）；②65：偏平率（%）；③R：轮胎构造标记（子午线）；④15：轮辋直径（in）；⑤94：负荷指数；⑥H：速度记号（210km/h）

图6-20　汽车轮胎的常见标识及含义

表6-3　轮胎的负荷指数

负荷指数	每个轮胎载重/kg	负荷指数	每个轮胎载重/kg	负荷指数	每个轮胎载重/kg	负荷指数	每个轮胎载重/kg	负荷指数	每个轮胎载重/kg
62	265	75	387	88	560	101	825	114	1180
63	272	76	400	89	580	102	850	115	1215
64	280	77	412	90	600	103	875	116	1250
65	290	78	425	91	615	104	900	117	1285
66	300	79	437	92	630	105	925	118	1320
67	307	80	450	93	650	106	950	119	1360
68	315	81	462	94	670	107	975	120	1400
69	325	82	475	95	690	108	1000	121	1450
70	335	83	487	96	710	109	1030	122	1500
71	345	84	500	97	730	110	1060	123	1550
72	355	85	515	98	750	111	1090	124	1600
73	365	86	530	99	775	112	1120	125	1650
74	375	87	554	100	800	113	1150		

轮胎制造日期标识位置及含义如图6-21所示。

0803：制造日期为2003年第8周

图6-21　轮胎制造日期标识位置及含义

轮胎标识中的DOT表示轮胎符合美国交通部（Department of Transportation，DOT）规定的安全标准。位于"DOT"后面的11位数字及字母则表示轮胎的识别号码或序列号。各种强制认证标识如图6-22所示。

（a）In metro（巴西）　　　　（b）ECE（欧洲）　　　　（c）CCC（中国）

图6-22　强制认证标识

中国强制性产品认证（China Compulsory Certification，CCC）简称3C认证，图6-22中的S表示安全认证。

6.3.3　车轮动平衡

轮胎是由胎面和轮毂组合而成的一个整体，由于制造工艺的原因，轮胎各部分的质量分布不可能非常均匀。而在高速转动时，轻微的"质量差"都会导致轮胎不平衡转动。四轮不平衡的转动会使车轮摇摆、跳动（直观感受：高速行驶中转向盘抖动），致使轮胎产生波浪形磨损，进而降低汽车行驶时的稳定性。

车轮动平衡分为两种，分别是"静平衡"和"动平衡"。静平衡是指车轮的重心与旋转轴心在同一条线上，停止转动时的位置是任意的；如果一个车轮每次停止转动时的位置都是相同的，则说明该车轮是静不平衡。动平衡是车轮在转动过程中出现的现象——由于质量相对车轮的对称面不对称，当车轮高速转动时就会左右摆动。

为了防止车轮的不平衡转动，在车辆出厂时都会对每个车轮进行动平衡校准，并贴上平衡块，以保证高速转动的车轮能够平衡、平稳地工作，如图6-23所示。

图6-23　车轮胎动平衡

6.3.4 车轮定位

车辆的四轮、转向机构及前、后车轴之间的安装具有一定的相对位置,而这个相对位置是由汽车制造商制定的标准值。调整恢复这个位置的安装,就是四轮定位。车轮定位的作用是使汽车保持稳定的直线行驶和转向轻便,并减少汽车行驶中轮胎和转向机件的磨损。前轮定位包括主销后倾角(见图6-24)、主销内倾角(见图6-25)、前轮外倾角和前轮前束,后轮定位包括车轮外倾角和后轮前束。

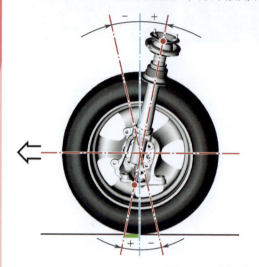

主销后倾角是指在车辆纵轴方向上,转轴轴线与经过车轮中心的路面垂直线之间的倾角。

主销后倾偏距是指转轴轴线与经过车轮中心的垂直线在路面上所形成的交点间的距离。

当主销后倾角为正时,车轮接地点在转轴与路面的交点之后(车轮被拉动)。正的主销后倾角有利于车辆转向稳定性。

当主销后倾角为负时,车轮接地点在转轴与路面的交点之前(车轮被推动)。负的主销后倾角有利于提供转向轻便性。

正的主销后倾角有助于车轮回转到直线行驶位置。主销后倾角误差将导致车辆"跑偏"。

图6-24 主销后倾角和主销后倾偏距(绿)

主销内倾角是指在车辆横向方向上,转轴(减振支柱转轴)中心线与路面垂直线之间的夹角。

在麦弗逊式烛式独立悬架上,主销内倾角与车轮外倾角形成的总角度(夹角)在弹簧压缩与伸长时保持不变。

当车轮转动一个角度时,主销内倾角使车轮升高。主销内倾角产生回转力,在驶过弯道后回转力使车轮和转向盘重新回到直线行驶位置。主销内倾角误差将导致车辆"跑偏"。

图6-25 主销内倾角

车轮外倾角是车轮中心平面与垂直面的倾斜角,如图6-26所示。当车轮上部向外倾斜时,车轮外倾角为正;当车轮上部向内倾斜时,车轮外倾角为负。车轮外倾角误差将导致车辆持续"跑偏"。当前桥调整为负车轮外倾角时,车辆总行驶性能表现为过度转向;当前桥调整为正车轮外倾角时,车辆总行驶性能表现为不足转向。

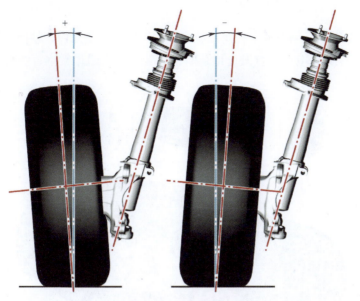

图6-26 车轮外倾角

一个车桥的总前束由该车桥上两车轮之间的前部距离与后部距离之差确定,如图6-27所示,应在轮辋边缘处测量轮间距离。前桥上的单个车轮前束是指单个车轮相对几何行驶轴线的夹角,后桥上的单个车轮前束是指单个车轮相对车辆纵向中心平面的夹角。前束误差不会导致车辆持续"跑偏"。

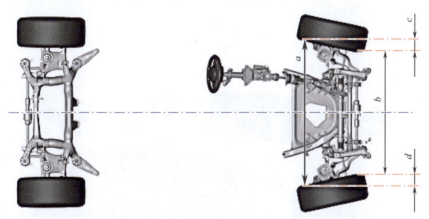

图6-27 总前束($c+d$)=$a-b$

6.3.5 胎压监测系统

轮胎失压显示(RPA)是间接测量不同轮胎充气压力的系统。它并非直接测量实际轮胎的充气压力,而是通过车轮转速传感器持续监控所有车轮的滚动周长。当轮胎压力下降时,相应车轮的转速会发生变化,车轮转速传感器可对其进行探测并向动态稳定控制系统(DSC)发送相关信号。当车速超过 25km/h 且压力下降约30%时,RPA通过组合仪表内的一个指示灯及中央信息显示屏内的文本信息向驾驶人发出警告。轮胎失压显示(RPA)的组成示意图如图6-28所示。

轮胎压力监控系统RDCi 是一个直接测量系统,通过各车轮的电子装置确定实际轮胎充气压力,其组成示意图如图6-29所示。与RDC不同,RDCi 无需单独的 RDC 控制单元，它的功能集成在动态稳定控制系统（DSC）的控制单元内。使用遥控信号接收器（FBD）作为所有车轮电子装置发送记录的接收装置，它通过数据总线将相关信息发送至DSC的控制单元。

1—右前车轮转速传感器；2—中央信息显示屏（不显示轮胎充气压力）；3—右后车轮转速传感器；4—左后车轮转速传感器；5—组合仪表；6—动态稳定控制系统（DSC）；7—左前车轮转速传感器

图6-28　轮胎失压显示（RPA）的组成示意图

1—右前车轮电子装置；2—中央信息显示屏（可显示轮胎充气压力）；3—右后车轮电子装置；4—遥控信号接收器（FBD）；5—左后车轮电子装置；6—组合仪表；7—动态稳定控制系统（DSC）；8—左前车轮电子装置

图6-29　轮胎压力监控系统RDCi的组成示意图

第7章
汽车转向系统

第1节 液压助力转向系统

7.1.1 机械式液压助力转向系统

机械式液压助力转向系统主要包括齿轮齿条式转向器和液压系统（转向助力泵、转向助力缸、活塞等）两部分，如图7-1所示。其工作原理是通过转向助力泵（由发动机传动带驱动）提供油压推动活塞，进而产生辅助力推动转向拉杆，辅助车轮转向。

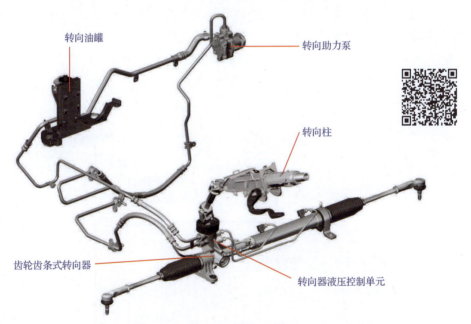

图7-1 机械式液压助力转向系统

7.1.2 电子式液压助力转向系统

电子式液压助力转向系统的结构及工作原理与机械式液压助力转向系统基本相同，最大的区别在于提供油压的转向助力泵的驱动方式不同。机械式液压助力转向系统的转向助力泵直接通过发动机传动带驱动，而电子式液压助力转向系统采用电动泵，如图7-2所示。

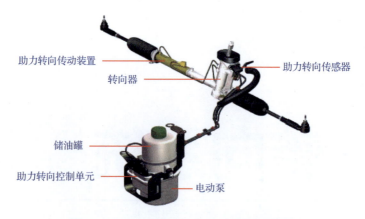

图7-2 电子式液压助力转向系统的组成部件

电子式液压助力转向系统的电动泵,不用消耗发动机的动力,它由电子系统控制,在不需要转向时,会自动关闭,因而可以减少能耗。电子式液压助力转向系统的控制单元,利用对车速传感器、转向角传感器等传感器的信息处理,通过改变电动泵的流量来改变转向助力的大小。

助力转向控制单元集成在电动泵总成中,它根据转向角速度和车辆行驶速度发出信号,驱动电动泵。瞬时供油量从控制单元储存的通用特性图中读取。助力转向传感器安装在助力转向传动装置的旋转分流阀内,用于提供转向角并计算转向角速度。转向角速度传感器安装在转向臂与转向轮之间的转向柱上,防抱死制动系统(ABS)通过CAN总线传送的转向角信号驱动转向轮。电子式液压助力转向系统的工作原理如图7-3所示。

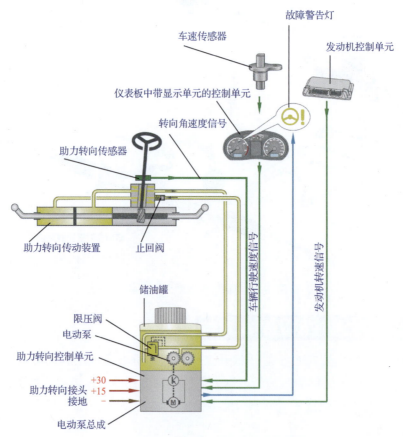

图7-3 电子式液压助力转向系统的工作原理

第2节　电动助力转向系统

7.2.1　齿条助力式EPS系统

齿条助力式电动助力转向（Electric Power Steering，EPS）系统主要有同轴式和非同轴式（齿条平行式）两种形式，如图7-4所示。

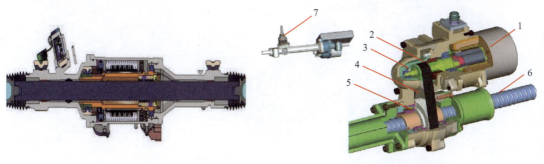

（a）同轴式　　　　　　　　　　　　（b）非同轴式

1—可编程多轴控制器（PMAC）电机；2—电机位置传感器；3—传动带轮轮毂；4—传动带；
5—带齿轮和滚珠螺母的驱动端；6—支架；7—转矩传感器

图7-4　齿条助力式EPS系统的形式

同轴式是指电动机与转向器丝杠同轴，电动机转子直接与丝杠螺母配合，并将转矩传递给丝杠螺母，丝杠螺母副将丝杠螺母的旋转运动转变为齿条丝杠的直线运动。非同轴式是指转向器助力电动机与转向器丝杠不同轴（通常采用传动带连接电动机转轴和丝杠螺母），并采用滚珠丝杠副作为减速机构，多见于欧美车型。

以带有平行轴传动机构（APA）和循环球式转向器为例，电动助力转向机构的部件有转向盘、带有转向角传感器的转向柱开关、转向柱、转向力矩传感器、转向器（循环球式转向器）、电动机械助力转向电动机（同步电动机）、转向助力控制单元及十字轴万向节轴，部分部件如图7-5所示。

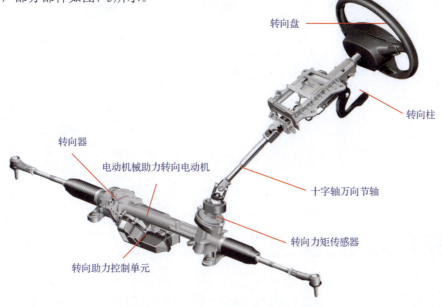

图7-5　电动助力转向机构的部分部件

这种带有平行轴传动机构（APA）和循环球式转向器（见图7-6）的电动助力转向机构是目前效率最高的一种转向机构。该转向机构的助力单元结构特别且自身摩擦很小，使机构转向感极佳，同时冲击很小。

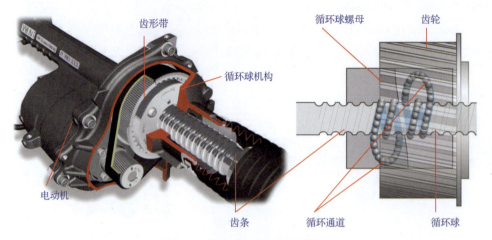

图7-6　循环球式转向器示意图

电动助力转向机构的分解示意图如图7-7所示。

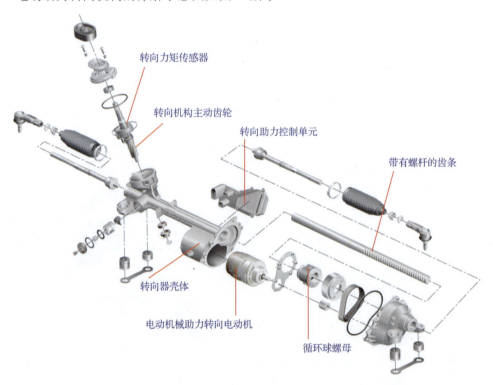

图7-7　电动助力转向机构的分解示意图

7.2.2　齿轮助力式EPS系统

通过齿轮助力式EPS系统可以自由确定转向助力及回位力，因此可以根据相应行驶状况以最佳方式调整转向和行驶性能。该系统的下部和上部转向轴以伸缩套管形式连在一起，可在发生正面碰撞时防止驾驶人受到严重伤害。通过转向柱调节装置，驾驶人可根据其座椅位置和身高调节最佳转向盘位置。齿轮助力式EPS系统的组成如图7-8所示。

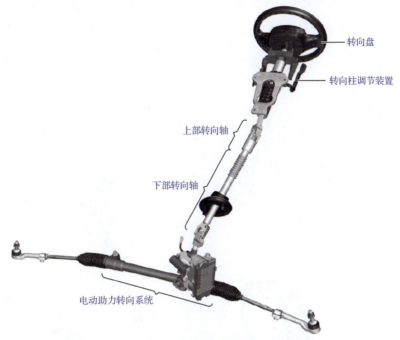

图7-8　齿轮助力式EPS系统的组成

电动助力转向系统是一个12 V转向系统，最大助力功率为0.3 kW。该系统中的EPS单元由EPS控制单元和交流电动机组成，如图7-9所示。它通过组件包含的一个换流器将12V直流电压转变为用于控制电动机的三相交流电压，以产生转向助力。为了避免因温度变化在组件内形成冷凝物，在输入轴旁安装一个壳体通风装置，可以防止电子系统损坏。

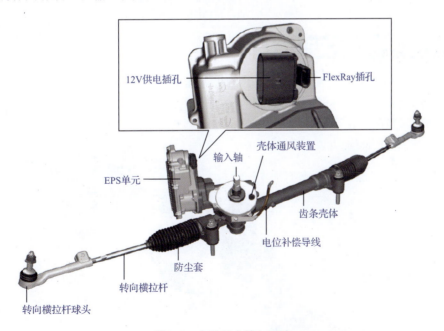

图7-9　电动助力转向系统

EPS的转向力矩由驾驶人施加在转向盘上的力矩（手力矩）决定，如图7-10所示。为了能够根据手力矩明确计算助力力矩（电动机驱动力矩），通过一个力矩传感器测量手力矩。力矩传感器位于输入轴与小齿轮轴之间。对转向助力产生影响的其他因素包括路面与轮胎间的静摩擦及车速。

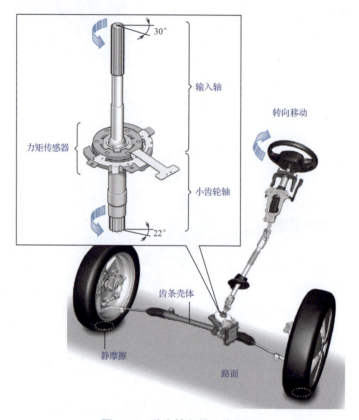

图7-10 助力转向的工作原理

7.2.3 管柱助力式EPS系统

管柱助力式EPS（Column Electric Power Steering，C-EPS）系统是一种机电一体化的新一代汽车智能助力转向装置，其组成部件如图7-11所示。助力电动机直接在转向柱上施加助力，当汽车在不同情况下转向时，它通过电子控制装置产生所需的辅助助力。

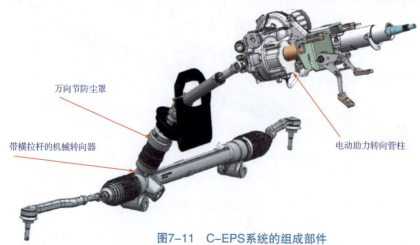

图7-11 C-EPS系统的组成部件

第3节 主动转向控制系统

7.3.1 主动转向控制系统的组成

主动转向控制系统可以根据车速和转向盘的转角实现最佳转向传动比。无论是驻车、多弯道行车，还是高速行车，主动转向控制系统都能提供最佳转向传动比。该系统因具有行驶动态稳定转向能力，还可以为ESP提供支持。在车辆过度转向和不足转向，以及车辆在不同摩擦系数路面上制动时，ESP都可以获得动态转向系统的帮助。因此，这种新型智能转向系统不仅能增加行驶和转向舒适性，还能提高主动行车安全性。

转向系统内集成了一个并行的（叠加的）转向机（执行元件），转向盘和前桥之间的机械式耦合器总是通过这个转向机来保持接合。在系统出现严重故障时，转向机的电动机轴会被锁住，从而可以避免功能失效。主动转向控制系统的组成如图7-12所示。

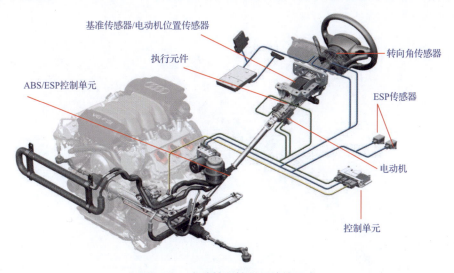

图7-12 主动转向控制系统的组成

控制单元能够计算出转向角应该增大还是减小。它通过操纵一个电动机来驱动转向机工作。车轮总转向角是并行转角与驾驶人施加在转向盘上的转角之和。主动转向控制系统的工作原理如图7-13所示。

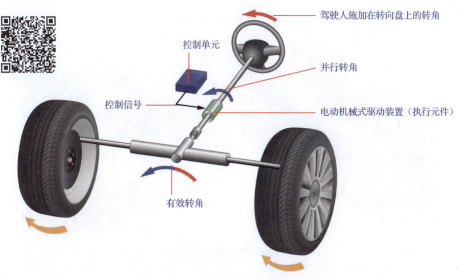

图7-13 主动转向控制系统的工作原理

7.3.2 执行元件

转向角的校正是通过执行元件带动转向主动齿轮的转动来实现的。执行元件由一个轴齿轮构成，这个轴齿轮通过电动机驱动。

在主动转向控制系统中，与转向盘直接相连的的转向轴也与转向主动齿轮相连，这个连接是通过齿轮来实现的。如图7-14所示，杯形件与转向轴上部（直接与转向盘相连）通过花键实现无缝连接。转向轴上部装有一根空心轴，可独立地在执行元件壳体内转动。这个空心轴由电动机直接驱动，电动机的转子与空心轴的一侧相连；空心轴的另一侧则与滚动轴承的内圈相连。这个内圈并不是精确的圆形，它为滚珠提供了一个偏心的（椭圆）轨道。轴承外圈是弹性钢圈，偏心外形的轴承内圈可以将动力传递到外圈上，如图7-15所示。杯形件通过较松的过盈配合装在轴承外圈上。杯形件的弹性壁也会跟随轴承的偏心外形进行变形。

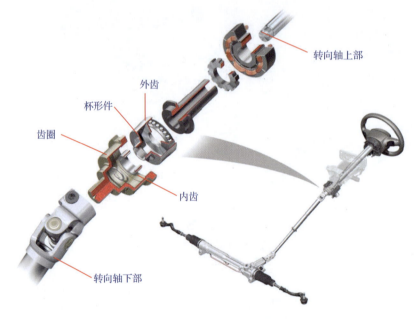

图7-14 执行元件的结构

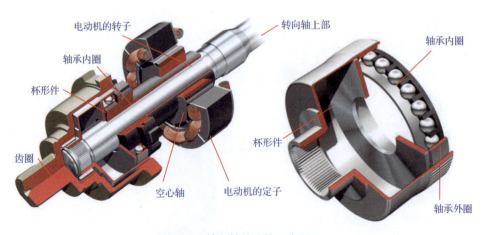

图7-15 转向轴的连接示意图

7.3.3 动态转向锁

为了能在系统失效时保证回到原来的状态，可以通过机械方式将动态转向锁锁止。在正常工作状态下，若发动机关闭，动态转向锁就自动锁止。锁止通过一块电磁铁来完成，电磁铁用螺栓装在齿轮箱的壳体上。动态转向锁的结构如图7-16所示。

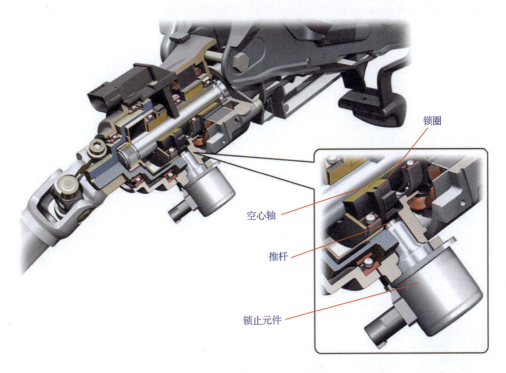

图7-16 动态转向锁的结构

由电动机驱动的空心轴上装有一个锁圈，其外侧有许多缺口。当需要锁止时，电磁铁的圆筒状推杆就会进入这些缺口，如图7-17（a）所示，空心轴即被卡住，电动机无法驱动轴承转动。这时压力弹簧会将推杆顶在止点挡块处。如果控制单元激活了电磁线圈，在电磁力的作用下，推杆就会顶着弹力向电磁线圈方向运动，随即脱离缺口，同时松开空心轴，解除锁止，如图7-17（b）所示。

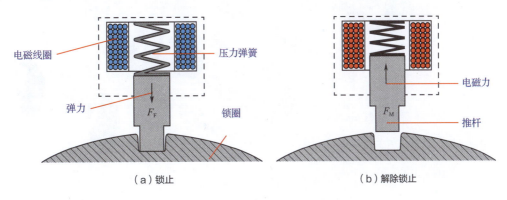

图7-17 动态转向锁的工作原理

第8章 汽车制动系统

第1节 制动器

8.1.1 盘式制动器

1. 概述

汽车制动器是汽车的制动装置,几乎都是摩擦式的,又分为鼓式和盘式两大类。盘式制动器的旋转元件是旋转的制动盘,以端面为工作表面,如图8-1所示。

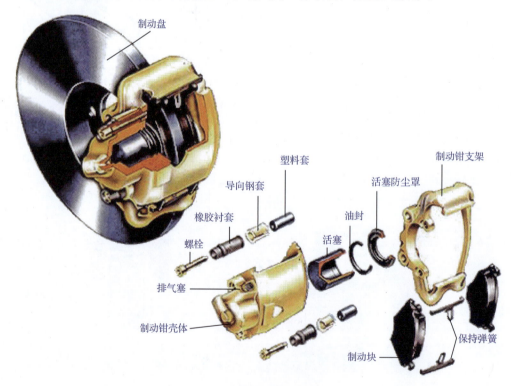

图8-1 盘式制动器的结构

盘式制动器也称为碟式制动器,主要由制动盘、制动钳、摩擦片、分泵及管路等组成。

与封闭式的鼓式制动器不同，盘式制动器是开放式的，可以在制动过程中实现快速散热，因而拥有很好的制动效能，现已广泛用于乘用车上。盘式制动器的工作原理是通过液压系统施加在制动钳上的压力，利用摩擦片夹紧制动盘，以使车轮减速，如图8-2所示。

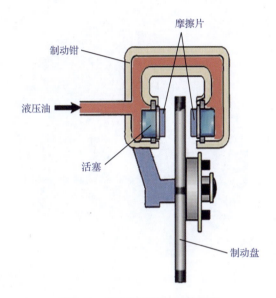

图8-2　盘式制动器的工作原理

制动过程实际上是利用摩擦力将动能转化为热能的过程，若制动器的热量不能及时散出，则会影响制动效果。为了进一步提升制动效能，通风制动盘应运而生。通风制动盘的内部是中空的或在制动盘上制出许多小孔，以便冷空气从中间穿过进行降温，如图8-3所示。从外表看，它在圆周上有许多通向圆心的通孔，利用汽车在行驶中产生的离心力使空气对流，以达到散热的目的。因此，通风制动盘比普通实心盘的散热效果更好。

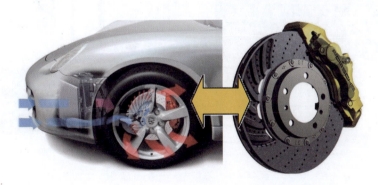

图8-3　利于散热的通风孔设计

陶瓷制动盘在制动初始阶段就能产生最大的制动力，整体制动比传统制动盘更快，制动距离也短。但是它的价格是不菲的，故多用于高性能跑车上。陶瓷制动盘相对于一般的制动盘具有质量小、耐高温、耐磨等特性。普通的制动盘在全力制动下容易因高热而产生热衰退,导致制动性能大打折扣,而陶瓷制动盘有很好的抗热衰退性能,其耐热性能优于普通制动盘。以奥迪车型为例,陶瓷制动盘的结构如图8-4所示。

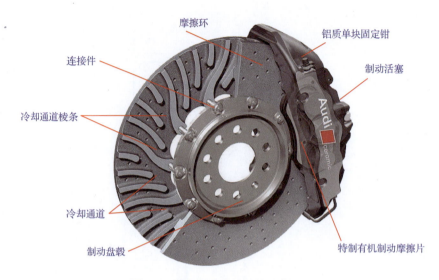

图8-4 陶瓷制动盘的结构(奥迪)

2.维修

1)盘式制动器的部件拆装

(1)从制动钳上分离制动软管,拧下两个制动钳固定螺栓,分解制动钳总成,如图8-5所示。

图8-5 盘式制动器的分解

(2)拆卸制动器,旋升制动钳总成并固定,以免损坏制动软管,拆卸制动片并更换新的制动片(如有必要)。用专用工具压缩活塞,安装制动钳总成,如图8-6所示。

图8-6 更换制动片并安装制动钳总成

2）盘式制动器的故障诊断

盘式制动器常见故障的诊断与排除见表8-1。

表8-1 盘式制动器常见故障的诊断与排除

故障现象	原因分析	排除方法
应用时有噪声或车辆振动	底板或制动钳装配不正确	维修
	底板或制动钳的螺栓松动	重新紧固
	制动盘出现裂缝或不均匀磨损	更换制动盘
	制动盘内侧有异物	清洁
	制动器摩擦片卡在接触面上	更换摩擦片
	制动钳和制动片的间隙过大	维修
	制动片接触不均匀	维修
	润滑不充分	补充润滑
	悬架松动	重新紧固
制动时偏向一侧	左、右轮胎压力异常	调整
	制动器摩擦片接触不良	维修
	制动器摩擦片上有油污	更换摩擦片
	分泵装配不正确	维修
	自动调整装置故障	维修
制动不良	制动液脏污或不足	补充或更换
	制动系统内有空气	放气
	制动助力器故障	维修
	制动器摩擦片接触不良	维修
	制动盘上有油污	更换制动盘
	自动调整装置故障	维修
	制动管路堵塞	维修
	比例阀故障	维修

8.1.2 鼓式制动器

鼓式制动器的旋转元件为制动鼓，其工作表面为圆柱面。如图8-7所示，鼓式制动器主要包括制动轮缸、制动蹄、制动鼓、摩擦片（未画出）及回位弹簧等部件。它通过液压装置使摩擦片与随车轮转动的制动鼓内侧面发生摩擦，从而达到制动的目的。

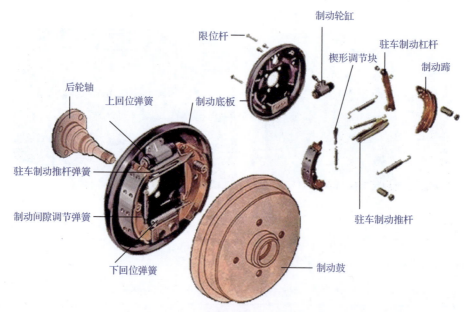

图8-7　鼓式制动器的结构

当踩下制动踏板时，制动主缸的活塞被推动，进而在油路中产生压力，制动液将压力传递到车轮的制动轮缸以推动活塞，活塞即推动制动蹄向外运动，进而使摩擦片与制动鼓发生摩擦，从而产生制动力，如图8-8所示。

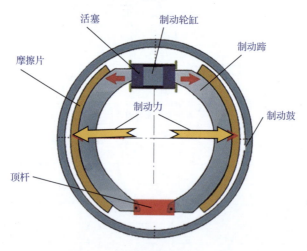

图8-8　鼓式制动器的工作原理

由结构可知，鼓式制动器工作在一个相对封闭的环境中，制动过程中产生的热量不易散出，频繁制动会影响制动效果。但是鼓式制动器可提供很高的制动力，因而广泛用于客车、货车上。

第2节　驻车制动器

8.2.1　机械式驻车制动器

驻车制动器一般指机动车安装的手动制动装置（俗称"手刹"）。其作用是在车辆停稳后稳定车辆，避免车辆在斜坡路面停车时由于溜车造成事故。驻车制动器一般位于驾驶人右手下方，有利于操作，如图8-9所示。

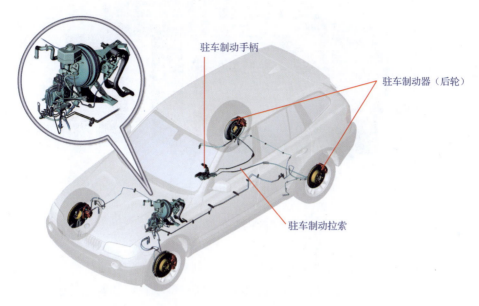

图8-9 驻车制动器示意图

8.2.2 电子驻车制动器

电子驻车制动器（Electrical Park Brake，EPB）也称"电子手刹"，它通过电子线路控制停车制动。宝马5系车型的电子驻车制动器的执行机构及内部结构分别如图8-10、图8-11所示。

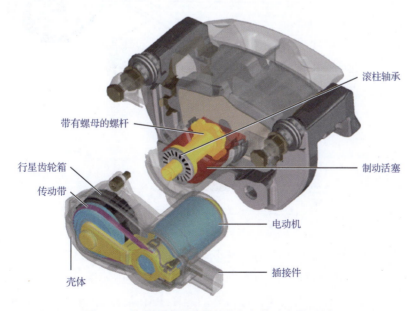

图8-10 电子驻车制动器的执行机构（宝马5系）

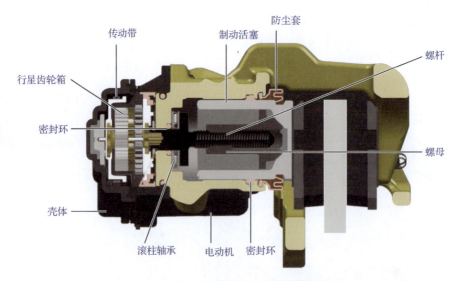

图8-11 电子驻车制动器的内部结构（宝马5系）

当EMF控制单元（宝马车型EPB的控制单元）收到驾驶人通过驻车制动按钮给出的驻车指令后，通过车载网络和总线系统查询/识别车辆状态，并确定是否满足驻车过程的所有条件。若条件满足，则会控制后部制动钳上的两个EMF执行机构，如图8-12所示。

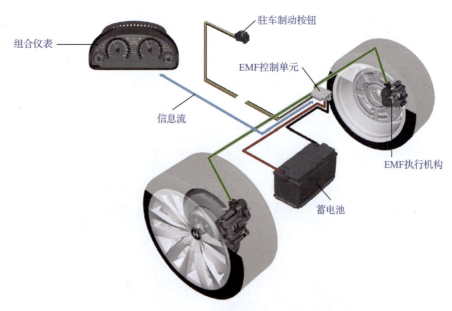

图8-12 电子驻车系统的工作原理

由于螺杆具有自锁功能，即使在断电状态下也可保持张紧力，因而可以确保车辆静止不动。EMF执行机构固定在制动钳上，直接对制动活塞施加作用。电动机和传动带将作用力传递给行星齿轮箱，通过螺杆接口驱动螺杆。EMF执行机构的结构如图8-13所示。

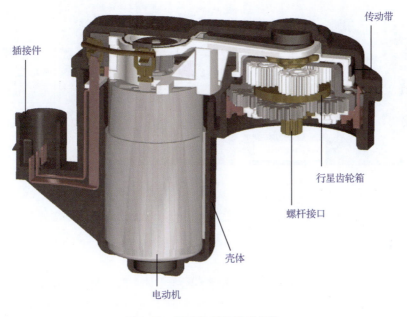

图8-13　EMF执行机构的结构

8.2.3　电子驻车制动器电驱总成的更换

电动机驱动总成（以下简称电驱总成）可以单独更换，拆解时应避免工具磕碰电驱总成端盖的焊接面，如图8-14所示的非接触区域。

 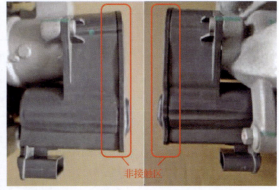

图8-14　非接触区域

拆解电驱总成需要保证电子驻车器处于完全/维修释放状态，更换新电动机时应保持卡钳安装面和电机配合面干净。电驱总成沿轴向平推装入，确保O形密封圈无缺失、损坏、挤压变形或破损，如图8-15所示。

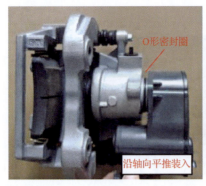

图8-15 电驱总成拆解图解

在电驱总成装配过程中，若发现齿轮对接困难，可使用专用扳手对螺杆内花键孔做轻微调整（调整角度不超过15°，避免内部结构损坏），禁止暴力拆装或不执行预装，禁止通过紧固螺栓直接将电驱总成装在钳体上。

当用专用工具通过紧固螺栓将电驱总成装配在钳体上时，需要使用全新的螺栓。在装配后应进行检查，确保密封位置无间隙、密封件无挤压变形，线束插接牢靠，注意不要漏装线束卡扣（若有）。

当完成电驱总成换件操作后，需要进行完全/维修拉起操作，并用故障诊断仪消除历史故障码，以避免由于维修操作产生的历史故障现象对产品后续正常使用/监控产生干扰。

第3节　制动控制系统

8.3.1　液压制动控制系统

防抱死制动系统（Anti-locked Braking System，ABS）是一种具有防滑、防抱死等特点的汽车安全控制系统，已广泛用于汽车上。ABS主要由电控单元（ECU）、轮速传感器、制动压力调节装置和制动控制电路等组成，如图8-16所示。

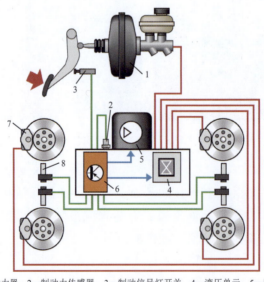

1—制动助力器；2—制动力传感器；3—制动信号灯开关；4—液压单元；5—回液泵；
6—电控单元；7—制动分缸；8—转速传感器

图8-16　ABS的组成

ABS ECU不断从轮速传感器处获取车轮的速度信号并加以处理,以判断车轮是否即将抱死。ABS的工作原理是当车轮趋于抱死时,制动轮缸的压力不再随制动主缸压力的增加而增高,压力在抱死临界点附近变化,如图8-17所示。当判断车轮没有抱死时,制动压力调节装置不参加工作,制动力将继续增大;当判断某个车轮即将抱死时,ABS ECU向制动压力调节装置发出指令,切断制动主缸与制动轮缸的通道,使制动压力不再增大;当判断某个车轮出现抱死拖滑状态时,向制动压力调节装置发出指令,使制动轮缸的压力降低,以减少制动力。

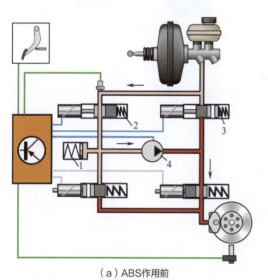
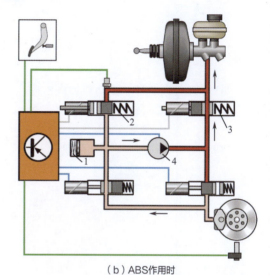

（a）ABS作用前　　　　　　　　　　　　　（b）ABS作用时

液压单元中的开关阀打开,高压开关阀关闭,在回　　开关阀重新关闭,高压开关阀被打开,回液泵
液泵中建立的压力直接被送到制动轮缸　　　　　　的输送量将制动力保持在抱死阈值之下

1—蓄压器;2—开关阀;3—高压开关阀;4—回液泵

图8-17　ABS的工作原理

8.3.2　车身稳定控制系统

电子稳定程序(Electronic Stability Program,ESP)由博世(Bosch)公司研发,它是为了进一步提高行车的主动安全性而发明的牵引力/制动力控制系统。1983年,博世ESP问世,1995年开始批量生产,首次装备在奔驰S级轿车上。博世ESP已经发展到第9代,除了在原有车身稳定控制上精益求精,还为车辆增加了许多实用的功能,如车道检测、碰撞预警、自适应巡航等。

ESP其实是ABS和驱动轮防滑转(ASR)系统功能上的延伸,可以说是当前汽车防滑装置的高级形式。它主要由控制总成及转向盘转角传感器(监测转向盘的转向角度)、轮速传感器(监测车轮的速度)、侧滑传感器(监测车体绕纵轴线转动的状态)、横向加速度传感器(监测汽车转弯时的离心力)等组成,如图8-18所示。控制总成通过这些传感器的信号对车辆的运行状态进行判断,进而发出控制指令。

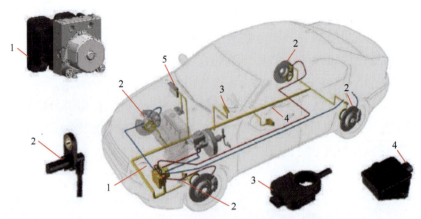

1—带电控单元的ESP液压调节模块（控制总成）；2—轮速传感器；3—转向盘转角传感器；
4—侧滑传感器（集成于EPS内部）；5—与发动机系统的通信

图8-18 博世第9代ESP组成

博世第9代ESP的主要功能如图8-19所示，相关说明见表8-2。

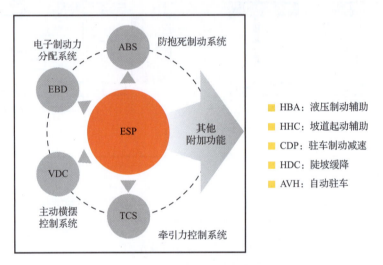

图8-19 博世第9代ESP的主要功能

表8-2 博世第9代ESP主要功能的说明

序号	英文简称	中文名称	功能原理
1	HBA	液压制动辅助	当驾驶人快速踩下制动踏板时，HBA能识别车辆处于紧急状态，迅速将制动压力提高至最大值，从而使ABS更快介入，有效缩短制动距离
2	HHC	坡道起动辅助	在松开制动踏板后，HHC能保持驾驶人所施加的制动压力持续1s，防止溜车
3	CDP	驻车制动减速	在按下电子驻车开关时，CDP开始工作，车辆以恒定的减速度制动，直至车辆停止；如果驾驶人松开电子驻车开关，CDP会停止工作
4	HDC	陡坡缓降	HDC的主要作用是通过主动制动帮助驾驶人以低速上、下坡。在工作期间，当车轮滑移率超过ABS触发门限时，ABS被激活。该功能在11～38km/h车速范围内起作用，可以通过加速踏板或制动踏板调整车速。当车速超过65km/h时，HDC自动停用
5	AVH	自动驻车	在车辆行驶过程中需要停驶，踩下制动踏板停车后，AVH会控制ESP自动制动。车辆此时处于行驶挡位，松开制动踏板不会行驶，在车辆静止10min内踩下加速踏板，车辆解除自动制动，可继续行驶；车辆静止10min后直接进入待命状态，同时自动拉起EPB。再次按下自动驻车功能开关，AVH自动关闭

第9章
汽车电源系统

第1节　蓄电池

9.1.1　蓄电池概述

蓄电池是汽车必不可少的组成部分,可分为传统的铅酸蓄电池和免维护型蓄电池。汽车铅酸蓄电池主要由极板组、隔板、电解液、槽壳、连接条和极桩等组成。

一个12V蓄电池由6个串联的单体蓄电池（电芯）构成,它们安装在由隔板分隔的壳体中。每个蓄电池的基本模块都是单体蓄电池,它由一个极板组构成。极板组由电极和隔板构成（见图9-1）。电极是由一个铅栅板和活性物质构成的。隔板（微孔绝缘材料）用于分离不同极性的电极。电极或极板组在充满电时浸在质量分数为38%的硫酸溶液中（电解液）。接线端子、单体蓄电池和极板连接器由铅制成。正极和负极具有不同的直径（正极总是比负极粗）,可以避免蓄电池连接错误（防止接错）。蓄电池的外壳（模块箱）由耐酸性绝缘材料制成,通过底板固定蓄电池,其上通过端盖封闭。

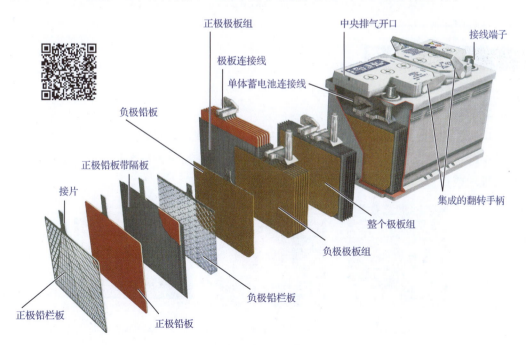

图9-1　极板组的分解

汽车蓄电池上有各种标识与接口，以大众品牌为例，其作用如图9-2所示。

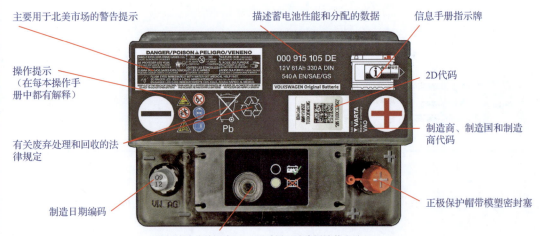

图9-2 汽车蓄电池标识与接口的作用（大众）

汽车蓄电池的标识说明见表9-1。

表9-1 汽车蓄电池的标识说明

标 识	说 明
000 915 105 DE	大众汽车原厂备件编号
12 V	蓄电池电压，单位为V
61Ah	额定电容（C20），单位为A·h
330A DIN	低温试验电流（DIN），单位为A（在-18℃情况下）
540 A EN/SAE/GS	低温试验电流（EN、SAE和GS），单位为A（在-18℃情况下）

注：DIN代表德国标准化协会；EN表示欧洲标准；SAE代表汽车工程师学会；GS表示海湾标准（相当于波斯湾沿岸国家的标准）。

9.1.2 蓄电池维修

9.1.2.1 常见故障表现形式

1.蓄电池漏液

电极漏液无法确保电极接线端的稳定接触，会造成发动机无法起动。蓄电池外壳损坏会引起电解液泄漏，对车辆造成严重损坏。对于沾到电解液的车辆部件，应立即用肥皂水处理或更换。蓄电池漏液现象如图9-3所示。

负极漏液

正极漏液

端盖漏液

图9-3 蓄电池漏液现象

2.蓄电池亏电

蓄电池亏电会导致电压低,无法满足起动要求。如图9-4所示,其原因主要如下:

(1)车辆蓄电池的结构和工作原理决定了它存在自放电现象。温度条件对自放电程度具有很大影响,长时间停放车辆会造成蓄电池亏电。

(2)改装或加装部件导致车辆停放后过度放电,如加装防盗器、导航装置等。

(3)忘记关闭车辆用电器或在未起动发动机的情况下长时间使用用电器,如驻车灯、收音机等。

(4)在车辆熄火停放后,由于自身元器件故障无法停止工作,如燃油泵继电器常闭引起燃油泵一直工作等。

(a)车辆长期停放

(b)改装/加装部件

(c)长时间使用用电器

(d)元器件故障

图9-4 蓄电池亏电原因示例

3.蓄电池坏格

蓄电池坏格导致无法存储电能,造成车辆无法起动。对此,只能借助蓄电池专用检测仪进行检测,如MCR.341VW,检测结果如图9-5所示。

10.54V
坏格电池 － 须更换

图9-5 蓄电池坏格的检测结果

9.1.2.2 蓄电池检测方法

1.外观检查

通过目视检查:蓄电池电极和外壳是否漏液,蓄电池外壳体是否鼓包变形,蓄电池电极是否损坏。

普通铅酸蓄电池的电眼检测方法如图9-6所示。

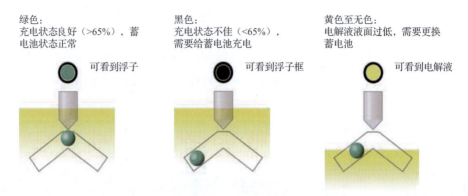

图9-6 普通铅酸蓄电池的电眼检测方法

EFB蓄电池（加强型免维护蓄电池）的电眼检测方法如图9-7所示。注意电解液液位不足时，不能充电。

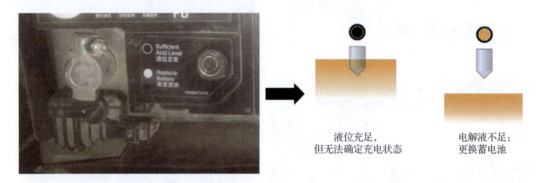

图9-7 EFB蓄电池的电眼检测方法

2. 万用表检测

测量方法：首先，关闭点火开关和所有用电器，取出点火钥匙或松开起动钥匙；其次，断开蓄电池负极接线；最后，用便携式万用表测量蓄电池的静电压。

3. 蓄电池专用检测仪检测

MCR.341VW检测原理：检测时用一个等于轿车起动电流值的电流给蓄电池放电，并评估蓄电池，最终通过打印机输出检测结果。蓄电池检测结果的说明见表9-2。

表9-2 蓄电池检测结果的说明

检测结果	说明
蓄电池良好	蓄电池良好，可继续使用
充电后再测试	给蓄电池充电满后，重新测试。注意：如果在重新测试之前没有给蓄电池充满电，可能导致错误的读数。如果充电后再次显示"充电后再测试"的内容，则应更换蓄电池
更换蓄电池	更换蓄电池可能是因为汽车的电缆与蓄电池之间连接不良，在拆掉连接后，应先使用车外模式再次测试蓄电池，再决定是否更换
蓄电池坏格，需要更换	蓄电池坏格，需要更换蓄电池

第2节 充电系统

9.2.1 发电机概述

汽车发电机是汽车的主要电源,其功用是在发动机正常运转时,向所有用电设备(起动机除外)供电,同时为蓄电池充电。车用发电机可分为直流发电机和交流发电机两种,由于交流发电机在许多方面优于直流发电机,直流发电机基本被淘汰。交流发电机分解示意图如图9-8所示。

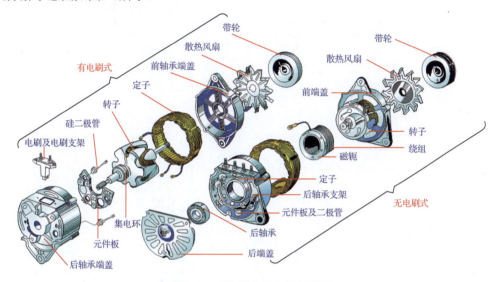

图9-8 交流发电机分解示意图

交流发电机分为定子绕组和转子绕组两部分,三相定子绕组按照彼此相差120°电角度分布在壳体上,转子绕组由两块极爪组成。当转子绕组接通直流电时即被励磁,两块极爪形成N极和S极。磁力线由N极出发,穿过空气间隙进入定子铁心后回到相邻的S极。转子一旦旋转,转子绕组就会切割磁力线,在定子绕组中产生互差120°电度角的正弦电动势,即三相交流电,并由二极管组成的整流元件转变为直流电输出。

9.2.2 充电系统维修

9.2.2.1 发电机总成的拆装

分离蓄电池负极接线,拆卸发电机的电气插接器,拧下螺栓并拆卸发电机总成,如图9-9所示。发电机总成的安装按与拆卸相反的顺序进行。

图9-9 拆卸发电机总成

9.2.2.2 充电系统故障诊断

充电系统常见故障的诊断与排除见表9-3。

表9-3 充电系统常见故障的诊断与排除

故障现象	原因分析	排除方法
发电机不发电或充电指示灯亮	B+接线柱线束螺母松动、脱落或腐蚀	拧紧线束螺母，清洁腐蚀部分
	发电机传动带断裂、打滑	调整或更换发电机传动带
	接线松动或短路	检修短路线路并重新装配
发电量小，起动困难	蓄电池故障	蓄电池充电或更换
	发电机不发电	更换发电机总成
	静态状态下车辆漏电	检查各用电器或线束搭铁
发电量大或电压高	电压调节器故障	更换发电机总成 检查调节电压：当发动机转速达到2000r/min时，使用数字万用表检查蓄电池电压，应在14～14.8V范围内，表示发电机正常
充电指示灯不亮	线束接触不良或断开	检查并重新装配
	电压调节器烧毁	更换发电机总成
	仪表故障	更换仪表
充电指示灯闪烁	接线端子松动或接触不良	检查并重新装配
	充电指示灯线路故障	检修线路故障
	发电机传动带过松	调整发电机传动带
	电刷或电压调节器故障	更换发电机总成
	仪表内部线路故障	更换仪表
	电磁干扰	排除电磁干扰
发电机运转异响	传动带老化或发电机安装不当	调整或更换发电机传动带
	发电机轴承异响	更换发电机总成
	发电机转子和定子发生刮蹭	更换发电机总成
	整流二极管失效，电机缺相发出电磁杂音	更换发电机总成

第3节 配电系统

9.3.1 保险装置与继电器

9.3.1.1 保险装置

保险装置主要包括保护电气线路或用电设备（用电器）的易熔线和熔断器，图形符号如图9-10所示。

1.易熔线

易熔线常用来保护电源和大电流线路，通常安装在电路的起始端（如蓄电池的正极接线柱）。易熔线外包有一层特殊的不易燃绝缘体，当线路中有超过额定电流数倍的电流时，易熔线首先熔断。易熔线由电线线段及端子等组成。和普通熔丝相比，它在5s内熔断的电流相当于200～300A，因此不允许换用超过规定容量的易熔线。易熔线实物如图9-11所示。

（a）易熔线　　　（b）熔断器

图9-10　易熔线与熔断器的图形符号　　　图9-11　易熔线实物

2.熔断器

熔断器是一种在电路中起保护作用的一次性元件，当电路中的电流过大时，其中的金属线或片因高温发生熔断，导致开路并中断电流，从而可以保护元器件不受伤害。熔断器一般安装在仪表板附近或发动机罩下面的配电盒内，常与继电器组装在一起，构成全车电路的中央接线盒。熔断器实物与熔值标注如图9-12所示。

图9-12　熔断器实物与熔值标注

9.3.1.2　继电器

继电器是自动控制电路中常用的一种装置，它是利用电磁感应原理以较小的电流控制较大电流的自动开关，在电路中具有自动操作、自动调节、安全保护等作用。

继电器的种类有很多，常用的有电磁式和干簧式两种。继电器按接通及断开方式可分为常开型、常闭型，以及常开、常闭混合型3种，如图9-13所示。

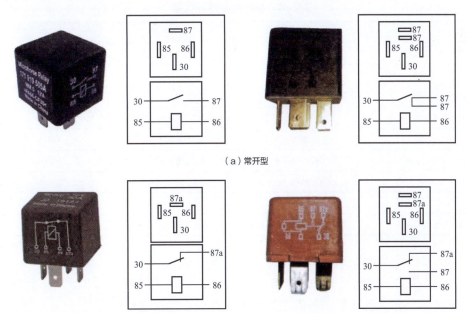

（a）常开型

（b）常闭型　　　（c）常开、常闭混合型

图9-13　继电器的3种类型

汽车常用的继电器有起动继电器、喇叭继电器、闪光（转向）继电器和刮水继电器等。

9.3.2 汽车线束

9.3.2.1 导线颜色

1. 名词术语

单色导线：绝缘表面采用一种颜色的导线。
双色导线：绝缘表面采用两种颜色的导线。
主色：在双色导线中占据较大面积的颜色。
辅助色：在双色导线中占据较小面积的颜色。
汽车线束颜色示例如图9-14所示。

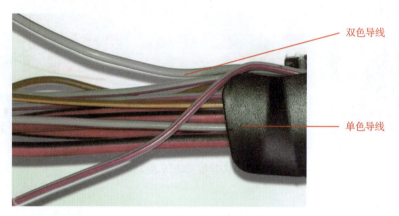

图9-14 汽车线束颜色示例

2. 导线的颜色和代号

导线的颜色和代号见表9-4。

表9-4 导线的颜色和代号

线色	代号	线色	代号
黑色（Black）	BLK/B	浅绿（Light Green）	LT GRN
蓝色（Blue）	BLU/BL	橙色（Orange）	ORG/O
棕色（Brown）	BRN/BR	粉红（Pink）	PNK/P
透明（Clear）	CLR/CL	紫色（Purple）	PPL/PP
深蓝（Dark Blue）	DK BLU	红色（Red）	RED/R
深绿（Dark Green）	DK GRN	褐色（Tan）	TAN/T
绿色（Green）	GRN/G	粉紫（Violet）	VIO/V
灰色（Gray）	GRY/GR	白色（White）	WHT/W
浅蓝（Light Blue）	LT BLU	黄色（Yellow）	YEL/Y

导线的颜色应优先选用单色。

导线颜色用对应的代号标注。例如，对于单色导线，红色标注为"R"；对于双色导线，第一种颜色为主色，第二种颜色为辅助色，若主色为红色，辅助色为白色，则标注为"RW"或"R/W"。

3. 搭铁线

各种汽车电器的搭铁线应选用黑色导线,因为黑色导线除作搭铁线外,没有其他用途。汽车搭铁线如图9-15所示。

图9-15 汽车搭铁线

9.3.2.2 导线截面积

导线的截面积需要根据工作电流的大小来选取,对于一些电流特别小的电路,如指示灯电路,为了保证应有的力学强度,导线的截面积不得小于$0.5mm^2$。

导线的截面积标注在颜色代号之前,单位为mm时不标注。例如,1.25R表示导线截面积为$1.25mm^2$的红色导线;1.0G/Y表示导线截面积为$1.0mm^2$的双色导线,其主色为绿色,辅色为黄色。图9-16所示为大众、特斯拉与比亚迪汽车电路的标注示例(遵照原厂电路图)。

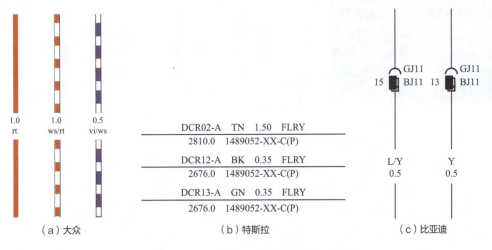

图9-16 导线截面积与颜色标注示例

9.3.2.3 导线的特殊形式

双绞线是两根金属导线按距离周期性扭绞组成的信号传输线。它采用一对互相绝缘的金属导线互相绞合的方式来抵御部分外界电磁波的干扰,更主要的是降低自身信号的对外干扰。

双绞线的图形符号如图9-17所示。

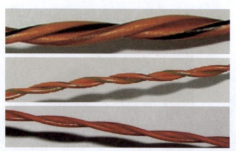
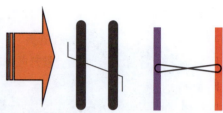

图9-17　双绞线的图形符号

汽车上应用双绞线的系统有很多，如电控发动机的燃油喷射系统、影音娱乐系统、安全气囊系统、CAN网络等。双绞线分为屏蔽双绞线和非屏蔽双绞线两种。其中，屏蔽双绞线在双绞线与外层绝缘封套之间设有一个金属屏蔽层，可以用来减少辐射，防止信号泄漏，也可阻止外部电磁干扰。屏蔽双绞线比同类的非屏蔽双绞线具有更高的传输速率。

导体外部包裹导体的导线称为屏蔽线，包裹的导体称为屏蔽层，一般为编织铜网或铜箔（铝）。屏蔽层需要接地，外来的干扰信号可被该层导入大地。其作用是避免干扰信号进入内层，同时降低传输信号的损耗。

屏蔽线的图形符号如图9-18所示。

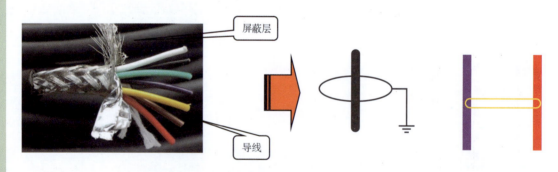

图9-18　屏蔽线的图形符号

屏蔽布线系统源于欧洲，它是在普通非屏蔽布线系统的外面增加金属屏蔽层，利用金属屏蔽层的反射、吸收及趋肤效应[①]实现防止电磁干扰及电磁辐射的功能。由于它综合利用了双绞线的平衡原理及屏蔽层的屏蔽作用，故而具有非常好的电磁兼容（EMC）特性。

电磁兼容是指电子设备或网络系统具有一定的抵抗电磁干扰的能力，同时不能产生过量的电磁辐射。也就是说，要求该设备或网络系统能够在比较恶劣的电磁环境中正常工作，同时不能辐射过量的电磁波干扰周围其他设备及网络的正常工作。

屏蔽电缆的屏蔽原理不同于双绞线的平衡原理，屏蔽电缆是在4对双绞线的外面增

---

① 趋肤效应是指电流在导体截面随频率的升高而趋于导体表面分布，频率越高，趋肤深度越小，即频率越高，电磁波的穿透能力越弱。

加一层或两层铝箔,利用金属对电磁波的反射、吸收和趋肤效应原理,有效防止外部电磁干扰进入电缆,同时阻止内部信号向外辐射,避免干扰其他设备工作。

9.3.3 汽车插接器

汽车插接器(又称为插接件)由插座和插头两部分组成,用于线束之间或导线与用电器(如传感器、执行器、控制单元)之间的连接,如图9-19所示。它是连接汽车电气线路的重要元件,具有不同的规格型号、外形和颜色。

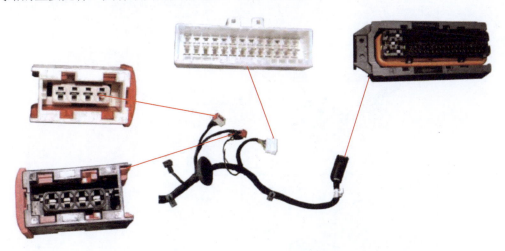

图9-19　用于汽车线束的插接器

为了防止插接器在汽车行驶中松脱,所有插接器均采用锁紧装置,如图9-20所示。在断开插接器时,需要先解除闭锁状态,使锁扣脱开,将其分离,不允许在未解除闭锁状态的情况下用力拉扯导线,这样会损坏锁紧装置或连接导线。

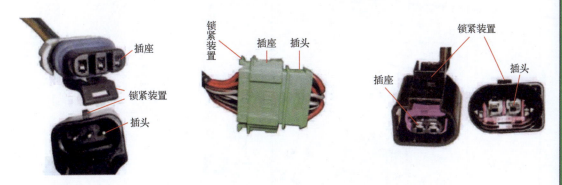

图9-20　插接器上的锁紧装置

不同汽车公司对汽车电路图中插接器的图形符号有不同的表示方法,但方格中的数字均代表插接器的端子号。通常用涂黑表示插头,用不涂黑表示插座;倒角表示插头的插脚呈柱状,直角表示插头的插脚为片状。以三菱品牌为例,汽车插接器的表示方法见表9-5。

表9-5 汽车插接器的表示方法（三菱）

项　目	插头/搭铁	图形符号	说　明
端子与插头的表示	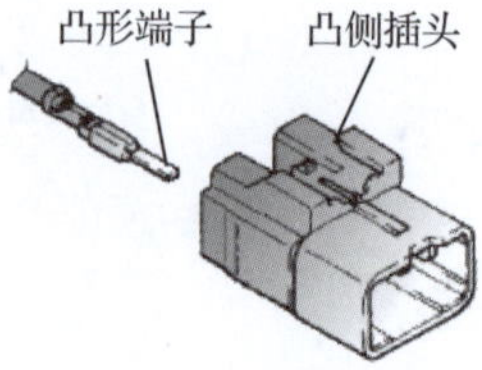凸形端子 凸侧插头	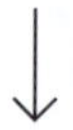 凸形端子 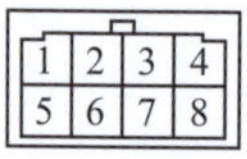1 2 3 4 5 6 7 8 凸侧插头	插入的端子是凸形端子，被插入的端子是凹形端子，以图示方法表示不同的应用方式。此外，装有凸形端子的插头是凸侧插头，装有凹形端子的插头是凹侧插头。在图形符号中，凸侧插头用双轮廓线，凹侧插头用单轮廓线，以区别使用
	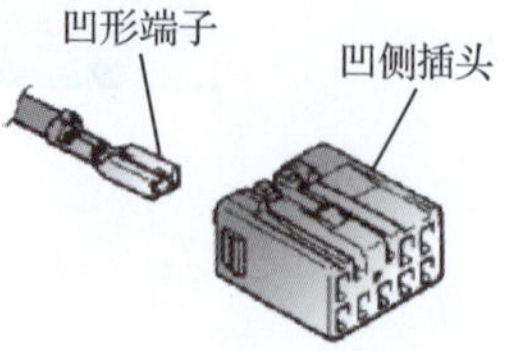凹形端子 凹侧插头	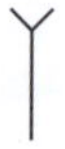 凹形端子 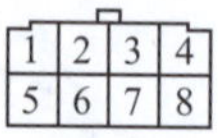1 2 3 4 5 6 7 8 凹侧插头	
插头的表示	设备侧插头 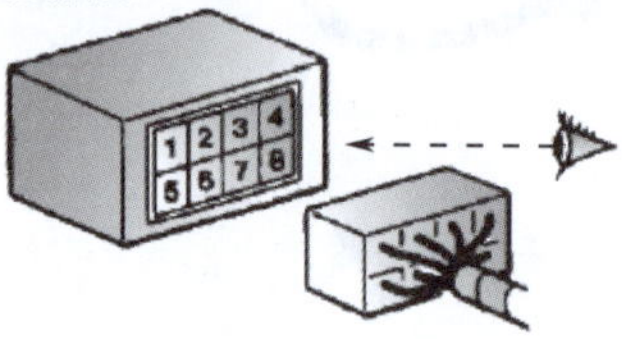1 2 3 4 5 6 7 8	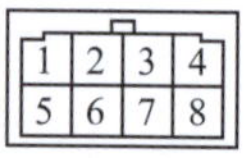1 2 3 4 5 6 7 8	与设备连接采用设备侧插头；中间插头采用凸侧插头；备用插头及检测用插头因未装设备，故采用线束侧插头
	中间插头 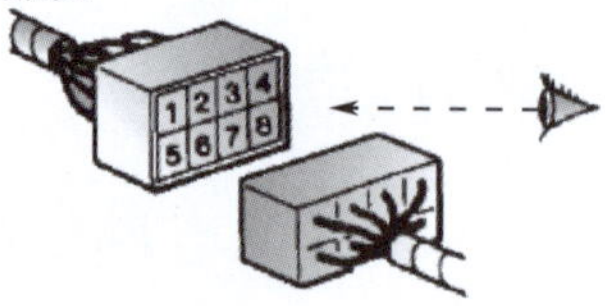1 2 3 4 5 6 7 8		
	备用插头、检测用插头 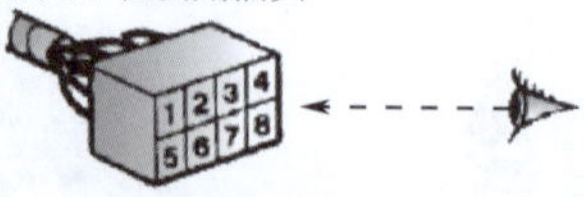1 2 3 4 5 6 7 8	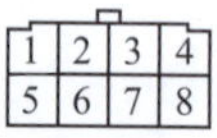1 2 3 4 5 6 7 8	
插头连接方式的表示	直插式 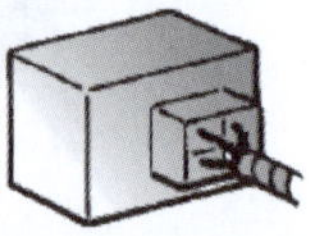	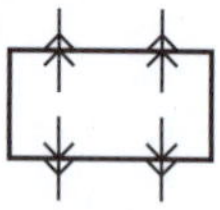	与设备和线束侧插头的连接，分为直接插入设备的方式（直插式）和与设备侧线束插头连接的方式（附属线束式）
	附属线束式 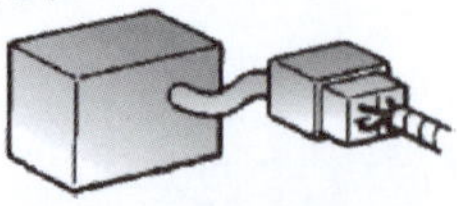	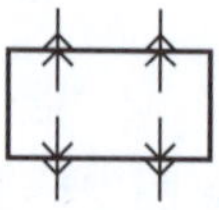	
	中间插 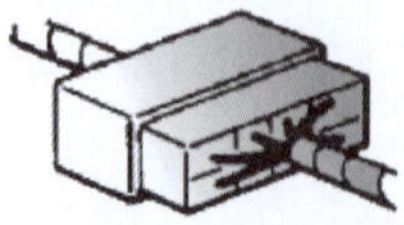	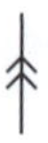	

续表

项目	插头/搭铁	图形符号	说明
接地的表示	车体搭铁	⏚	搭铁方法有车体搭铁、设备搭铁及控制装置内搭铁等
	设备搭铁	⏚	
	控制装置内搭铁	⏚	

9.3.4 电源系统维修

9.3.4.1 配电盒总成的拆装

（1）分离蓄电池负极接线，打开发动机舱内的配电盒，拧下固定螺母，如图9-21（a）所示。

（2）抬起配电盒总成，分离总成背面的插接器，如图9-21（b）所示。

（a）拧下固定螺母

（b）分离总成背面的插接器

图9-21 拧下固定螺母并断开背面插接器

（3）拆卸配电盒总成。

配电盒总成的安装按与拆卸相反的顺序进行。

9.3.4.2 电源系统故障诊断

电源系统常见故障的诊断与排除见表9-6。

表9-6 电源系统常见故障的诊断与排除

故障现象	原因分析	排除方法
全车无B+常电源	蓄电池B+接线柱脱落或腐蚀	重新装配接线柱，清洁腐蚀部分
	发动机舱配电盒中的B+电源熔丝烧断	检修线路无故障后更换熔丝
	线路短路	检修短路线路并重新装配
	蓄电池故障	更换蓄电池

续表

故障现象	原因分析	排除方法
全车无IGN点火电源	IGN电源相关熔丝烧断	检修线路无故障后更换熔丝
	ON继电器故障	更换ON继电器
	ON继电器控制线路短路或开路	检修相关线路
	IGN电源线路短路或开路	检修相关线路
	PEPS模块供电、接地故障	检修PEPS模块的电源和搭铁
	PEPS模块故障	更换PEPS模块
	一键起动按键线路短路或开路	检修相关线路
	一键起动按键故障	更换一键起动按键
全车无ACC附件电源	ACC电源相关熔丝烧断	检修线路无故障后更换熔丝
	ACC继电器故障	更换ACC继电器
	ACC继电器控制线路短路或开路	检修相关线路
	ACC电源线路短路或开路	检修相关线路
	PEPS模块供电、接地故障	检修PEPS模块的电源和搭铁
	PEPS模块故障	更换PEPS模块
	一键起动按键线路短路或开路	检修相关线路
	一键起动按键故障	更换一键起动按键
B+常电源电压低，起动困难	蓄电池亏电或故障	蓄电池充电或更换
	B+电源线路接触不良或搭铁不良	检修相关线路、搭铁接触情况
IGN点火电源供电电压低	IGN电源相关熔丝接触不良	检修熔丝接触情况
	IGN电源线路接触不良	检修相关线路接触情况
	ON继电器故障	更换ON继电器
ACC附件电源电压低	ACC电源相关熔丝接触不良	检修熔丝接触情况
	ACC电源线路接触不良	检修相关线路接触情况
	ACC继电器故障	更换ACC继电器
电源供电状态异常	相关线路短路或错接	检修相关线路
	PEPS模块故障	更换PEPS模块

注：PEPS即无钥匙进入起动系统。

第10章
汽车照明与信号系统

第1节　车外照明

10.1.1　车外照明部件

　　汽车灯具按照功能分为两类：汽车照明灯和汽车信号灯。汽车照明灯按照安装位置及功用分为前照灯、牌照灯、仪表灯、顶灯和工作灯。汽车信号灯分为转向信号灯、危险警告灯、雾灯、示廓灯、尾灯、制动灯及倒车灯。

　　前照灯装于汽车头部两侧，用于夜间行车照明。雾灯安装在汽车的前部和尾部，用于雨雾天气行车照明和为对面来车及跟行汽车提供信号。前雾灯安装在前照灯附近，一般低于前照灯；后雾灯为单个时，应安装在车辆纵向平面的左侧，并与制动灯保持超过100mm的间距，灯光颜色为红色，以警示跟随车辆保持安全距离。牌照灯用于照亮车辆牌照，通常装在汽车尾部牌照的上方或两侧。

　　转向信号灯装在汽车前、后、左、右4个转角处，用于在转弯时发出明暗交替的闪光信号。危险警告灯的作用是在车辆遇到紧急危险情况时，同时点亮全部转向信号灯以发出警告信号。示廓灯安装在汽车前侧、后侧、左侧、右侧的边缘，用于夜间行驶时指示汽车的宽度和高度，因而也称为示宽灯和示高灯。制动灯用于指示车辆的制动或减速信号，安装在车尾两侧。倒车灯装在汽车尾部，用于倒车照明及警示其他车辆和行人。以丰田卡罗拉车型为例，汽车部分照明灯与信号灯的位置如图10-1所示。

图10-1　汽车部分照明灯与信号灯的位置（丰田卡罗拉）

10.1.2　自动前照灯

远光灯辅助系统可以为驾驶人提供更好的视野，因为只要交通条件和环境条件允许，前照灯就会一直处于远光状态。如果远光灯辅助系统的摄像头识别出对面来车或者前方有车，前照灯就会及时进行变光，从而避免造成炫目，如图10-2所示。如果被识别的车辆驶出远光灯辅助系统的探测范围，前照灯就会自动变回远光状态，如图10-3所示。

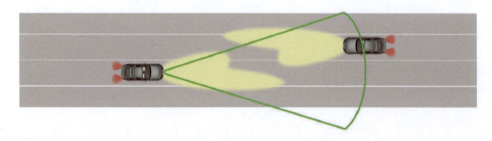

图10-2　会车时前照灯自动关闭远光状态

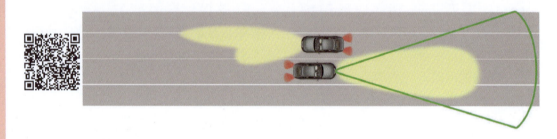

图10-3　会车后前照灯自动打开远光状态

10.1.3　可变矩阵前照灯

矩阵光柱远光灯可以将灯光变暗。如果识别出道路上有别的车辆，那么可以只将导致他人炫目的远光灯光段关闭，如图10-4、图10-5所示。无论是针对前行车辆还是对向来车，均可执行这种操作。它的一个突出优点是其余部分的远光灯光段（未导致他人炫目的部分）仍然能正常工作，因而可以为驾驶人提供尽可能好的照明效果，并能最大限度地利用远光灯。

图10-4　有对向来车时的矩阵光柱远光灯

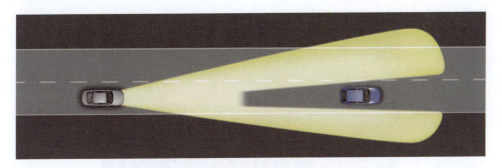

图10-5　有前行车辆时的矩阵光柱远光灯

第2节　车内照明

10.2.1　车内照明部件

汽车内部照明系统由顶灯、仪表灯、踏步灯、工作灯及行李舱灯组成，其作用是为驾乘人员提供便利。顶灯安装在驾驶室或车厢内顶部，负责为驾驶室或车厢提供照明服务。仪表灯安装在仪表板内，用来照亮汽车仪表。踏步灯一般安装在汽车台阶踏板的两侧，其作用是照亮车门的踏板，方便乘员上下车。行李舱灯为轿车行李舱内的灯具。汽车的化妆镜位于遮阳板内，化妆灯与遮阳板是联动的，只要掀开遮阳板，化妆灯就会自动点亮。以丰田卡罗拉车型为例，车内照明灯的位置如图10-6所示。

图10-6　车内照明灯的位置（丰田卡罗拉）

10.2.2　车内氛围灯

车内氛围灯是一种具有装饰作用的照明灯，通常为红色、蓝色、绿色等，主要是为了烘托气氛。它一般安装在汽车的转向盘、仪表板、中控台、脚坑、杯架、车顶、台阶踏板、车门及行李舱等位置，如图10-7所示。

图10-7 汽车车内氛围灯的效果图

第3节 灯光信号

10.3.1 信号指示灯

信号指示灯按安装位置可以分为外部信号灯和内部信号灯。

外部信号灯根据位置不同,主要分为车头信号灯和车尾信号灯。车头信号灯包括前转向信号灯、前位置灯、昼行灯、前雾灯;车尾信号灯包括高位制动灯、后位置灯、制动灯、后转向信号灯、倒车灯和后雾灯等。

内部信号灯泛指仪表板上的指示灯,如图10-8所示,主要用来提醒驾驶人汽车的工作状态及存在的故障信息。它主要分为信息指示灯与故障警告灯两类。

图10-8 汽车内部信号灯

10.3.2 可编程投影灯

可编程投影灯集智能车灯、智能投影为一体,通过编程和空中升级不断迭代。它可以实现百万级像素高亮度投影,不仅可以在前方道路投射实时"光导航"信息、实时车速,还可以通过与驾驶辅助系统的数据同步,将行人提醒、行人位置提示、变道辅助等信息以高亮度图像投射在汽车前方路面。例如,"光斑马线"投射功能用于示意行人先行,如图10-9所示;"光预警"能够在检测到前车距离小于安全值时,启动前车碰撞警报功能,前照灯会以白色高亮度提示线投射到汽车前方路面,并逐步缩小至高频闪烁警示;"光轨"能通过前照灯同时发射两条与车辆等宽的高亮度线条,线条的曲率同步自适应转向角,从而为驾驶人提供行驶轨迹和通过性的辅助判断。

光斑马线

图10-9 可编程投影灯

第11章 汽车仪表与开关装置

第1节 组合仪表

11.1.1 组合仪表的构造

现代汽车大多配备组合仪表，但在电动汽车上有取消传统组合仪表的趋势，如特斯拉的MODEL 3。组合仪表一般由面罩、框架、标度盘及指针、印制电路板、底板、插接器、警告灯及指示灯等组成，部分部件如图11-1所示。有些仪表还带有稳压器和蜂鸣器。

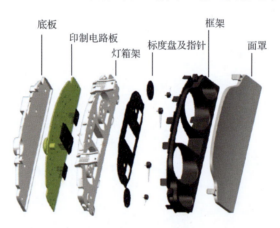

图11-1 组合仪表的部分部件

不同汽车组合仪表中的仪表类型不同，通常包括燃油表、冷却液温度表、发动机转速表和车速里程表。

11.1.2 组合仪表维修

11.1.2.1 组合仪表总成拆装

当需要更换新的组合仪表总成时，首先用诊断器读取并备份仪表数据，如里程表值，拆下中央显示屏及中央面板饰板；其次，从上部转向柱护罩和组合仪表饰板上松开间隙隔套，拧下组合仪表框架3的螺栓1和2，松开夹扣将其拆下，如图11-2所示；最后，拧下螺栓，断开电气插接器并拆下组合仪表总成，如图11-3所示。

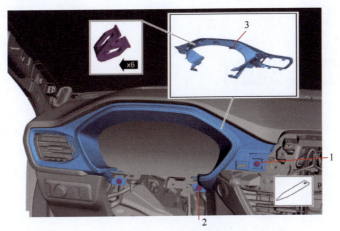

1、2—螺栓；3—组合仪表框架

图11-2　拆卸组合仪表框架

图11-3　拆卸组合仪表总成

按与拆卸相反的顺序安装组合仪表总成，并写入和恢复仪表数据。

11.1.2.2　组合仪表故障诊断

组合仪表常见故障的诊断与排除见表11-1。

表11-1　组合仪表常见故障的诊断与排除

故障现象	原因分析	排除方法
整个仪表不工作	电路未接通	检查电源和接地情况
	仪表电路损坏	更换仪表
指示灯、照明灯不亮	电路未接通	检查有关电路、插接器是否接通
	控制信号故障	检查有关传感器、开关信号是否正常
	仪表电路损坏	更换仪表
指示仪表误差或不工作，里程液晶不工作	系统故障	检查相关传感器输出是否正常，电路、插接器是否接通
	仪表电路损坏	更换仪表
里程液晶部分缺失	仪表电路损坏	更换仪表

第2节 组合开关

11.2.1 组合开关的类型

组合开关是汽车电器开关的一种集合。转向柱组合开关是转向盘与车辆之间的一个机械和电气"接口",它与转向柱以机械方式固定连接。除这种纯机械连接方式外,转向柱组合开关还通过总线系统以电动方式连接相关组件或直接连接相关组件。

转向柱组合开关的右侧和左侧各有一个组合开关杆。右侧组合开关杆用于启用/停用刮水器功能;左侧组合开关杆用于启用/停用远光灯或转向信号灯并操作车载计算机功能。

转向柱开关中心将驾驶员安全气囊的触发信号直接发送至安全气囊引爆器。影响行驶动力性的所有系统主要需要转向角和转向角速度作为计算基础。这里使用非接触式光学测量系统,即光学转向角传感器测量转向角和转向角速度。汽车的组合开关结构如图11-4所示。

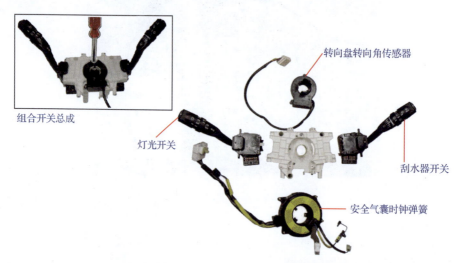

图11-4 汽车的组合开关结构

11.2.2 组合开关维修

11.2.2.1 组合开关拆装

(1)在拆卸组合开关前,先分离蓄电池负极接线,再拆卸转向盘和安全气囊模块总成。在分离安全气囊接触线圈的插接器时,应提起挂钩,注意不要掉落或撞击气囊总成。在拆卸转向盘时,应在转向盘、柱轴和螺母上做安装标记,如图11-5所示。

(2)拆卸位于驾驶员座椅前方的下部仪表板装饰板。

(3)拧下固定螺钉,拆卸上、下转向柱罩盖。

(4)从组合开关上拧下固定螺钉,分离安全气囊线圈插接器、转向盘转向角传感器插接器和组合开关主插接器,如图11-6所示。

图11-5 拆卸接触线圈并做转向盘标记

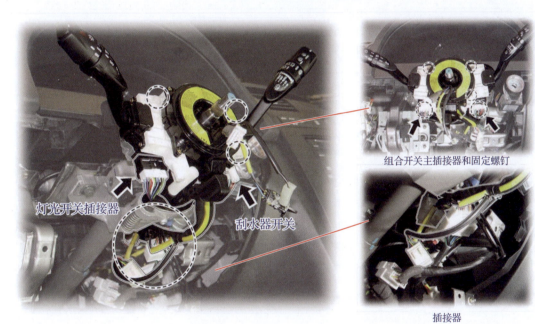

图11-6 拆卸组合开关总成

（5）从拆下的组合开关总成上拆卸转向盘转向角传感器与开关。

按与拆卸相反的顺序安装组合开关总成。

11.2.2.2 组合开关的故障诊断

组合开关常见故障的诊断见表11-2。可以按照分析的故障原因对相应部件进行维修或更换，最终排除故障。

表11-2 组合开关常见故障的诊断

故障现象	原因分析
前照灯不工作	车灯相关电路发生线头脱焊、线头坠落或电线插片滑出
	灯光开关内部顶芯脱出，顶芯头部接触不良
	灯光复合键电气故障
	灯泡烧坏或熔丝烧断

续表

故障现象	原因分析
前照灯的近光、远光或前小灯、尾灯、示廓灯同时闪烁	灯光开关内部接触不良
	灯光组合继电器接触不良
	组合开关与线束相接的组合插座外接触不可靠
前照灯的远光或近光闪烁	变光开关内部故障导致远光或近光触点接触不可靠
	组合插座处接触不可靠
前小灯、尾灯、示廓灯不工作	灯光开关插接器接触不良或接线松动
	熔丝烧断
	组合插座处发生线头掉落或电线插片滑出
	灯光开关内部顶芯脱落
转向信号灯不工作	转向开关线头掉落
	闪光器故障或损坏
	熔丝烧断
	组合插座处电路不通
	转向信号灯的灯泡烧坏
转向开关不能自动回位	复位弹簧掉落或拉断
	顶块前端磨损或撞断
	由于装配原因，转向柱切槽位置偏移
刮水器开关旋钮无挡位感，不能换挡	钢珠座损坏
	旋钮打滑
	旋钮配合过松

第12章 汽车电动装置

第1节 电动开闭装置

12.1.1 电动门锁

中控门锁系统的工作原理是将电能转化为机械能,通过电动机驱动齿轮,实现电动门锁的功能。以宝马i3车型为例,中控门锁系统的组成如图12-1所示。

1—车身控制器;2—遥控信号接收器;3—车内配电盒;4—前排乘员侧前部车门的中控锁按钮(仅限美规车辆);5—前排乘员侧前部车门触点、中控锁;6—前排乘员侧后部车门触点、中控锁、下部车锁;7—前排乘员侧后部车门触点、中控锁、上部车锁;8—行李舱照明灯;9—驾驶员侧后部车门触点、中控锁、上部车锁;10—抗干扰滤波器;11—带行李舱盖锁的行李舱盖接触开关;12—行李舱盖外侧的行李舱盖按钮;13—驾驶员侧前部车门触点、中控锁;14—驾驶员侧前部车门的中控锁按钮;15—驾驶员侧后部车门触点、中控锁、下部车锁;16—发动机舱盖按钮;17—行李舱盖按钮;18—发动机舱盖锁开锁电动机;19—发动机舱盖锁内的发动机舱盖接触开关

图12-1 中控门锁系统的组成(宝马i3)

大多数中控门锁系统的开关由总开关和分开关组成。总开关装在驾驶员侧的车门上，可将全车所有车门锁住或打开；分开关装在其他各车门上，可单独控制一个车门。门锁执行机构受门锁控制器的控制，执行门锁的锁定和开启任务。它主要有电磁式、直流电动机式和永磁电动机式3种结构。门锁控制器是为门锁执行机构提供锁定/开启脉冲电流的控制装置，具有控制执行机构通电电流方向的功能，同时为了缩短工作时间，具有定时功能。按其控制原理可分为晶体管式、电容式和车速感应式3种。

12.1.2 电动车窗

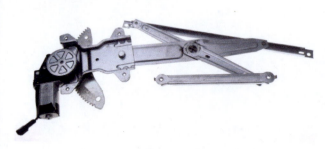

图12-2 叉臂式玻璃升降器的外形

电动车窗由车窗、玻璃升降器、电动机、继电器、开关和电控单元等组成。其中，玻璃升降器根据机械升降机构的不同工作原理，可分为叉臂式、轮绳式和软轴式3种形式。

叉臂式玻璃升降器主要由扇形齿板、玻璃导轨和调节器等组成，其外形如图12-2所示。扇形齿板利用驱动电动机的棘轮进行转动，使玻璃沿导轨上下移动。该种玻璃升降器主要用于玻璃圆弧较大的货车、面包车及中、低档轿车。

绳轮式玻璃升降器由滑轮、钢丝绳、张力器和张力滑轮等组成，如图12-3（a）所示。它通过驱动电动机拉动钢丝绳来控制车窗玻璃的升降，可用于各种玻璃圆弧的车型，但由于安装空间要求较高，主要用于玻璃圆弧较小的中、高档轿车和高档面包车。

软轴式玻璃升降器可用于各种玻璃圆弧的车型，如图12-3（b）所示，但其运行噪声较大，因而主要用于玻璃圆弧适中的面包车和中、低档轿车。

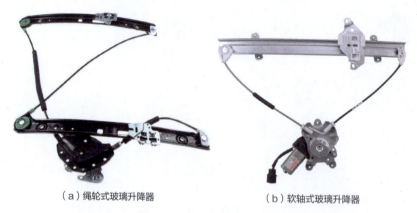

（a）绳轮式玻璃升降器　　　　（b）软轴式玻璃升降器

图12-3 不同的玻璃升降器

12.1.3 电动天窗

全景玻璃天窗是一种电动天窗，与传统滑动/外翻式玻璃天窗相比，它能改善后排乘员的空间感。前部玻璃盖板可向外移动到后部玻璃面上方。后部玻璃盖板是固定的，作为滑动面用于确保车身刚度。为了起到防晒和隔音作用，全景玻璃天窗带有两个全景天窗遮阳卷帘，分别用于前部和后部车顶内衬区域，其组成如图12-4所示。

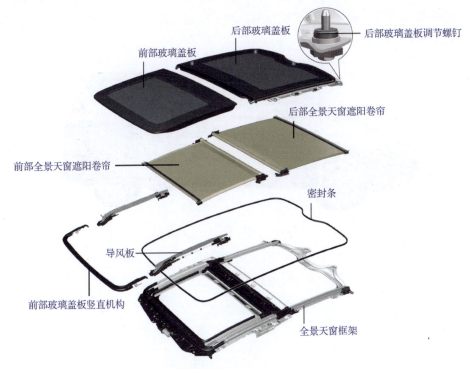

图12-4　全景玻璃天窗的组成

两个全景天窗遮阳卷帘可以无级方式彼此独立地打开和关闭，并在自动关闭期间执行防夹保护功能。相应电动机对前部玻璃盖板和全景天窗遮阳卷帘进行驱动，通过立管将驱动力传至导轨内的滑块。

前部玻璃盖板的全景天窗照明装置触点位于全景天窗框架前部区域的两侧。全景天窗框架的结构如图12-5所示。

图12-5　全景天窗框架的结构

12.1.4 电动滑门

电动滑门是一种可以自动开关的滑动门总成,一般用于MPV车型。它由门钣金、吸合锁系统、滑动门驱动系统、控制模块及防夹系统等组成。电动滑门可以通过中控台、遥控钥匙或车门上的按钮等实现控制,使乘员进入车厢更为方便和舒适。电动滑门开启效果如图12-6所示。

图12-6 电动滑门开启效果

如图12-7所示,电动滑门在机械滑门的基础上新增以下部件:吸合锁系统、防夹系统、滑动门驱动系统与控制模块、开启执行器及内拉手。

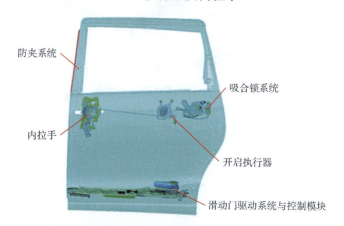

图12-7 电动滑门新增部件

12.1.5 电动吸合门

车门自动软关闭系统,即电动吸合门,又称为磁力吸合门。它主要通过电源的通断来控制车门的闭合。门框上(或门板边缘)装有电磁线圈,当车门打开时,电磁线圈中有电流流过,进而形成磁场,由于磁力作用,当车门关到与门框距离较近时,车门会被自动吸上。

电动吸合门的两个关键是传感器和电动机。无论何时关门,只要动作不过于激烈,传感器都能检测到。例如,当车门关到一半(距离门锁约6mm)时,传感器会检测到这一情况。传感器可以检测到关门的意图,一旦车门锁锁定把手,电动机(安装在每个车门上,包括行李舱)就会开启。电动机的主要作用是将车门紧紧拉合,几乎不产生任何噪声。

传感器装在车门锁内,为霍尔传感器,如图12-8所示。

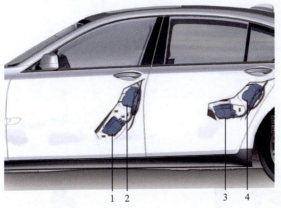

1—驾驶员侧车门传动装置；2—驾驶员侧车门锁；3—驾驶员侧后车门传动装置；4—驾驶员侧后车门锁

图12-8 传感器及传动装置的安装位置

车门锁的内部结构与工作原理如图12-9所示。传动装置的工作原理图如图12-10所示。

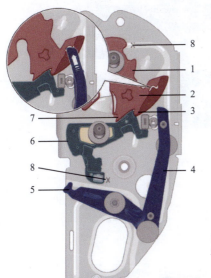

工作原理：
轻轻关闭车门时，碰锁预卡止齿3卡滞在卡爪6上。传动装置拉动操纵杆5。操纵杆通过驱动爪4使碰锁转动，直至转动到碰锁主卡止齿7上方。卡爪此时可卡入碰锁主卡止齿内。因此碰锁锁止，车门锁无法自动打开

1—碰锁；2—碰锁拉爪；3—碰锁预卡止齿；4—驱动爪；
5—操纵杆；6—卡爪；7—碰锁主卡止齿；8—霍尔传感器

图12-9 车门锁的内部结构与工作原理

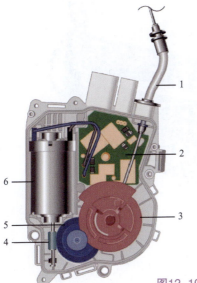

工作原理：
电动机6轴上有一个两级驱动蜗杆4，该蜗杆可使自动软关装置向"关闭"方向驱动。驱动蜗杆的转动通过中间齿轮5传递到拉线驱动齿轮3上，该齿轮将转动传递到拉线1上。也就是说，通过拉线拉动车门锁内的操纵杆，使车门完全关闭

1—拉线；2—电子控制装置；3—拉线驱动齿轮；
4—驱动蜗杆；5—中间齿轮；6—电动机

图12-10 传动装置的工作原理

12.1.6 电动翼门

图12-11所示为宝马i8车型的电动翼门。翼门向上打开，可以彰显车辆的运动特性。与传统钢制车门结构相比，电动翼门由更多的独立部件组成。碳制车门结构和其余塑料部件，以及钢制和铝合金加强件共同确保结构的重量较轻且非常坚固。翼门外部面板由铝合金制成，与翼门结构粘接在一起。

图12-11　宝马i8车型的电动翼门

车门铰链和车门止动器采用针对电动翼门的设计。翼门通过车门止动器保持开启状态。车门铰链通过螺栓与碳制车门结构固定在一起。为此在生产过程中将金属嵌件粘接在A柱内，用于确保螺栓连接和粘接牢固。电动翼门的结构如图12-12所示。

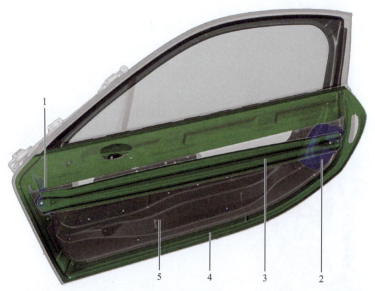

1—钢制车门铰链固定装置；2—钢制车门锁固定装置；3—铝合金制侧面碰撞保护装置；
4—铝合金制车门外部面板和卷边条；5—碳制车门结构

图12-12　电动翼门的结构

电动翼门的连接件如图12-13所示。

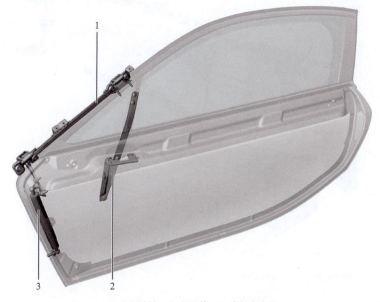

1—车门铰链；2—加强件；3—车门止动器

图12-13　电动翼门的连接件

12.1.7　电动折叠车顶

活动硬顶总成属于电动折叠车顶，它是一种典型的机电液一体化产品。其主要特点是核心部件集成度高，采用机电液一体化的结合形式。活动硬顶总成的组成如图12-14所示。

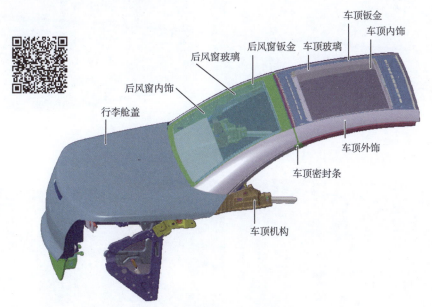

图12-14　活动硬顶总成的组成

通过硬顶液压单元液压缸的往复运动，推动硬顶四连杆及行李舱盖六连杆机构，实现硬顶伸缩及行李舱盖开合的指令动作，如图12-15所示。

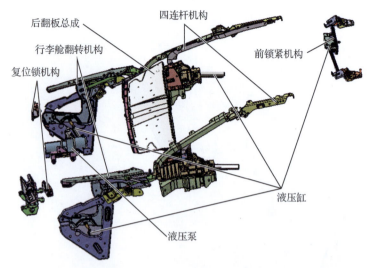

图12-15 液压操纵机构部件

12.1.8 电动闭合装置维修

12.1.8.1 车窗调节器拆装

车窗调节器的拆卸步骤如下：

（1）降下车窗，直到看到车窗固定支架为止。拧下车窗固定支架的螺母，拆卸车窗。

（2）分离车窗电动机的插接器，拧下车窗调节器的固定螺栓，如图12-16所示。

图12-16 分离插接器并拆卸车窗调节器的固定螺栓

（3）从车门上拆卸车窗调节器，如图12-17所示。

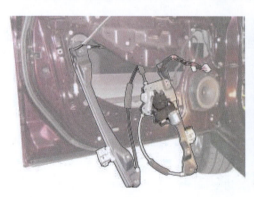 

（a）驾驶员侧车门　　　　　　　　　　（b）前排乘员侧车门

图12-17 拆卸车窗调节器

按与拆卸相反的顺序安装车窗调节器。

12.1.8.2 电动车窗故障诊断

电动车窗常见故障的诊断与排除见表12-1。

表12-1 电动车窗常见故障的诊断与排除

故障现象	原因分析	排除方法
全部车门的电动车窗不能工作	电动车窗的电源故障	检修电源电路
	线束插头接触不良	检修线束插头
	相关搭铁点接触不良	检修搭铁点故障
	线束故障	检修线束,必要时更换线束
	车身控制模块(BCM)故障	检修BCM,必要时更换BCM
只有左前门的电动车窗不能工作	左前门车窗开关故障	检查左前门车窗开关信号
	线束插头接触不良	检修线束插头
	相关搭铁点接触不良	检修搭铁点故障
	线束故障	检修线束,必要时更换线束
	BCM故障	检修BCM,必要时更换BCM
只有右前门的电动车窗不能工作	右前门车窗开关故障	检查右前门车窗开关信号
	线束插头接触不良	检修线束插头
	相关搭铁点接触不良	检修搭铁点故障
	线束故障	检修线束,必要时更换线束
	BCM故障	检修BCM,必要时更换BCM
只有右后门的电动车窗不能工作	线束插头接触不良	检修线束插头
	相关搭铁点接触不良	检修搭铁点故障
	线束故障	检修线束,必要时更换线束
	乘员车窗禁止开关故障	检修乘员车窗禁止开关,必要时更换
只有左后门的电动车窗不能工作	线束插头接触不良	检修线束插头
	相关搭铁点接触不良	检修搭铁点故障
	线束故障	检修线束,必要时更换线束
	乘员车窗禁止开关故障	检修乘员车窗禁止开关,必要时更换
电动车窗锁定开关不起作用	线束故障	检修线束,必要时更换线束
	后窗禁止开关故障	检修后窗禁止开关,必要时更换
遥控器不能操作车窗	使用环境有电磁干扰	移动至无干扰的环境再次测试
	遥控器故障	检查遥控器电池,必要时更换遥控器
	电动车窗的电源故障	检修电源电路
	线束插头接触不良	检修线束插头
	相关搭铁点接触不良	检修搭铁点故障
	线束故障	检修线束,必要时更换线束
	BCM故障	检修BCM,必要时更换BCM
	无钥匙进入起动系统(PEPS)故障	检修PEPS,必要时更换PEPS模块

12.1.8.3 天窗控制单元与电动机总成拆装

（1）通过天窗开关完全关闭天窗。

（2）拆卸遮阳板、助手席把手、前立柱、B柱，以使前部倾斜（小心不要损坏前部）。

（3）拆卸天窗控制单元的插接器，如图12-18所示。

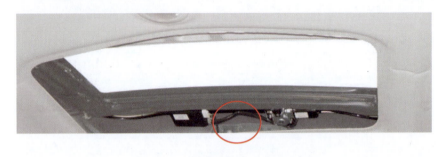

图12-18　天窗控制单元的插接器

（4）拧下安装螺钉，拆卸天窗控制单元。注意：安装天窗控制单元时，应将天窗导轨完全固定到天窗控制单元的槽内并拧紧螺钉，如图12-19所示。

图12-19　拆卸天窗控制单元

（5）从天窗电动机上拆卸插接器。

（6）使用专用扳手拧下3个固定螺栓，从天窗导轨上拆卸电动机总成，如图12-20所示。

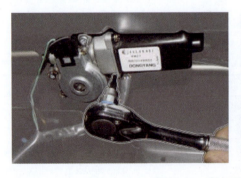 

图12-20　拆卸天窗电动机总成

按与拆卸相反的顺序安装天窗控制单元与电动机总成。

12.1.8.4　电动天窗故障诊断

电动天窗常见故障的诊断与排除见表12-2。

表12-2　电动天窗常见故障的诊断与排除

故障现象	原因分析	排除方法
天窗漏水	相关导水管堵塞	检修相关导水管的导通性
	相关导水管脱落	重新连接相关导水管
	天窗密封条安装不到位	重新安装天窗密封条
	天窗密封条老化、损坏	更换天窗密封条
天窗开启或关闭时异响	天窗导轨有杂物、沙粒	清洁天窗导轨
	天窗导轨润滑不良	向天窗滑轨上涂抹少量的黄油
天窗关闭不严	天窗没有初始化	重新进行天窗初始化操作
	天窗自然磨损	重新进行天窗初始化操作
	天窗关闭接触面有杂物	清洁天窗相关接触面
天窗开闭功能失效	天窗相关熔丝熔断	检查电路正常后，更换熔丝
	天窗电源、搭铁故障	检查天窗电路情况
	天窗开关电路故障	检查开关电路情况
	天窗开关故障	更换天窗开关
	天窗电动机故障	更换天窗电动机总成
	天窗总成机械故障	更换天窗总成
天窗起翘功能失效	天窗没有初始化	重新进行天窗初始化操作
	天窗模块故障	更换天窗电动机总成

12.1.8.5　电动吸合门初始化设置

侧门的自吸合门锁如因误操作导致内（外）把手失效，可以按照下述操作进行初始化使之恢复功能。

（1）打开门护板杯托处的应急开关装饰盖，拉动应急拉线打开车门。

（2）断开整车电源，手动将棘轮推到全锁状态。

（3）接通整车电源，拉动一次内（外）把手（全程手动保持棘轮全锁）。

（4）闭锁器自动执行一个3～5s的完整自检和回位程序，结束时会发出"哒"声响。

（5）稍微用力将棘轮从全锁状态位置拨开。

（6）手动将棘轮直接推到全锁，拉动内（外）把手解锁。

（7）功能恢复。

若上述步骤重复两次及以上仍不能恢复功能，则应排查其他原因或考虑更换新锁。

第2节　电动调节装置

12.2.1　电动后视镜

现代汽车的后视镜开始采用电动模式，改由电气控制系统操纵，即为电动后视镜。

驾驶人可以在车内通过按钮对电动后视镜的角度进行调节，以获得良好的后方视野；驾驶人在倒车时，通过调节功能让电动后视镜向下翻转（前进挡时电动后视镜会自动回位），以便于观察车辆与路边的距离，避免发生刮蹭；现代轿车的电动后视镜为伸缩式，并且具有位置记忆功能。电动后视镜的执行部件与开关组件如图12-21所示。

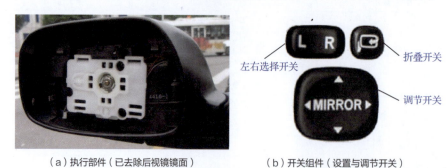

（a）执行部件（已去除后视镜镜面） （b）开关组件（设置与调节开关）

图12-21 电动后视镜的执行部件与开关组件

电动后视镜调节开关的安装位置因车型不同而不同，大部分都安装在驾驶室侧门的内饰板上，可以随意进行切换。每个电动后视镜内都安装了两套微型电动机和驱动器。微型电动机可以在一个方向上正反转动，其中一套操纵电动后视镜前后运动，另一套操纵电动后视镜左右摆动。按下电动后视镜的调节开关，电流将导入左电动后视镜或右电动后视镜的电动机，并选择电压极性，电动机按选定的方向转动，直至电动后视镜调整到所需位置。

12.2.2 电动转向柱

带调节装置的电动转向柱可使驾驶人通过无级调节转向盘获得符合人机工程学设计的最佳座椅位置和驾驶位置。电动转向柱的调节装置如图12-22所示。

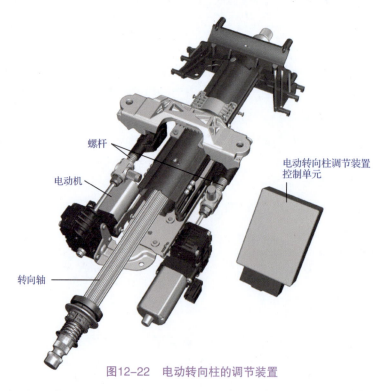

图12-22 电动转向柱的调节装置

12.2.3 电动隐形把手

隐藏式外把手的回缩状态可使车身侧门更加简洁，从而减小车辆宽度尺寸，并在行驶时降低风阻。同时，在锁车和停车状态防止外部拽拉，避免由此引发的安全问题。通过电动机实现手柄自动外伸及回缩，如果配备主动无钥匙进入系统，当用户靠近车辆外拉手时会主动伸出。

平摆式隐形把手自带控制器，左、右前把手带微动开关，如图12-23所示。

电动隐形把手的工作原理如图12-24所示。

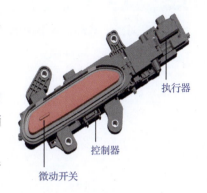

图12-23 平摆式隐形把手的结构

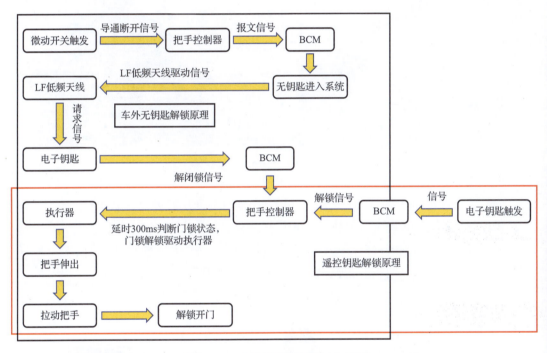

图12-24 电动隐形把手的工作原理

遥控钥匙的控制原理如图12-25所示。

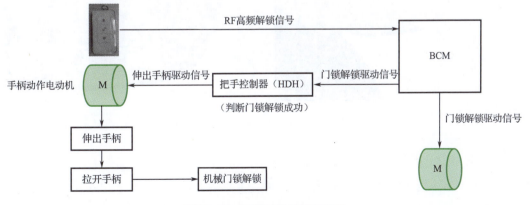

图12-25 遥控钥匙的控制原理

12.2.4 电动调节装置维修

12.2.4.1 电动后视镜拆装

电动后视镜拆卸步骤如下：

（1）先拆下前车门饰板，再拆下调整销和前车门上部饰板。

（2）断开电动后视镜电气插接器和线束固定器，如果配备摄像头电气插头，则应一起断开。

（3）拧下紧固螺栓，拆卸电动后视镜总成，如图12-26所示。

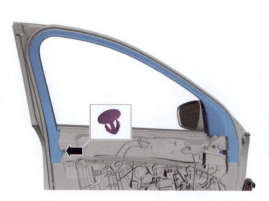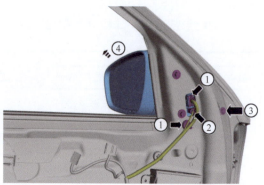

图12-26　拆卸前车门上部饰板和固定部件

（4）将后视镜玻璃完全朝上放置，使用一字螺钉旋具从后视镜下部外侧开始拧松固定凸舌，继续环绕后视镜进行操作，直到松开所有固定部件。

（5）断开后视镜玻璃电气插头，拆下后视镜玻璃；拧下后视镜电动机的螺钉，断开连接线束，松开锁片并取下后视镜电动机，如图12-27所示。

按与拆卸相反的顺序安装电动后视镜。

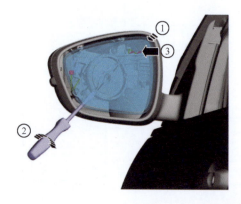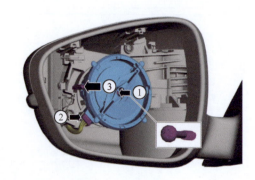

图12-27　拆卸后视镜玻璃和电动机

12.2.4.2 电动后视镜故障诊断

电动后视镜常见故障的诊断与排除见表12-3。

表12-3 电动后视镜常见故障的诊断与排除

故障现象	原因分析	排除方法
电动后视镜不工作	蓄电池电压过低	蓄电池充电或更换蓄电池
	相关熔丝熔断	检查相关电路正常后,更换熔丝
	后视镜控制开关失效	更换后视镜控制开关
	后视镜电动机失效	更换电动后视镜总成
	相关电路短路或断路	修理或更换相关线束
	相关插接器接触不良	修理插接器或更换线束
	相关搭铁不良	修理相关搭铁或更换线束
后视镜控制与执行方向不一致	相关电路连接不正确	调整相关电路

第3节 刮水器与洗涤器

12.3.1 刮水与洗涤系统

刮水系统主要由刮水器、组合开关刮水器控制杆、自动及间歇控制单元和回位控制单元等组成,具有自动、慢速、快速等不同的刮水功能。

洗涤系统主要由洗涤器、控制开关等组成。向里拨动组合开关右手柄,洗涤器通电工作;向前拨动组合开关右手柄,风窗喷射洗涤液。BCM通过检测通电时间,控制刮水器动作次数以清洁玻璃。

以宝马i3车型为例,刮水与洗涤系统的组成如图12-28所示。

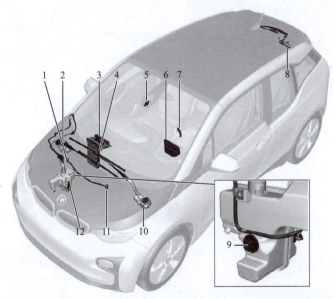

1—右侧清洗喷嘴;2—右侧刮水器电动机;3—车内配电盒;4—车身控制器;5—晴雨/光照/水雾传感器;6—组合仪表;7—转向柱开关中心上的组合开关;8—后窗玻璃刮水器及传动装置;9—清洗液液位传感器;10—左侧刮水器电动机;11—左侧清洗喷嘴;12—车窗玻璃清洗泵电动机

图12-28 刮水与洗涤系统的组成(宝马i3)

12.3.2 刮水器与洗涤器维修

12.3.2.1 更换刮水器片

在关闭点火开关20s以内,将刮水器开关调至点动挡位,刮水器将运动到顶端位置并保持静止不动,如图12-29所示,在该位置可以更换刮水器片。

图12-29 刮水器片维修位置的设置

12.3.2.2 刮水器总成拆装

刮水器总成的拆卸步骤如下:

(1)拧下刮水器片上的固定螺母,在打开或拆卸发动机舱盖的状态下进行作业。

(2)关闭发动机舱盖,拆卸刮水器片,如图12-30所示。

图12-30 拆卸刮水器片

(3)拆卸风窗玻璃下饰板固定夹,从左侧分离风窗玻璃下饰板(驾驶员侧),如图12-31所示。

图12-31 拆卸风窗玻璃下饰板固定夹

（4）分离连接到刮水器连杆上的刮水器电动机的插接器和风窗玻璃热线插接器。

（5）从刮水器连杆上拧下固定螺母，如图12-32所示。

图12-32　拧下固定螺母

（6）在从拆下的刮水器连杆上拧下固定螺母（1个）和螺栓（3个）后，拆卸刮水器电动机，如图12-33所示。注意在拧下刮水器电动机的中央固定螺母前做对正标记。

图12-33　拧下刮水器连杆上的固定螺母和螺栓

按与拆卸相反的顺序安装刮水器总成。

12.3.2.3　刮水与洗涤系统故障诊断

刮水与洗涤系统常见故障的诊断与排除见表12-4。

表12-4　刮水与洗涤系统常见故障的诊断与排除

常见故障	原因分析	排除方法
停止工作	运动部份卡死	排除卡死故障
	电源不通，插接件线头脱落	接通电源
	电动机烧毁	更换电动机
	BCM故障	更换BCM
异响，工作异常	电动机内部发生异响	更换电动机
	连动机构在运动中有擦碰现象	排除擦碰故障
	刮水器片与玻璃之间发生异响	将玻璃清洗干净
在刮刷过程中，刮水器片出现抖动	风窗玻璃表面不干净	清洁风窗玻璃，并在洗涤水壶中加入洗洁精，使喷水刮刷时的摩擦减少
回位后的刮水器片无法达到水平状态	刮水器臂变形，导致刮水器片与玻璃贴合角度异常	调整刮水器臂，使刮水器片与玻璃保持垂直贴合
	刮水器臂安装不到位	电动机回位后，取下刮水器臂重新安装，使刮水器片保持水平
刮不干净	风窗玻璃不干净	将玻璃清洗干净
	刮水器片磨损严重	更换刮水器片（建议每3个月更换一次）

第13章 汽车电热与电声装置

第1节 电气加热装置

13.1.1 座椅加热器

座椅加热器利用座椅内的电加热丝对座椅内部进行加热,并通过热传递将热量传递给乘坐者,从而改善冬季座椅过凉导致的乘坐不舒适感。座椅加热器的基本结构:下层是一层无纺布,加热丝通过固定胶带固定在无纺布上,针织布盖在固定胶带上,通过针织线缝制成类似座椅加热处的形状,并缝合在座椅罩内。

汽车的座椅加热和座椅通风是有区别的,如图13-1所示。在选择座椅加热功能后,整个座椅都会被加热。在选择座椅通风功能后,坐垫和靠背内的4个轴流风扇都开始工作。为了防止乘员身体过冷,座椅会根据所选挡位情况自动加热。当座椅温度低于15℃时,风扇电动机停止工作,座椅通风功能关闭。

(a) 只有座椅加热(带有侧肋加热)

(b) 只有座椅通风

(c) 座椅通风+座椅加热

图13-1 汽车的座椅加热与座椅通风

13.1.2 点烟器

13.1.2.1 点烟器功能

点烟器是汽车的一个用电设备。传统的点烟器从汽车电源取电,通过加热金属电热片或金属电热丝等电热单元,实现点烟功能。随着汽车的发展和人们需求的不断变化,点烟器接口通常会配置车载逆变器,可为移动电子设备充电。汽车点烟器实物如图13-2所示。

图13-2 汽车点烟器实物

13.1.2.2 点烟器故障排除

点烟器故障排除步骤见表13-1。

表13-1 点烟器故障排除步骤

步骤	措施	是	否
1	将电源置于ACC状态,用一个测试灯连接点烟器的正、负两极,观察测试灯是否点亮	至步骤2	至步骤3
2	更换点烟器		
3	将电源置于ACC状态,检查点烟器熔丝处是否没有12V ACC电源输出,熔丝是否烧断	至步骤4	至步骤5
4	检查仪表保险装置供电,更换相关熔丝		
5	检查点烟器正极至点烟器熔丝连接电路,以及负极至车身搭铁连接电路是否正常		至步骤6
6	修理点烟器正极至点烟器熔丝连接电路,以及负极至车身搭铁连接电路		

13.1.3 除霜器

在冬季,汽车风窗玻璃结霜会给人们的驾车出行带来很大不便和困扰。目前,主要有3种除霜方式,分别是车载暖风除霜系统、带有电阻丝的电热玻璃除霜,以及使用汽车防雾剂和防雾贴膜的除霜。大部分汽车的风窗玻璃除霜装置利用暖风装置的热空气吹向玻璃的方法达到除霜的目的。该装置由鼓风机、进出暖风风管及除霜喷口等组成。暖风的进口与车内暖风装置的风管相连,以便直接用暖风将覆盖于风窗玻璃外表面的霜和冰雪融化,从而消除风窗玻璃内表面的雾气。

对后窗玻璃的除霜,不少汽车选择热电式除霜器。热电式除霜器将电阻丝直接加工嵌入玻璃层内(可以看到的红线),如图13-3所示。它利用汽车自己的电流加热电阻丝,以达到除霜目的,但红线会影响视线,因而仅用于后窗。该装置的工作原理是在打开加热开关后,由电阻丝快速加热后窗玻璃,使玻璃温度升高,进而使附着在玻璃上的霜雾消融,最终达到除霜目的。

(a)后窗玻璃中的电阻丝(红线)

(b)加热开关(REAR)

图13-3 热电式除霜器与操作开关

第2节 电气发声装置

13.2.1 喇叭

13.2.1.1 电喇叭概述

汽车喇叭的主要作用是发出声音,以提示车辆和行人注意安全,增加行驶的安全性。它具有多种类型,按声音动力分为气喇叭和电喇叭两种;按外形分为筒形、螺旋形和盆形3种;按发声频率分为高音喇叭和低音喇叭两种。

电喇叭的工作原理是利用电磁吸力使金属膜片振动而产生声音。它是汽车上广泛使用的一种喇叭,按结构形式分为筒形、螺旋形和盆形3种,一般多制成螺旋形或盆形,如图13-4所示。

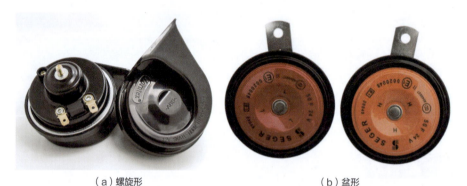

(a)螺旋形　　　　　　　　　(b)盆形

图13-4　电喇叭实物

常用的电喇叭按照工作方式可以分为机械式和电子式两种。其中,电子式喇叭又分为触点式和无触点式两种。触点式电喇叭利用触点的闭合与断开控制电磁线圈中励磁电流的通断,从而使铁心(或衔铁)按照一定频率上下移动,并带动金属膜片振动而产生声音;无触点式电喇叭利用电子线路来控制电磁线圈中励磁电流的通断,使铁心按照一定频率移动,并带动金属膜片振动而产生声音。不同电喇叭的结构如图13-5所示。

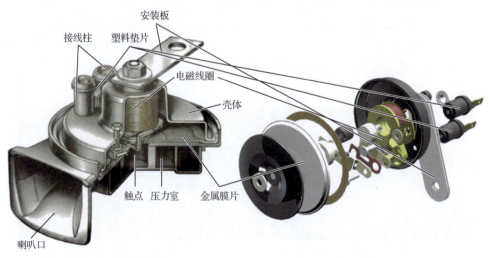

(a)螺旋形电喇叭　　　　　　　　　(b)盆形电喇叭

图13-5　不同电喇叭的结构

13.2.1.2 电喇叭常见故障诊断

电喇叭常见故障的诊断与排除见表13-2。

表13-2 电喇叭常见故障的诊断与排除

故障现象	原因分析	排除方法
电喇叭不能工作	电路故障	检查电路
	搭铁不良	检查搭铁
	喇叭故障	更换喇叭
	喇叭开关搭铁不良	检查搭铁
	喇叭开关故障	更换喇叭开关
	车身控制模块（BCM）电源故障	检查BCM电源
	BCM搭铁故障	检查BCM搭铁
	BCM故障	检查BCM，必要时更换
电喇叭声音异常	喇叭端子接触不良	修正不良接触
	搭铁接触不良	修正不良接触
	喇叭总成固定螺栓松动	按标准紧固喇叭总成固定螺栓
	喇叭总成与其他物体接触	重新确定其他物体的正确位置，必要时可弯曲喇叭总成支架
	喇叭含有粘附的异物	去除任何粘附的异物
	喇叭总成故障	更换喇叭总成

13.2.2 发动机声音模拟器

与传统燃油车辆相比，电动汽车在低速行驶时产生的噪声很小。因此，一些国家要求有外部声响，以便让人容易感觉到车辆。针对上述要求，车辆需要安装以下部件：电机声响生成控制单元和电机声响生成执行器，如图13-6所示。

电机声响生成控制单元负责激活电机声响生成执行器。该控制单元连接在扩展CAN总线上，能够分析车速和负荷等信息，以便产生声音。

在电动汽车行驶中，电机声响生成执行器会产生声音，但在车速超过约30km/h时会减小。当车辆停驻或车速超过50km/h时，电机声响生成执行器不产生声音。该执行器产生的声效类似于燃油车辆发动机运行时的声音，属于发动机声音模拟器。

图13-6 发动机声音模拟器

第14章
汽车多媒体信息系统

第1节 音响系统

14.1.1 音响系统组成

  汽车音响系统主要包括主机（音源）、功率放大器（功放）及扬声器等部件。大多数汽车使用收音机、CD、DVD等作为音源，也就是常说的主机。汽车的收音机包括天线、接收装置、扬声修正、可听频率增幅及扬声器系统5个部分。其中，天线用于接收广播电台发射的电波，并通过高频电缆向无线电调频装置传送；接收装置通过无线电调谐装置有选择地接收电台发射的高频电磁波，并解调为音频电信号。功率放大器的作用是将微弱的音频信号放大到可推动扬声器的功率。扬声器是最终决定车内音响性能的重要部件。

  扬声器口径的大小和安装方法、位置是决定音响性能的重要因素，为了实现立体声音响，车上至少需要安装2个扬声器。以奥迪A3车型为例，基础音响系统的布置如图14-1所示。

图14-1 基本音响系统的布置（奥迪A3）

14.1.2　音响系统维修

14.1.2.1　音响主机拆装

音响主机的拆卸步骤如下：

（1）断开蓄电池负极接线。

（2）将U形工具插入控制面板内握紧，直接拉出控制面板，在拔掉线束后取出音响主机，如图14-2所示。

图14-2　断开蓄电池负极接线并拆卸控制面板

（3）断开主机背面的线束插头和信号线。

（4）取出音响主机单元，如图14-3所示。

图14-3　断开插接件并取出音响主机单元

按与拆卸相反的顺序安装音响主机。

14.1.2.2　音响系统故障诊断

音响系统常见故障的诊断与排除见表14-1。

表14-1　音响系统常见故障的诊断与排除

步骤	故障现象	故障特征	故障分析	故障排除
1	收音机故障	收音机信号差	电路短路或断路	检修天线与天线放大器的连接电路和天线放大器与无机芯导航的连接电路是否损坏，必要时更换受损部件
			外部环境信号干扰	避免信号干扰源
			音响主机损坏	更换音响主机
		收音机有不正常的噪声	天线及信号线短路、断路	检修天线及信号线
			天线放大器无法过滤杂波信号或无法放大接收的信号	更换天线放大器

续表

步骤	故障现象	故障特征	故障分析	故障排除
2	音响主机背光灯不亮	音响主机无背光或损坏	电路短路或断路	检修电路或更换音响主机
			音响主机损坏	
3	左前全屏扬声器无声音	扬声器损坏或无音频信号	电路短路或断路	检修电路或更换音响主机
			扬声器损坏	
			音响主机损坏	
4	重低音扬声器无声音	扬声器损坏或无音频信号	熔丝烧断	检查并更换熔丝
			线路或电路短路或断路	检修音频信号线路和功放电源、搭铁电路
			重低音扬声器损坏	更换重低音扬声器
			功放无音频信号输出	更换功放
			音响主机无音频信号输出到功放	更换音响主机
5	音响主机不工作	音响主机损坏或不通电	熔丝烧断	检修电路或更换主机部件
			电路短路或断路	
			音响主机损坏	
6	车联网信息无法在显示屏中显示	电路故障	电路短路或断路	检修车联网控制模块与音响主机的连接电路
		车联网模块无法接收信息或信息无法发出	车联网模块损坏	更换车联网控制模块
		音响主机无法接收车联网模块信息	音响主机损坏	更换音响主机
7	显示屏无法工作	音响主机屏幕不清晰或不显示	系统故障	关闭电源,重启系统; 重新打开ACC,重启系统; 关闭发动机和一键起动开关,等待1min后重启系统; 断开蓄电池负极电缆,重启系统
			电路短路或断路	检修音响主机显示屏背光控制电路
			音响主机损坏	更换音响主机
8	显示屏触摸不良	显示屏触摸不灵敏	触摸屏未校准	按面板上的SET键,进入主机通用设置界面,选择屏幕校准
9	未能检测到SD卡	SD卡损坏或检测不到SD卡	所使用的卡不是SD卡	使用指定的SD卡
			SD卡的金属接触面上有脏物或损坏	检查SD卡有无脏物或损坏
			SD卡变形	更换SD卡
			不支持所使用的SD卡	改用质量有保证的品牌SD卡

第2节 通信系统

14.2.1 导航系统

导航系统通过全球定位系统(GPS)的数据计算车辆的位置,如图14-4所示。GPS

可以准确确定位置、速度和时间，它由24颗专用卫星构成。这些卫星分布在6个轨道面上，每隔12h绕地球一周。

GPS根据接收地点至多个卫星的距离确定位置。一颗卫星不足以确定位置，接收装置可能处在以卫星为中心、以已知距离为半径的一个球面上的任意一点。如果已知接收装置位于地球表面，则会减小其在圆周上的位置。当收到两颗卫星传递的信号时，会在两个圆的交点处获得两个位置。只有使用3颗或多颗卫星才能得到一个交点，进而确定具体位置，如图14-5所示。由于卫星的移动会造成球中心点的位置快速变换，故不能直接测量至卫星的距离。

图14-4　全球定位系统

GPS解决距离测量问题的方式如下：所接收的信号带有发送时间，即信号发送时的 GPS 系统时间。接收装置在获得 GPS 系统时间后，可以通过发送时间和接收时间之差来确定运行时间。在一般情况下，接收装置无法识别 GPS 系统时间内的接收时间，因而需要第4颗卫星的信号。

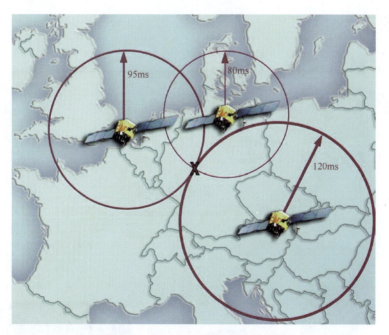

图14-5　通过3颗卫星信号计算位置

每颗卫星中都装有一个高精度原子钟，需要通过地球上的5个主控站使各卫星的原子钟同步。

汽车GPS导航仪的运行不仅需要GPS，还需要一个汽车导航系统。因为GPS只能接收卫星发送的信号，计算用户的三维位置、方向，以及运动速度和时间方面的数据，没有路径计算能力。用户手中的GPS接收设备要想实现路线导航功能，还需要一套完善的包含硬件设备、电子地图、导航软件在内的汽车导航系统。一个完整的汽车GPS导航仪主要由芯片、天线、处理器、内存、显示屏、扬声器、按键、扩展功能插槽、地图导航软件9个部分组成。

提供行驶路线规划是汽车导航系统的重要功能，主要包括自动路线规划和人工路线设计。自动路线规划是由驾驶人确定起点和目的地，由计算机软件自动设计最佳行驶路线，包括最快的路线、最简单的路线、通过高速公路线路最少的路线。人工线路设计是由驾驶人根据自己的目的地设计起点、终点和途径点等，自动建立路线库。线路规划完毕后，电子地图上能够显示设计路线，并显示汽车运行路径和运行方法。

14.2.2 车载电话

在带有集成式SIM卡和应急运行特性的车辆上，远程通信系统盒（TCB）一直充当车载网络失灵时（通过独立电池应急供电）的调制解调器。无论是宝马远程售后服务还是ConnectedDrive服务（包括ASSIST、ONLINE、远程和互联网）都使用该调制解调器。紧急呼叫GSM天线一直是一个独立部件，通过硬线（实际存在的线路）与TCB连接。

新款宝马7系通过使用两根集成式远程通信系统天线（TEL1和TEL2）来确保更好的LTE数据接收质量。目前，集成式紧急呼叫天线（备用）也用作车内WLAN热点的"集线器"。TCB2车载网络连接如图14-6所示。

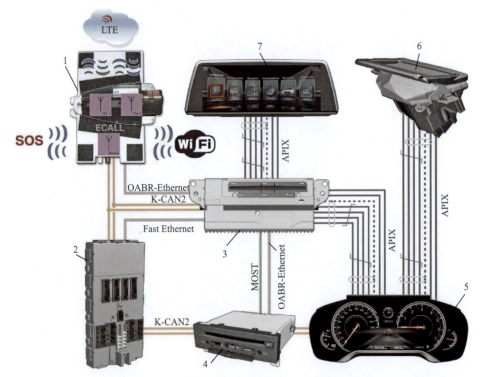

1—TCB2与鲨形天线组合；2—车身域控制器；3—Headunit High 2；4—后座区娱乐系统控制单元；
5—组合仪表；6—平视显示屏；7—中央信息显示屏

图14-6 TCB2车载网络连接

带有TCB2的Headunit系统框图如图14-7所示。

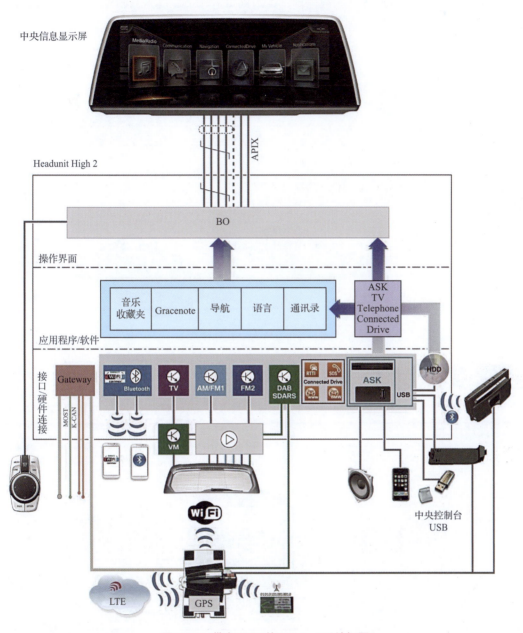

图14-7　带有TCB2的Headunit系统框图

14.2.3　蓝牙通信

蓝牙技术（Bluetooth^{TM}）是爱立信公司开发的能够支持设备短距离通信（一般在10m以内）的无线技术，其标志如图14-8所示。

图14-8　蓝牙技术的标志

蓝牙模块的功能包括蓝牙车载电话、AMI接口蓝牙适配器及VAS 5052A蓝牙接口，如图14-9所示。

图14-9 蓝牙模块的功能

14.2.4 汽车天线

汽车天线根据外观不同主要分为3种形式：鞭形天线、鳍形天线和内置天线。以奥迪A6L车型为例，天线位于车辆后部和车顶上，如图14-10所示。

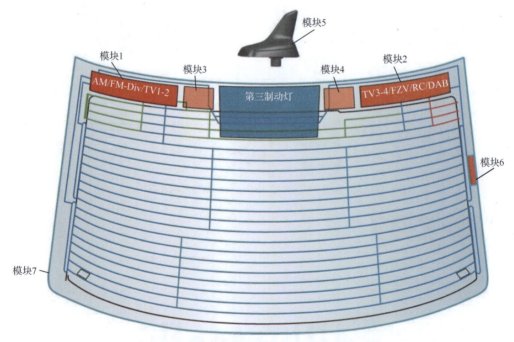

模块1—收音机/天线放大器；模块2—遥控中央门锁/天线放大器；模块3—GPS导航天线；模块4—手机天线/电话、导航和驻车加热天线；模块5—车顶天线/收音机、电话和导航天线；模块6—带阻滤波器；模块7—Telepass天线

图14-10 汽车天线（奥迪A6L）

第3节　车载计算机系统

车载计算机系统简称车机系统，其中的车载计算机是指中央控制台中的影音通信娱乐主机。

14.3.1　集成式信息处理模块

大众汽车的模块化信息娱乐系统MIB，分为入门版、标准版和高级版3个扩展等级。这种模块化理念的核心是为收音机和导航设备开发一种可以提供不同功能的统一的系统结构，即所有版本的信息娱乐系统在系统和功能结构方面都是相同的。有的还在模块化结构中加入个人娱乐、多媒体和电信电气设备研发方案，为终端用户提供更多的服务。例如可以接收并显示广播电台的电台徽标，以及不同版本的终端设备可以具备各种接口。所有设备均配备触摸屏。大众MIB的组成部件如图14-11所示。

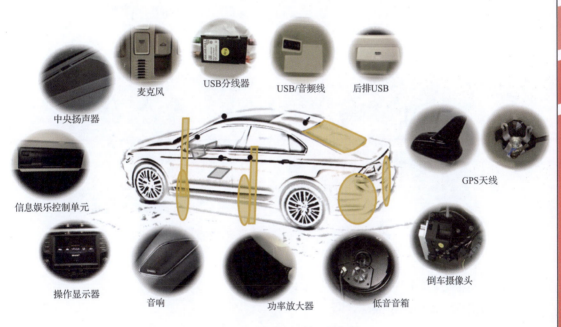

图14-11　大众MIB的组成部件

大众MIB的部件连接关系如图14-12所示。

14.3.2　车机系统维修

14.3.2.1　影音单元的拆装

（1）拆卸中央控制台面板。

（2）从影音前部单元和AC控制面板上拧下4个固定螺钉。

（3）拆卸影音前部单元的插接器和所有连接线束，如图14-13所示。

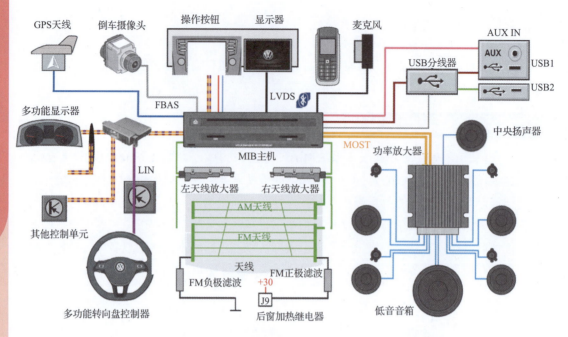

图14-12 大众MIB的部件连接关系

图14-13 拆卸固定螺钉并断开所有连接

（4）拆下影音单元。

按与拆卸相反的顺序安装影音单元。

14.3.2.2 车机系统故障诊断

车机系统常见故障的诊断与排除见表14-2。

表14-2 车机系统常用故障的诊断与排除

故障现象	原因分析	排除方法
不开机	系统电源或汽车蓄电池熔丝烧断	更换相同型号的熔丝
	系统处于未定义状态	按复位键
无声音输出或音量较小	连线不正确	检查并更正连线方式
	音量设置过小	增大音量
	扬声器故障	更换扬声器
	音量平衡设置偏差大	将音量平衡设置到中间位置

续表

故障现象	原因分析	排除方法
收音机有噪声或杂声	机后天线插座接触不良	重新连接天线插座
	收音机处于偏远地带，信号较差	离开问题区域后恢复正常
	汽车处于很大的干扰区（雷达等重要区域）	离开问题区域后恢复正常
USB读取失败	USB延长线接触不良	重新连接
	USB文件系统格式不对	重新格式化USB，选择文件系统格式为FAT32
	USB损坏	更换USB
	文件格式不对	转换为可支持的文件格式
GPS无信号	卫星调试	询问其他用户是否有同样现象
	接收环境不好	离开问题区域后恢复正常
不能进入GPS	无地图卡或松动	插入地图卡
	地图卡损坏	购买新的地图卡
导航黑屏	GPS处于未定义状态	关闭发动机，待显示屏完全关闭后（系统关闭），再次起动发动机
GPS道路指示不对，部分地点检索失败	GPS有误差，系统无法识别	注意行驶路线，及时观察路标
	新增道路或信息点	地图版本与实际情况不符，应升级
蓝牙无法连接	蓝牙设备工作异常	对于手机蓝牙，可以先关闭手机蓝牙，再打开重新搜索
倒车后视无影像	连接异常	检查线路

第15章 汽车空调系统

第1节 空调系统概述

15.1.1 空调系统的组成

现代汽车空调系统由制冷系统、暖风系统、通风和空气净化装置及控制系统组成，部分组成部件如图15-1所示。

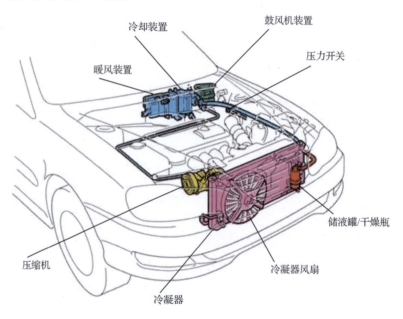

图15-1 汽车空调系统的部分组成部件

汽车空调按驱动方式可分为独立式和非独立式。独立式空调专用一台发动机驱动压缩机，因而制冷量大、工作稳定，但成本高、体积及质量大，多用于大、中型客车；非独立式空调的压缩机由汽车发动机驱动，制冷性能受发动机的性能影响较大，稳定性差，多用于小型客车和轿车。

汽车空调按性能可分为单一功能型和冷暖一体式。前者将制冷系统、暖风系统、通风装置分开安装、单独操作，保证互不干扰，多用于大型客车和货车；后者的制冷系统、暖风系统与通风装置共用鼓风机和风道，在同一控制板上进行控制，工作时可分为冷暖风分别工作的组合式和冷暖风同时工作的混合调温式。轿车多用混合调温式。

汽车空调按控制方式可分为手动式和自动式。前者通过拨动控制面板上的功能键对温度、风速、风向进行控制；后者利用计算比较电路，通过传感器信号及预调信号控制机构工作，自动调节温度和风量。

以大众捷达车型为例，汽车空调系统的组成如图15-2所示。

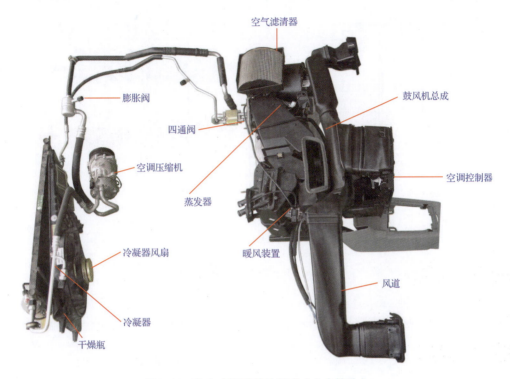

图15-2　汽车空调系统的组成（大众捷达）

膨胀阀安装在蒸发器入口的前方，如图15-3所示。它对液体管路中的高压制冷剂产生节流作用，向蒸发器提供低压制冷剂雾状蒸气。

图15-3　膨胀阀

制冷系统未工作时，膨胀阀处于关闭状态。这时感温包内制冷剂的温度与制冷剂出口的温度相同，两者的压力也相同。活动杆在弹簧力的作用下，使流量控制球顶在阀座上，关闭节流孔。

制冷系统正常工作时，膨胀阀处于某个打开位置。如果制冷负荷改变（如将鼓风机从低速调整到高速），进入蒸发器的空气就会增加，相当于为蒸发器内的制冷剂提供了更多的热量，因此，制冷剂在蒸发器内会加速沸腾。

不同状态下的压力控制如图15-4所示。

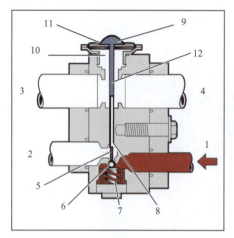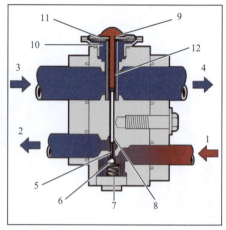

（a）关闭状态　　　　　　　　　　（b）打开状态

1—接干燥瓶；2—至蒸发器；3—接蒸发器；4—至压缩机；5—节流孔；6—流量控制球；
7—弹簧；8—活动杆；9—制冷剂；10—补偿压力；11—金属膜；12—感温元件

图15-4　不同状态下的压力控制

制冷剂以低温低压液体进入蒸发器，如图15-5（a）所示。当制冷剂在蒸发器中流动时，会吸收外界空气的热量，被冷却的空气通过鼓风机进入车厢。此时的制冷剂变成冷的蒸气。当热空气在蒸发器中被冷却时，降温除湿的空气会有冷凝水形成，并沿着排水通道流入蒸发器底部。

冷凝器相当于换热器，负责将制冷剂的热量排到外界空气中。进入冷凝器的制冷剂是高温高压的蒸气，如图15-5（b）所示。当制冷剂通过冷凝器时，热量会传给外界较冷的空气，蒸气冷凝成为液态。此时的制冷剂变成高温高压的液体。

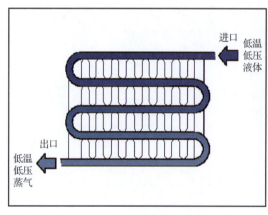

（a）蒸发器（管带式）　　　　　　　　（b）冷凝器

图15-5　蒸发器与冷凝器

干燥瓶的作用是吸收水蒸气，防止生成氢氟酸和氢氯酸。储液罐中的硅胶也能吸收少量水蒸气，防止酸形成。

空调管路将各种部件连接在一起构成一个循环系统，主要包括压缩机—冷凝器、冷凝器—干燥瓶、干燥瓶—蒸发器及蒸发器—压缩机4个管路总成。

与发动机冷却液的功能相似，制冷剂是一种空调系统使用的介质，用于吸收、传导和释放热量。制冷剂R134a是一种无毒、不可燃、清澈、无色且经过液化的气体。它对应的空调系统只能使用一种特殊的润滑液，即聚亚烃基乙二醇（PAG），否则可能导致压缩机或配件发生故障。R134a制冷剂的优缺点如图15-6所示。

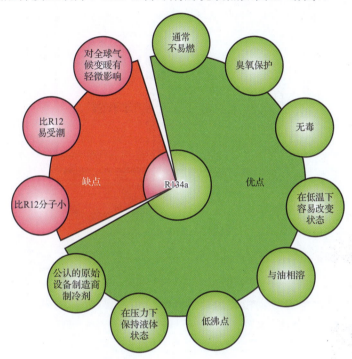

图15-6　R134a制冷剂的优缺点

15.1.2　空调系统的工作原理

15.1.2.1　制冷系统

制冷系统主要由空调面板总成、蒸发器、压缩机、干燥瓶、冷凝器、膨胀阀及空调管路组成，采用R134a制冷剂。如图15-7所示，空调制冷原理：制冷剂经压缩机压缩后，变成高温高压的蒸气，并进入冷凝器；在冷凝器中，制冷剂蒸气经冷却变成高压中温的液体；经过干燥瓶的过滤干燥和膨胀阀的节流降压，低压低温的制冷剂液体流入蒸发器并吸热蒸发，变成低压低温的气体，再次进入压缩机重复下一个循环。

15.1.2.2　暖风系统

暖风系统的主要作用是为车内供暖、风窗除霜及调节空气。在天气变冷时，它通过将车内空气或进入车内的外部空气送入热交换器，吸收热量，提高空气的温度，并利用鼓风机将加热的空气送入车内，从而提高车内的温度，使乘员不再感到寒冷。

目前常用的暖风系统包括水暖式和燃烧式。轿车一般采用发动机的冷却液进行供暖，称为水暖式暖风系统。该系统将冷却液引入热交换器（加热器），并利用鼓风机将车厢内的空气吹过热交换器，从而使车厢温度升高。

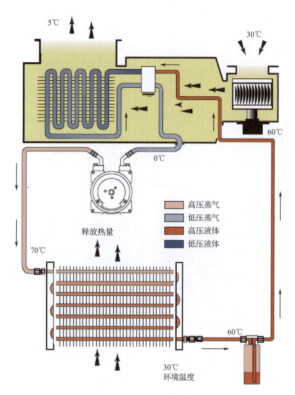

图15-7　空调制冷原理

以大众辉腾车型为例，加热回路由两个热交换器、泵阀单元与发动机冷却液回路组成，如图15-8所示。它的功能是将通过制冷回路蒸发器的冷却且干燥的空气加热到所需温度。泵阀单元是一个总成，由两个调节阀和一个冷却液泵组成。冷却液泵有两个泵轮，由同一电动机驱动。

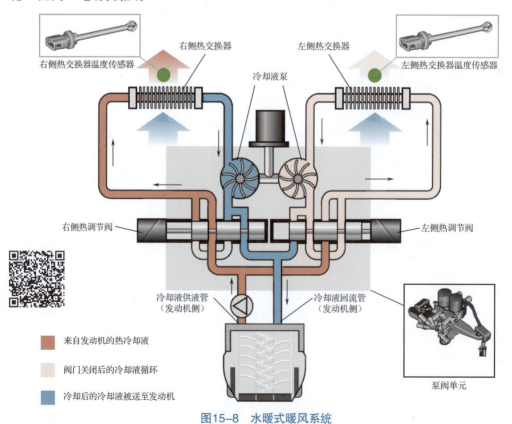

图15-8　水暖式暖风系统

第2节　空调压缩机

15.2.1　空调压缩机的类型

空调压缩机是汽车空调制冷系统的"心脏",具有压缩和输送制冷剂蒸气的作用。空调压缩机分为不可变排量和可变排量两种。

按照工作方式,空调压缩机一般可以分为往复式和旋转式。常见的往复式压缩机有曲轴连杆式和活塞式,活塞式压缩机可以称为第2代压缩机,主要包括摇板式和斜盘式两种;常见的旋转式压缩机有旋转叶片式和涡旋式两种。常见的空调压缩机类型如图15-9所示。

（a）曲轴连杆式

（b）摇板式

（c）斜盘式

（d）旋转叶片式

（e）涡旋式

图15-9　常见的空调压缩机类型

15.2.2　活塞式压缩机

当空调被关闭时,驱动活塞的斜板被调节到接近垂直的位置,并且活塞的行程最小,几乎为零,这时制冷剂仅在压缩机中循环。当空调被接通时,电磁阀开始将制冷剂排入系统中,同时控制斜板的倾斜角度及活塞的行程,行程会随着压缩机的旋转而改变并维持系统的压力。在低转速过程中（热负荷大）,活塞的行程较大,随着转速的增加（热负荷小）,活塞的行程缩短。可变排量压缩机的构造如图15-10所示。

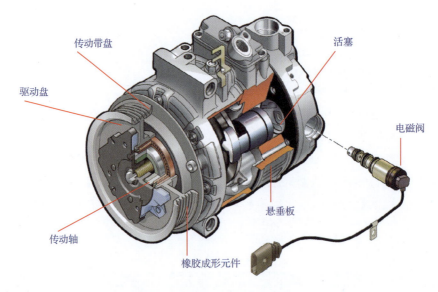

图15-10 可变排量压缩机的结构

15.2.3 涡旋式压缩机

涡旋式压缩机由一个固定的渐开线涡旋静盘和一个偏心回旋平动的渐开线涡旋动盘组成，两者相互咬合，如图15-11所示。

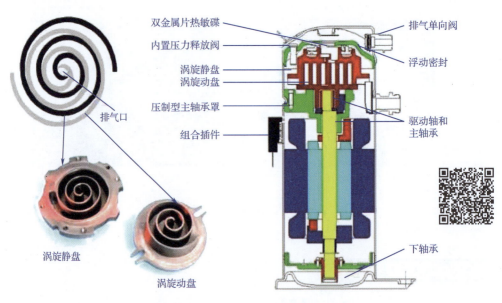

图15-11 涡旋式压缩机的结构

在吸气、压缩、排气的工作过程中，涡旋静盘固定在机架上，涡旋动盘由偏心轴驱动并由防自转机构约束，围绕涡旋静盘基圆中心，做小半径的平面转动。气体通过空气滤芯吸入涡旋静盘的外围，随着偏心轴的旋转，气体在由涡旋动、静盘组成的若干月牙形压缩腔内被逐步压缩，并由涡旋静盘中心部件的轴向孔连续排出。

涡旋动盘由三相交流同步电动机通过一个轴驱动并做偏心旋转。通过涡旋静盘上的两个开口吸入低温低压气态制冷剂，在以偏心方式转动3圈后，制冷剂被压缩并变热，可通过涡旋静盘中部开口以气态形式释放。涡旋式压缩机的工作原理如图15-12所示。

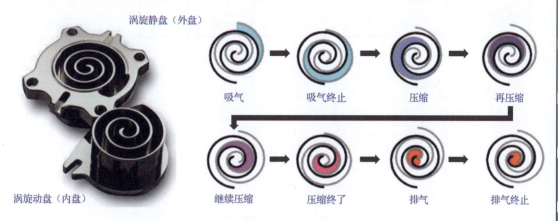

图15-12　涡旋式压缩机的工作原理

第3节　自动空调系统

15.3.1　自动空调系统的组成

自动空调系统是汽车全自动空调系统的简称，主要由制冷系统、供暖通风系统和自动控制系统组成。控制部件包括冷凝器电动机、蒸发器电动机、混合气流电动机及气流方式电动机等，用于控制冷暖气组合，以及开启或关闭正面、侧面和脚部的出风口。

自动控制系统的传感器一般有车厢内温度传感器、车厢外温度传感器、蒸发器温度传感器、太阳能传感器及冷却液温度传感器等。其中，冷却液温度传感器安装在发动机出水口处，负责将冷却液温度反馈至电控单元（ECU）。当冷却液温度过高时，ECU能够断开压缩机离合器以保护发动机，同时控制冷却液流向加热芯的阀门。有些轿车还装有红外温度传感器，专门探测乘员面额部的表面皮肤温度，并反馈给ECU。因此，ECU有多种传感器的温度数据输入，可以更精确地控制空调。自动空调系统的部分组成部件如图15-13所示。

15.3.2　自动空调系统维修

15.3.2.1　空调模块拆装

在拆卸空调模块前，需要先收集制冷剂，并在指定地点处理废弃的制冷剂，排放散热器冷却水；再分离蓄电池负极线，并拆卸仪表板总成。

（1）从发动机上分离加热器软管，拆卸高压/低压管路的固定螺母，如图15-14中的箭头所示。

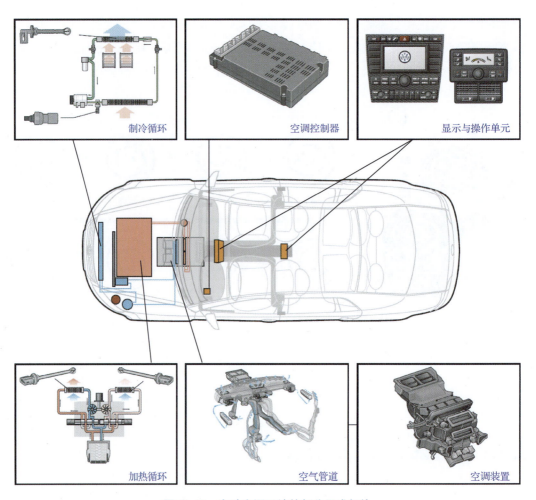

图15-13　自动空调系统的部分组成部件

图15-14　拆卸高压/低压管路的固定螺母

（2）拧松空调模块上的4个固定螺钉（位于发动机舱内），如图15-15中的箭头所示。

图15-15　拧松固定螺钉（4个）

（3）从驾驶室拆卸空调模块，如图15-16所示。

图15-16　从驾驶室拆卸空调模块

按与拆卸相反的顺序安装空调模块。

15.3.2.2　制冷剂加注

1.高压管路充注方法

（1）连接加注管路。在确认空调系统的气密性后，将制冷剂罐（或气瓶）和黄色充气软管的一端相连，将黄色充气软管的另一端与压力歧管表中间的注液口相连。确保制冷剂罐和充气软管上的螺母紧密连接。

（2）排气。打开制冷剂罐的阀门，此时高、低压阀是关闭的，用十字螺钉旋具或类似的工具按住连接旁路接口的阀芯1～2s，将充气软管和压力歧管表中的空气排出。

（3）充注制冷剂。打开压力歧管表上的高压阀，从高压管路向系统中充注制冷剂。注意高压表和低压表的读数，确定两个压力都升高。如果充注时压力不升高，则可以推断管路的连接处松动或密封处损坏，在查出原因并修理后，重新充注制冷剂。

（4）关闭高压阀。在压力升高停止后，关闭压力歧管表上的高压阀，并起动发动机。

2.低压管路充注方法

（1）操作空调控制面板。将A/C开关转向"ON"位置后，将温度调至最低，将鼓风机调至最大送风状态，并选择车内循环。

（2）车况调节。打开车门和车窗，使发动机转速达到规定的空转速度。

（3）充注制冷剂。打开压力表上的低压阀，竖起制冷剂罐或气瓶（使制冷剂以气态形式注入系统），打开压力歧管表上的低压阀。（当压缩机运转时，不要打开高压阀；在检查制冷水平前，应确定空调系统所规定的制冷剂充注量。）

（4）关闭低压阀。充注制冷剂时，仔细观察压力歧管表高压侧的压力状态，制冷剂状态（清澈、泡沫、浑浊）可从检视窗看到，由此判断在合适的时候停止制冷剂充注（通过关闭低压阀）。

3. 制冷剂加注量的判断

当制冷剂加注完成后，关闭空调并等待一段时间。当压力恢复到平衡压力后，重新打开空调，并按表15-1列出的方法进行判断。

表15-1 制冷剂加注量的判断方法

制冷剂加注量	通过检视窗看到的制冷剂状态（打开空调约1min内）	高压侧的压力状态（参考值）
正确加注	○○○ ⇨ ○ ⇨ ○	压缩机<1.7MPa
正确加注	○○○ ⇨ ○ ⇨ ▨	压缩机<1.7MPa
过量加注	○ ⇨ ○ ⇨ ○	压缩机<1.7MPa
加注不足	○○○ ⇨ ○○○ ⇨ ○○○	压缩机<1.7MPa
加注不足	○○○ ⇨ ▨▨ ⇨ ▨▨	压缩机<1.7MPa

 有泡沫：产生泡沫是因为液态制冷剂和气态制冷剂互相混合

○ 清澈：制冷剂完全是液态

 浑浊：油和制冷剂分离，制冷剂看上去有轻微乳白色

 有泡沫且浑浊：气态制冷剂和油分离，产生浅乳白色的泡沫流

15.3.2.3 自动空调系统的检查方法

1. 制冷系统故障的静态检查法

制冷系统故障的静态检查见表15-2。

表15-2 制冷系统故障的静态检查

部件	现象	检查方法	调整/修复	更换
管路/接口	油迹	目视，检漏仪	拧紧	更换管路及O形圈
管路/接口	破损	目视	—	更换
冷凝器	堵塞	目视	高压水枪/高压空气清洗	—
冷凝器	变形	目视	使用专用工具整理	—
冷凝器	管路破损且有油迹	目视	—	更换冷凝器
蓄电池	接线松动	目视，用手触摸	重新连接	—
蓄电池	电量	目视	若电量低，则应先充电	—
传动带	松动	张力检测器	调整张紧轮力度和传动带位置	—
空调滤芯	堵塞	目视	更换	—

续表

部件	现象	检查方法	调整/修复	更换
储液罐	油迹	目视，检漏仪	—	更换
	破损	目视	—	更换
出风口	堵塞	目视，手感	清除杂物	更换
压缩机	泄压阀开启过头/油迹	目视，检漏仪	是否常漏	更换泄压阀
	机体有破损/裂痕	目视	—	更换压缩机
	油塞松动/油迹	目视/手感	拧紧	更换油塞及O形圈
	离合器电线破损	目视	—	更换离合器
	离合器电线插头松动	目视/手感	重新连接	更换
	吸盘烧蚀/破损	目视	—	更换
	吸脂盘固定螺母松动/脱落	目视/手感	拧紧	—

2.初步动态检查法

起动发动机后，运行空调系统5～10min，按表15-3提供的方法进行检查。

表15-3 初频动态检查

检查	正常情况	异常现象	故障推断	维修/进一步检查
观察仪表板冷却液温度指示	90℃左右	温度过高	水箱散热不良	检查散热风扇等部件
测量出风口温度	3～11℃	温度偏高	空气被加热/热风窜漏	检查风道控制系统
			制冷系统有问题	检查制冷系统压力
感受出风口风量	风量充足	风量不足	蒸发器风堵/结霜	检查蒸发器箱温度控制器
感受压缩机吸、排气管的温度	温差明显（吸气管温度低，排气管温度高）	温差小/无温差	压缩机损坏	压力检查
感受冷凝器进、出口管路的温度	出口管路温度较低	无温差	冷凝器散热不良	检查冷凝器散热工况
感受膨胀阀进、出管路的温差	有明显温差	无温差	膨胀阀堵塞	检查膨胀阀
观察压缩机离合器	吸盘随传动带轮转动	吸盘打滑	电压低	检查电路
			间隙过大/偏移	检查间隙
			压缩机主轴运行不平稳	检查压缩机
	传动带轮运转	传动带打滑	传动带张紧力不足	检测张紧力

第4节 电动汽车温度管理系统

15.4.1 高压蓄电池的冷却与加热

以宝马i3电动汽车为例，高压蓄电池直接通过制冷剂冷却。该车型空调系统的制冷剂循环回路由两条"并联"支路构成，如图15-17所示。其中一条支路用于车内冷却，另一条支路用于高压蓄电池冷却。两条支路各有一个膨胀和截止组合阀，用于独立控制冷却功能，如图15-18所示。

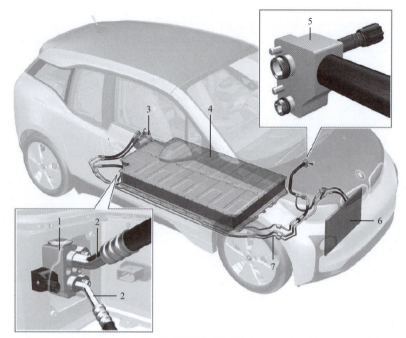

1—膨胀和截止组合阀；2—用于冷却高压蓄电池的制冷剂支路；3—电动压缩机；4—高压蓄电池；5—用于车内冷却的膨胀阀；6—制冷剂循环回路内的冷凝器；7—制冷剂管路

图15-17　高压蓄电池的冷却

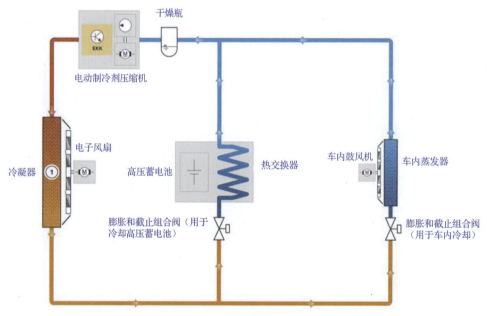

图15-18　高压蓄电池的冷却

为了通过制冷剂冷却高压蓄电池，在高压蓄电池模块下方布置由铝合金平管构成的热交换器，如图15-19所示。它与内部制冷剂管路相连，进行冷却时有制冷剂流过。在对高压蓄电池进行加热时，会启用高电压系统并使电流经过加热丝，加热丝沿冷却通道布置。由于冷却通道与高压蓄电池模块接触，加热丝产生的热量会传至高压蓄电池模块。

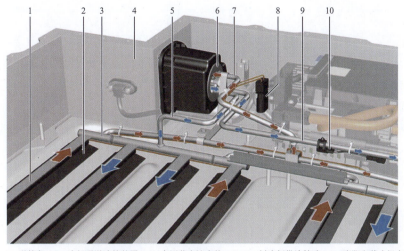

1—热交换器；2—弹簧条；3—冷却通道连接装置；4—高压蓄电池壳体；5，9—制冷剂供给管路；6—膨胀和截止组合阀连接法兰；7—制冷剂回流管路；8—电气加热装置插头；10—制冷剂温度传感器

图15-19　高压蓄电池的冷却组件

15.4.2　电驱总成的冷却系统

车辆通过冷却系统对电驱总成的驱动组件进行冷却。图15-20所示为选装所有配置的驱动组件冷却系统，蓝色表示温度较低，红色表示冷却液温度较高，不同的亮度表示不同程度的高温。

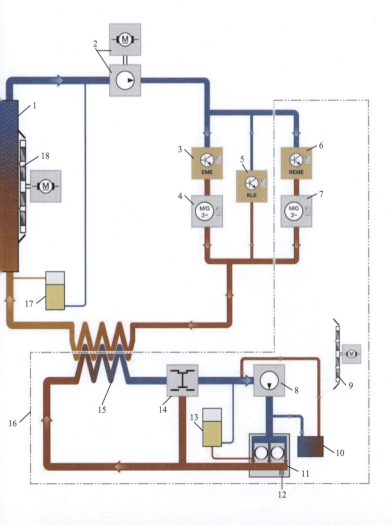

1—冷却液散热器；2—电动冷却液泵；3—电动机电子装置；4—电动机；5—便捷充电电子装置；6—增程电动机电子装置；7—增程电动机；8—机械冷却液泵；9—用于增程器冷却总成（冷却液制冷剂热交换器）的附加电风扇；10—机油冷却液热交换器；11—增程器；12—冷却液温度传感器；13—发动机冷却液循环回路内的补液罐；14—节温器；15—用于增程器的冷却液制冷剂热交换器；16—该区域仅限于带有增程器时；17—驱动组件冷却液循环回路内的补液罐；18—电风扇

图15-20　驱动组件冷却系统（选装所有配置）

电动机电子装置要求的温度低于电动机,因而选择按该顺序串联。由于电驱装置和便捷充电电子装置并非同时运行,故而选择并联。增程电动机和增程电动机电子装置采用串联连接。由于这两个组件与便捷充电电子装置和电动机电子装置不同时运行,故而选择串联连接,如图15-21所示。车辆前部的冷却模块由冷却液散热器、电风扇及选装主动式冷却风门构成。驱动组件冷却液循环回路内的冷却液通过电动冷却液泵泵送,需要经过5个驱动组件,必要时还会经过冷却液散热器。如果行驶气流不足以冷却冷却液散热器内的冷却液,还需通过发动机控制模块EDME接通电风扇。

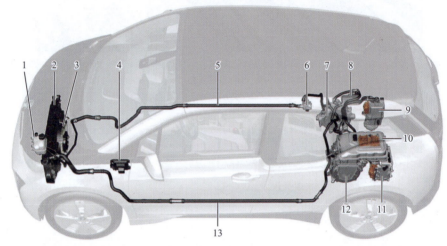

1—驱动组件冷却液循环回路内的补液罐;2—冷却液散热器;3—电风扇;4—数字式发动机电控系统;5—供给管路;6—电动冷却液泵;7—增程电动机;8—发动机冷却液循环回路内的补液罐;9—增程电动机电子装置;10—电动机电子装置;11—便捷充电电子装置;12—电动机;13—回流管路

图15-21 驱动组件冷却系统的安装

15.4.3 电动汽车空调系统

纯电动汽车因为没有发动机,无法将其作为空调压缩机的动力源,也没有发动机余热可以利用。对于电动汽车来说,目前选择的制冷空气调节方式主要是电动压缩机制冷;暖风则采用PTC电加热器。PTC电加热器是用PTC热敏电阻元件作为发热源的装置。电动汽车空调系统的组成如图15-22所示。

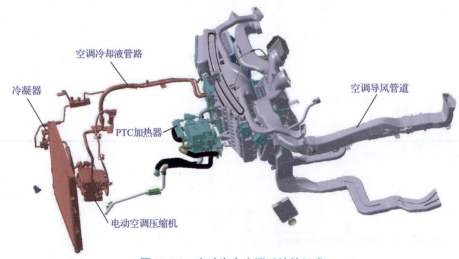

图15-22 电动汽车空调系统的组成

电动空调压缩机将蒸发器低温低压的气态制冷剂压缩成高温高压的气态制冷剂,并送往冷凝器冷却。通过冷凝器与外部空气进行热交换,制冷剂被冷凝成温度适中、压力为1.0～1.2MPa的液态工质,冷凝后的液态制冷剂经膨胀阀进入蒸发器。从膨胀阀过来的低温低压蒸气经蒸发器不断吸收车厢内空气的热量,变成低温低压的气态制冷剂,并进入压缩机进行下一个循环。暖风系统采用空调驱动器驱动PTC加热器,PTC加热冷却液后供给暖风芯体;如果是插电混动汽车,在条件不满足的情况下,起动发动机制热。电动汽车空调系统框图如图15-23所示。

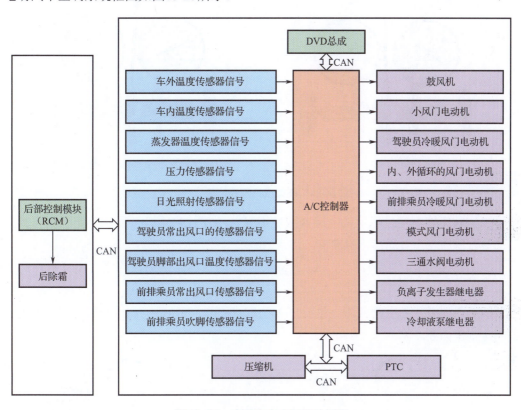

图15-23　电动汽车空调系统框图

15.4.4　电动汽车空调系统检修

15.4.4.1　压力检测与故障诊断

制冷系统工作时,内部压力变化与温度是密切相关的,这正是进行诊断的依据。根据压力的变化情况,进一步诊断明确该系统可能出现故障的原因及部位。对于制冷系统而言,歧管压力表是常用工具。

1. 诊断方法

首先将歧管压力表的高、低压手动阀关闭,然后将歧管压力表的高、低压软管分别接至制冷系统的高、低压检修阀上,并利用系统内制冷剂的压力排出管内空气。启动空调系统,待压力表指示稳定后读取压力值。

2. 诊断标准

空调系统压力的正常范围:低压侧为0.15～0.25MPa;高压侧为1.47～1.67MPa。

由于车型不同,测试工况不同,压力范围略有差异。

3. 案例分析

(1)制冷剂不足。如图15-24(a)所示,低压侧与高压侧的歧管压力表读数均低于标准值,通过观察孔可见气泡。

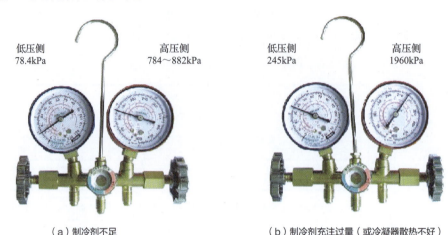

(a)制冷剂不足　　　　　　　　(b)制冷剂充注过量(或冷凝器散热不好)

图15-24　歧管压力表的读数(一)

(2)制冷剂充注过量(或冷凝器散热不好)。如图15-24(b)所示,低压侧与高压侧的歧管压力表读数均高于标准值。

(3)混入空气。如图15-25(a)所示,低压侧与高压侧的歧管压力表读数均高于标准值,高压指针摆动。

(4)压缩机或膨胀阀故障。如图15-25(b)所示,低压侧的制冷剂压力高,高压侧的制冷剂压力低。

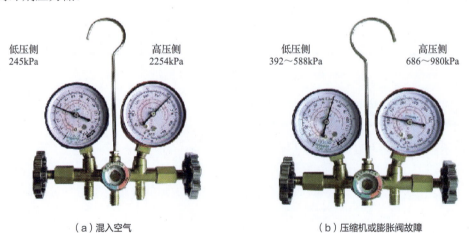

(a)混入空气　　　　　　　　　(b)压缩机或膨胀阀故障

图15-25　歧管压力表的读数(二)

15.4.4.2　空调系统故障诊断方法

汽车空调系统的故障包括电器故障、功能部件的机械故障,以及制冷剂和冷冻机油引起的故障等,集中表现为系统不制冷、制冷不足、不制热、制热不足或异响等。基本诊断方法是通过看、听、摸等方式推测故障可能存在的部位。

1.看
(1)查看仪表板上的压力、冷却液温度、油压及各种指示灯是否显示正常。
(2)观察冷凝器、蒸发器及管路连接处是否有油污,如有则说明制冷剂和冷冻机油发生泄漏。
(3)观察系统部件和管路接头处是否存在结霜、结冰的现象。
(4)从干燥瓶视液窗观察制冷剂的液位。

2.听
仔细听压缩机、鼓风机、排风机是否有异响。

3.摸
在开启制冷系统15～20min后,用手触摸系统部件,感受其温度。
(1)压缩机的进、排气管应有明显温差。
(2)冷凝器的进、出口处应有温差,并且出口温度低于进口温度。
(3)若干燥瓶的进口温度与出口温度相等,则表示制冷系统正常;若其进口温度低于出口温度,则表示制冷剂不足;若其进口温度高于出口温度,则表示制冷剂过多。
(4)膨胀阀进、出口的温差明显。

注意事项:在用手触摸高压区时应避免被烫伤。如果压缩机的高、低压侧没有明显温差,则说明制冷剂泄漏严重。

第16章 汽车防盗与安全系统

第1节　中控门锁

16.1.1　中控门锁概述

中控门锁是车辆的标准配置，负责所有车门、燃油箱盖板和行李舱盖的开启与关闭。它可通过以下组件进行操控：识别发射器、驾驶员侧车门锁芯（车门锁）、中控门锁按钮、行李舱盖锁芯、行李舱盖外侧按钮、A柱上的内侧行李舱按钮、车门外侧拉手（车门外侧拉手电子装置/便捷登车及起动系统），以及行李舱盖上的中控门锁按钮。中控门锁系统组成如图16-1所示。

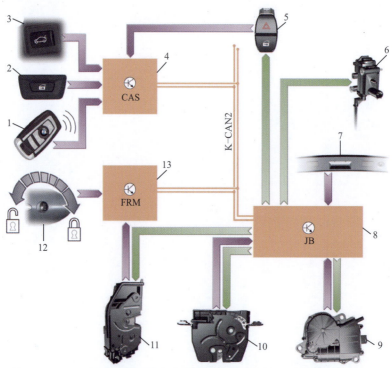

1—识别发射器；2—中控锁按钮；3—A柱上的内侧行李舱盖按钮；4—便捷登车及起动系统；5—中控门锁按钮；6—燃油箱盖板中控门锁；7—行李舱盖外侧按钮；8—接线盒电子装置；9—行李舱盖锁自动软关功能传动装置；10—行李舱盖中控门锁；11—车门锁（4个）；12—驾驶员侧车门锁芯；13—脚部空间模块；K-CAN2—车身CAN

图16-1　中控门锁系统组成

通过按压识别发射器上的按钮使车辆开锁并打开车门。关闭车门后，可以通过按压上锁按钮使车辆上锁。

只有驾驶员侧车门关闭时才能使车辆上锁。执行被动打开和关闭功能的前提是已选装舒适登车系统。

通过抓住车门外侧拉手使车辆开锁，前提是识别发射器位于车辆附近1.5m范围内。

通过按压车门外侧拉手上的传感区域触发上锁功能。在使用自动软关功能时，只需轻轻将车门拉入或压入车门锁内，即可将车门完全关闭。

16.1.2　中控门锁维修

16.1.2.1　车门锁芯拆装

在拆下车门外部把手后，松开车门锁芯固定锁片1，拆卸车门锁芯2，如图16-2所示。

 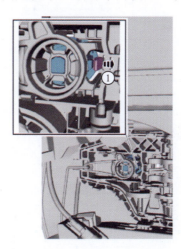

图16-2　拆卸车门锁芯

按与拆卸相反的顺序安装车门锁芯，并在安装完成后旋转钥匙，检查钥匙能否正常工作。

16.1.2.2　中控门锁故障诊断

中控门锁常见故障的诊断与排除见表16-1。

表16-1　中控门锁常见故障的诊断与排除

故障现象	原因分析	排除方法
识别发射器（遥控器）不能正常工作	使用环境有电磁干扰	移动至无电磁干扰的环境中使用
	遥控器故障	检查遥控器电池，必要时更换遥控器
	中控门锁电源故障	检修电源线路
	线束插头接触不良	检修线束插头
	相关搭铁点接触不良	检修搭铁点故障
	线束故障	检修线束短路、开路情况
	中控门锁电动机故障	更换中控门锁电动机
	车身控制模块（BCM）故障	检修BCM，必要时更换
	无钥匙进入起动系统（PEPS）故障	检修PEPS，必要时更换

续表

故障现象	原因分析	排除方法
机械钥匙不能正常工作	中控门锁电源故障	检修电源线路
	驾驶员侧门锁机构内的开/闭锁开关接触不良	检修驾驶员侧门锁电动机总成，必要时更换
	线束插头接触不良	检修线束插头
	线束故障	检修线束短路、开路情况
	相关搭铁点接触不良	检修搭铁点故障
	中控门锁电动机故障	更换中控门锁电动机
	BCM 故障	检修 BCM，必要时更换
中控门锁开关不能正常工作	中控门锁电源故障	检修电源线路
	线束插头接触不良	检修线束插头
	线束故障	检修线束短路、开路情况
	相关搭铁点接触不良	检修搭铁点故障
	中控门锁电动机故障	更换中控门锁电动机
	BCM 故障	检修 BCM，必要时更换
只有驾驶员侧门锁不能正常工作	中控门锁电源故障	检修电源线路
	驾驶员侧门锁线束插头接触不良	检修线束插头
	线束故障	检修线束短路、开路情况
	驾驶员侧门锁搭铁点接触不良	检修搭铁点故障
	驾驶员侧中控门锁电动机故障	更换驾驶员侧中控门锁电动机
	BCM 故障	检修 BCM，必要时更换
防盗状态下中控门锁不能自动落锁	电源电压不足	检修电源线路
	线束插头接触不良	检修线束插头
	相关搭铁点接触不良	检修搭铁点故障
	线束故障	检修线束短路、开路情况
	车门接触开关故障	检修车门接触开关，必要时更换
	BCM 故障	检修 BCM，必要时更换
车门锁在行车中出现跳动	门锁机械机构故障	调整门锁机械机构，必要时更换
	线束插头接触不良	检修线束插头
	相关搭铁点接触不良	检修搭铁点故障
	线束故障	检修线束短路、开路情况
	车门接触开关故障	检修车门接触开关，必要时更换
	BCM 故障	检修 BCM，必要时更换

第2节　汽车防盗系统

16.2.1　防盗系统组成

汽车的防盗系统可以分为以下3类：发动机防盗锁止（Immobilization，IMMO）系统、遥控门锁（Remote Keyless Entry，RKE）系统及无钥匙进入（Passive Keyless Entry/

GO，PKE）系统。

目前，IMMO系统和RKE系统在原车中的应用最多。IMMO系统主要通过将加密的芯片置于钥匙中，并在开锁过程中利用车身的射频收发器装置验证钥匙是否匹配来控制发动机，其工作原理如图16-3所示。

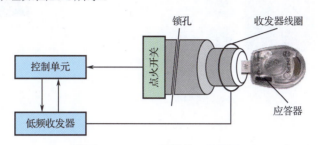

图16-3　IMMO系统的工作原理

RKE系统的工作原理：通过按下钥匙上的按钮，从钥匙端发出信号（信号中包含相应的命令信息），在汽车端天线接收电波信号并经过车身控制模块（BCM）认证后，由执行器实现启/闭锁的动作，如图16-4所示。

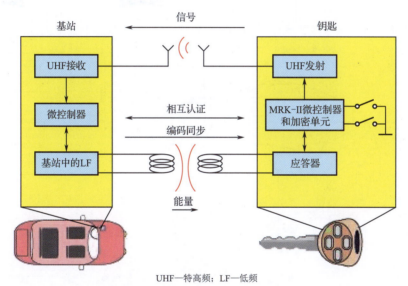

UHF—特高频；LF—低频

图16-4　RKE系统的工作原理

16.2.2　无钥匙进入起动系统的组成与工作原理

无钥匙进入起动系统（PEPS）采用射频识别（RFID）技术，作用类似于智能卡。当驾驶者进入指定范围时，该系统通过识别判断是否为合法授权的驾驶者控制车门自动打开。上车后，驾驶者只需按一个按钮即可打开点火开关。PEPS的工作原理如图16-5所示。

PEPS主要具有以下功能：①无线遥控开闭锁（RKE）；②无钥匙进入（PE）；③无钥匙起动（PS）；④电源挡位切换（PDU）；⑤发动机防盗锁止（IMMO）；⑥电子转向柱锁开闭（ESCL）；⑦行李舱门脚踢开启。

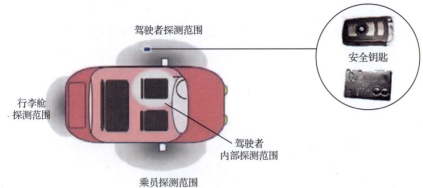

图16-5 PEPS的工作原理

以起亚K2车型为例,PEPS的组成部件如图16-6所示。

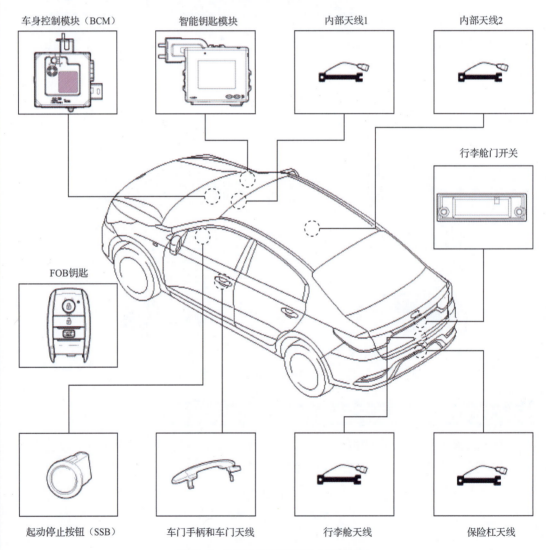

图16-6 PEPS的组成部件(起亚K2)

按动门把手微动开关后,PEPS控制器会发送低频信号寻找钥匙,并与钥匙进行认证,确认钥匙是否相符,当确认钥匙在有效区域内并符合匹配时,PEPS发送开闭锁指令（通过CAN总线）给BCM，由BCM执行开闭锁指令。PEPS的原理框图如图16-7所示。

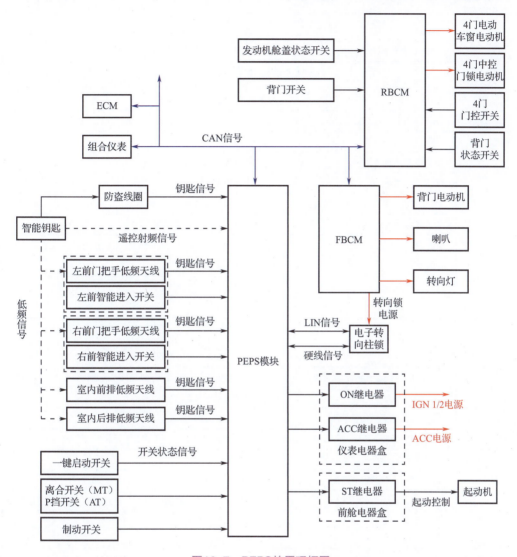

图16-7　PEPS的原理框图

当车主进入车内，踩下离合踏板（自动变速器车型需要踩下制动踏板）并按下起动按钮时，PEPS会发送低频信号查找钥匙，在确认钥匙在车内并符合匹配的情况下，PEPS控制器会执行ESCL解锁指令；当ESCL解锁成功后，PEPS控制器会与IMMO进行防盗认证；当IMMO认证通过后，电源挡位会由OFF直接切换为Start，起动电动机（同时IMMO与EMS进行防盗认证），若IMMO与EMS的认证可以顺利通过，代表发动机起动正常，电源挡位切换为ON。当智能钥匙在车内时，可以切换电源模式和起动发动机。

16.2.3　PEPS维修

16.2.3.1　PEPS故障诊断

PEPS常见故障的诊断与排除见表16-2。

表16-2　PEPS常见故障的诊断与排除

故障现象	原因分析	排除方法
智能进入功能失效	蓄电池电压过低	蓄电池充电或更换
	PEPS钥匙数据出错或没有匹配	断开蓄电池，重新连接并匹配智能钥匙
	存在电磁干扰	检查车辆相关电磁干扰情况（点火系统、发电机、大功率电器等），检查环境电磁干扰情况（高压电线塔、电视塔、广播站、自动付费设备附近）
	智能进入开关电路短路或开路	检修相关电路短路、开路情况
	智能进入开关故障	更换智能进入开关
	智能钥匙电池亏电	更换智能钥匙电池
	智能钥匙故障	更换智能钥匙
	车门把手低频天线电路短路或开路	检修相关电路短路、开路情况
	车门把手低频天线故障	更换车门把手低频天线
	PEPS模块电源、搭铁故障	检修PEPS模块电源、搭铁情况
	PEPS模块故障	更换PEPS模块
智能钥匙遥控功能失效	智能钥匙电池亏电	更换智能钥匙电池
	智能钥匙故障	更换智能钥匙
	存在电磁干扰	检查车辆相关电磁干扰情况（点火系统、发电机、大功率电器等），检查环境电磁干扰情况（高压电线塔、电视塔、广播站、自动付费设备附近）
	PEPS钥匙数据出错或没有匹配	断开蓄电池，重新连接并匹配智能钥匙
	蓄电池电压过低	蓄电池充电或更换
	PEPS模块电源、搭铁故障	检修PEPS模块电源、搭铁情况
	PEPS模块故障	更换PEPS模块
按下一键启动按钮，车辆无法上电和起动	蓄电池电压过低	蓄电池充电或更换
	PEPS数据出错或没有匹配	断开蓄电池，重新连接并进行相关匹配
	智能钥匙电池亏电	将智能钥匙置于防盗线圈上，尝试按下一键启动按钮，如果一切正常，则只需更换智能钥匙电池
	智能钥匙故障	更换智能钥匙
	车内低频天线电路短路或开路，系统显示检测不到钥匙	检修相关电路短路、开路情况
	车内低频天线故障，系统显示检测不到钥匙	更换车内低频天线
	防盗线圈电路短路或开路	检修相关电路短路、开路情况
	防盗线圈故障	更换防盗线圈
	一键启动按钮电路短路或开路	检修相关电路短路、开路情况
	一键启动按钮故障	更换一键启动按钮
	PEPS模块电源、搭铁故障	检修PEPS模块电源、搭铁情况
	PEPS模块故障	更换PEPS模块
电子方向锁不能解锁或上锁	电子转向柱（ESCL）未匹配	重新进行相关匹配
	ESCL相关电路短路或开路	检修相关电路短路、开路情况
	ESCL故障	更换ESCL

16.2.3.2 PEPS起动机故障诊断

PEPS起动机常见故障的诊断与排除见表16-3。

表16-3 PEPS起动机常见故障的诊断与排除

故障现象	原因分析	排除方法
起动机不转	蓄电池电量不足	蓄电池充电或更换
	起动机S、B两个端子的接线断路	检查电路及插头
	PEPS起动控制电路故障	检查PEPS相关起动控制电路情况
	起动继电器故障	更换起动继电器
	起动机故障	更换起动机
	一键启动开关故障	更换一键启动开关
	PEPS故障	检查PEPS及智能钥匙
起动机空转或异响	单向离合器的齿轮损坏或变形	更换起动机
	起动机小齿轮的端面磨损或损坏	更换起动机
	飞轮齿圈损坏或变形	更换飞轮齿圈
	起动机安装不正确	重新安装
	起动机复位不及时	更换起动机
	起动继电器复位不及时	检查PEPS、更换起动继电器
起动机运转无力	蓄电池电量不足	蓄电池充电或更换
	起动机连接线束接触不良或腐蚀老化	检修或更换线束
	起动机内部线圈短路	更换起动机
	起动机装配不当	重新安装
	发动机机械故障	检修发动机机械部分
起动机顶齿无法起动	电磁开关不通电流,单向离合器弹出后起动机不转	更换起动机总成
	飞轮齿圈损坏或变形	更换飞轮齿圈

第3节 被动安全系统

16.3.1 安全带

安全带不仅可以显著降低人体的动能,还能防止发生失控的运动,这些运动可能导致严重的伤害。此外,当发生严重碰撞时,爆燃式安全带收紧,可为安全气囊弹开保留时间。

在碰撞的瞬间,爆燃预紧式安全带的张紧器向下拉紧安全带,避免碰撞时没有安全带的情况。安全带和安全气囊共同作用能够降低乘员上身受伤的概率。

当发生碰撞事故时,安全带将乘员"约束"在座椅上,使乘员的身体不会撞到转向盘、仪表板和风窗玻璃,避免乘员发生二次碰撞,并避免乘员在车辆发生翻滚等危险情况下被抛离座位。汽车安全带的结构与布置如图16-8所示。

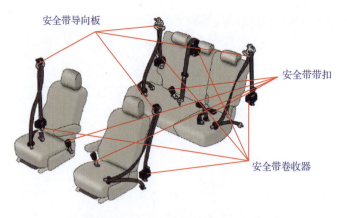

图16-8 汽车安全带的结构与布置

安全带卷筒与齿轮采用刚性连接，齿轮由滚珠驱动，滚珠放在存放管内，燃料点燃后会产生膨胀气体推动滚珠移动。检验已触发过的安全带张紧器：晃动拆下的安全带张紧器，会产生清晰的"咯啦"声（球已在接收盒内）。球式安全带张紧器的结构如图16-9所示。

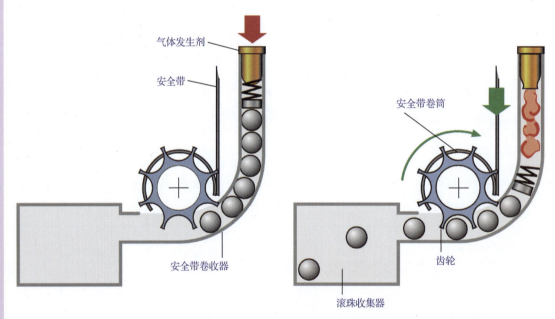

图16-9 球式安全带张紧器的结构

16.3.2 安全气囊

安全气囊分布在车内前方（正、副驾驶位）、侧方（车内前排和后排）和车顶3个方位。

汽车与障碍物的碰撞称为一次碰撞，乘员与车内部件的碰撞称为二次碰撞。气囊在一次碰撞后、二次碰撞前迅速打开一个充满气体的气垫，使乘员能在惯性移动时"扑在气垫上"，从而缓和乘员受到的冲击并吸收碰撞能量，减轻乘员的伤害程度。

安全气囊一般由传感器、电控单元（ECU）、气体发生器、气囊及续流器等组成，通常将气体发生器和气囊等制成气囊模块。传感器感受汽车碰撞强度，并将对应信号发送给控制器，控制器接收传感器的信号并进行处理，当它判断有必要打开气囊时，立即发出点火信号以触发气体发生器，气体发生器收到点火信号后，迅速点火并产生大量气体给气囊充气。安全气囊系统组成如图16-10所示。

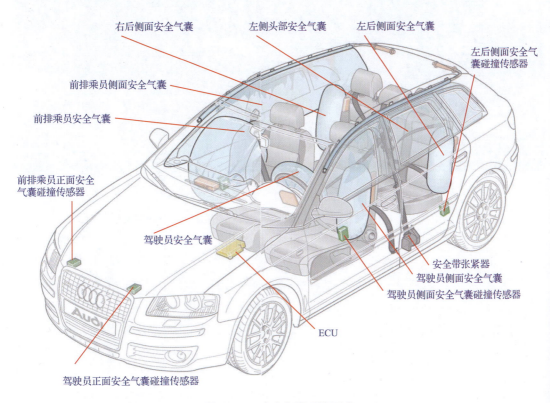

图16-10 安全气囊系统组成

安全气囊是呈辐射状弹开的，并且点火触发时间是错开的，以便在发生交通事故时，使作用于乘员身上的负荷减小。根据碰撞的严重程度和种类，两次点火触发的时间间隔一般为5～50ms。

16.3.3 行人保护系统

对于最基本的行人保护技术，主要涉及车身吸能材料的应用，如吸能保险杠、软性的发动机舱盖材料、前照灯及附件无锐角等。其中，在发动机舱盖断面使用缓冲结构设计，是国内汽车制造商较为常见的做法。

主动防护发动机舱盖系统利用发动机舱盖弹升技术，使发动机在汽车发生碰撞时瞬间鼓起，保证人不是撞在坚硬的车壳上，而是撞在柔性与圆滑的表面上。在检测到撞人后，车辆会自动启动发动机舱盖弹升控制模块，车内配备的弹射装置即可瞬间将发动机罩提高。发动机罩升降器如图16-11所示。

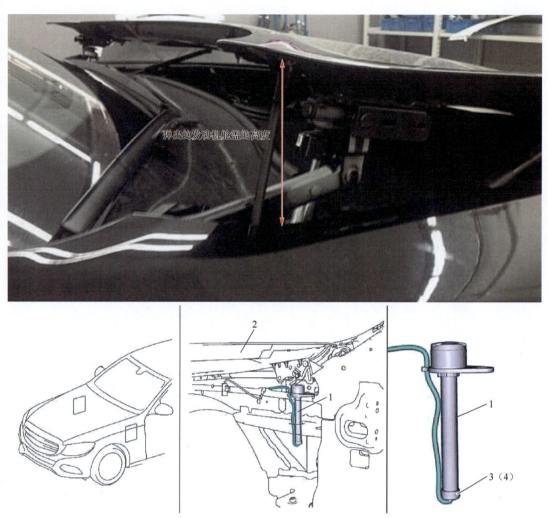

1—发动机罩升降器；2—发动机罩；3—左侧保护性发动机罩触发器；4—右侧保护性发动机罩触发器

图16-11 发动机罩升降器

第17章
汽车驾驶辅助系统

第1节　驻车辅助系统

17.1.1　倒车雷达

倒车雷达（Parking Distance Control，PDC）的全称是倒车防撞雷达，也称为泊车辅助装置。它是汽车泊车或倒车时的安全辅助装置，由超声波传感器（探头）、控制器（主机）和显示器（或蜂鸣器）等组成，如图17-1所示。

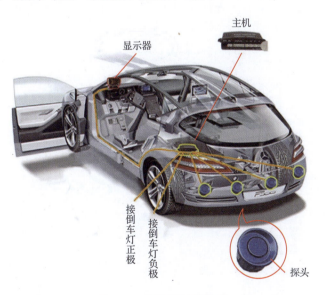

图17-1　倒车雷达的组成

17.1.2　倒车影像

倒车影像又称为泊车辅助系统或倒车可视系统、车载监控系统等。它广泛用于各类车辆的倒车或行车安全辅助领域。普通单路输出的倒车影像只需将电源线的正极接到汽车倒车灯的电源正极，将电源线的负极接到倒车灯的负极或者搭铁（GND）。在车辆挂入倒挡后，车尾实物影像可通过摄像头传至中控台显示屏，以便于驾驶人进行判断，如图17-2所示。

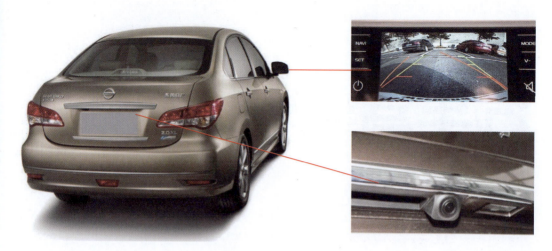

图17-2 倒车影像

17.1.3 全景影像

全景可视系统弥补了只能通过雷达或者单一后视摄像头提供影像的不足。全景可视系统可以有四路视频输出，即前、后、左、右，对应将摄像头安装在车前、车尾及后视镜下方。该系统采用遥控控制，能自动切换画面，可以呈现四个视频或单一视频。其作用是增加防盗监控与行车安全。

以宝马i8车型为例，全景可视系统组件的安装位置如图17-3所示。

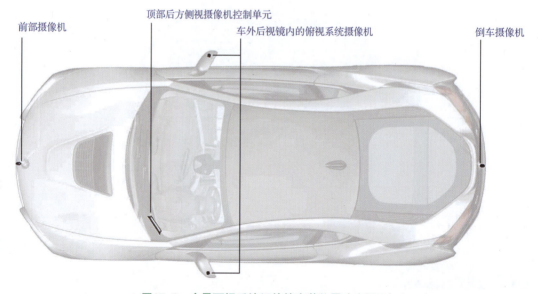

图17-3 全景可视系统组件的安装位置（宝马i8）

摄像机通过以太网与控制单元相连，控制单元通过FBAS导线将视频信号传输至多媒体影音单元，多媒体影音单元通过APIX导线将视频信号传输至中央显示屏。全景可视系统的显示画面如图17-4所示。

图17-4 全景可视系统的显示画面

17.1.4 自动泊车

自动泊车系统是不用人工干预就能自动停车入位的系统。该系统包括环境数据采集系统、中央处理器和车辆策略控制系统。其中，环境数据采集系统一般包括图像采集系统和车载距离探测系统（通过超声波雷达或者毫米波雷达）。遍布车辆周围的雷达探头测量自身与周围物体之间的距离和角度，通过电控单元（ECU）计算操作流程并配合车速调整转向盘，驾驶人只需控制车速。

以宝马7系车型为例，自动泊车系统的组成如图17-5所示。

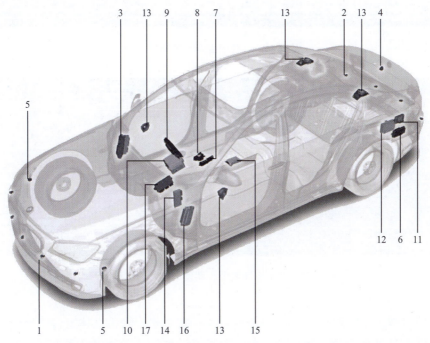

1—前保险杠内的超声波传感器（5个）；2—后保险杠内的超声波传感器（4个）；3—带有集成式控制单元的接线盒电子装置；4—倒车摄像机；5—左侧/右侧侧视系统摄像机；6—全景摄像机（TRSVC）控制单元；7—倒车摄像机接通/关闭按钮和侧视系统接通/关闭按钮；8—倒车摄像机接通/关闭按钮和侧视系统接通/关闭按钮的控制单元；9—中央信息显示屏；10—车辆信息计算机；11—视频开关；12—音响放大器（高保真）；13—扬声器；14—中央网关模块；15—集成式底盘管理系统；16—脚部空间模块；17—便捷登车及起动系统

图17-5 自动泊车系统的组成（宝马7系）

第2节　行驶辅助系统

17.2.1　自适应巡航

自适应巡航（Adaptive Cruise Control，ACC）系统是在定速巡航装置的基础上发展而来的。如果前面没车，则可以按照驾驶人设定的期望车速行驶，相当于定速巡航功能，如图17-6所示。如果前车速度很慢，导致本车不能按照期望车速行驶，那么ACC系统可以使两车保持由驾驶人设定的期望车距，如图17-7所示。之后，在需要时车辆会自动降低输出功率、换挡（指自动变速器车辆）和/或制动干预以降低车速。在某些行驶状况下，还需要驾驶人主动进行制动，相关警报信息会以声音和视觉方式提供。

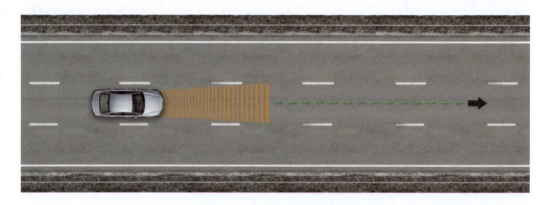

图17-6　"前面没车"的情况

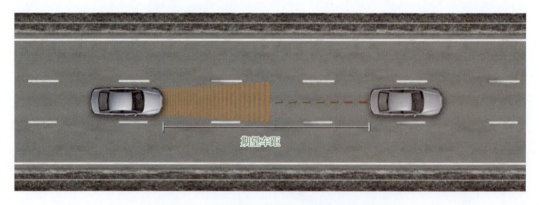

图17-7　"前车速度低于期望车速"的情况

雷达技术被用来实现ACC系统的基本功能。雷达是一种给物体定位的电子手段。发射出去的雷达波束在碰到物体表面后会被反射回来。从发射信号到收到反射信号所需的时间取决于物体之间的距离。如图17-8所示，示例B中的距离是示例A中的两倍，因此，示例B中反射信号到达接收器所需的时间也是示例A中的两倍。

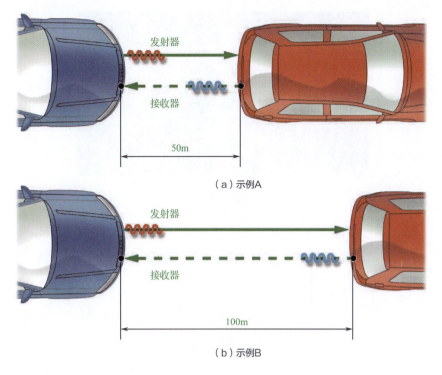

（a）示例A

（b）示例B

图17-8 雷达测距原理

具有停车和起步功能的ACC系统将以前ACC系统的有效范围扩展至低速行驶直至停车，因此，在该车速范围内系统也会自动对车距和车速进行调节。

具有停车和起步功能的ACC系统根据需要自动停车，当它识别到可以重新起步时就会向驾驶人发出提示信息。驾驶人必须对提示信息进行确认才能重新起步。只有在停车时间很短的情况下，如堵车（见图17-9），才会通过具有停车和起步功能的ACC系统自动完成起步过程。

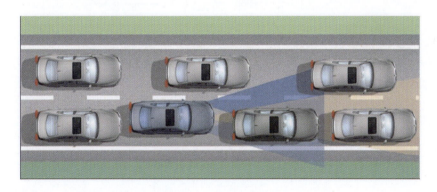

图17-9 堵车情况

短视频占位

17.2.2 紧急预制动

前向紧急制动（Forward Emergency Braking，FEB）系统是一个使用前视摄像头单元信息的干涉系统，如图17-10所示。如果FEB系统判断有必要施加制动以避免碰撞，就会按照一个可以安全停车的速度施加制动。

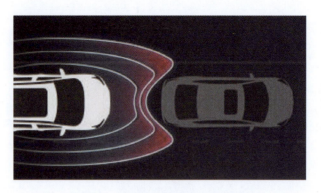

图17-10　前向紧急制动示意图

　　FEB系统使用来自前视摄像头单元的距离信息，以判断如果不立即执行制动是否会发生碰撞。它使用前视摄像头单元衡量与前方行驶车道内车辆的距离。如果有发生碰撞的危险，高级驾驶辅助系统（Advanced Driving Assistance System，ADAS）控制模块会通过CAN通信发送视觉警告信号和蜂鸣警告信号到组合仪表；如果驾驶人不施加制动，ADAS控制模块会发送一个紧急制动请求到ABS ECU，ABS执行器施加制动力到制动器，并尽快安全地停车；ADAS控制单元将制动保持继电器驱动信号发送至制动保持继电器，并点亮制动灯；如果FEB系统使车辆完全停止，车辆将保持停止约2s，直到松开制动器。FEB系统的工作原理如图17-11所示。

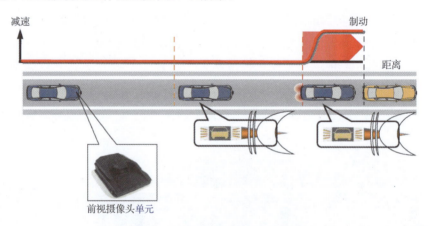

图17-11　FEB系统的工作原理

　　当满足下列条件时，ADAS控制单元会实施制动，过程如图17-12所示。

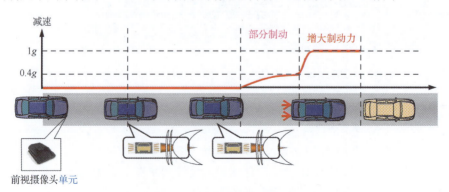

图17-12　FEB系统的制动过程

- FEB系统设置为"ON";
- 车速为10～80km/h;
- 可能与前方车辆发生碰撞。

17.2.3 交通拥堵辅助

交通拥堵辅助(Traffic Jam Assistant,TJA)系统是ACC功能的拓展。与ACC系统相比,它增加了轻微转向调整功能。车距传感器和前置摄像头将前方车辆流量、道路边界、车道宽度、前车车距及本车的转向角等信息反馈给车距控制单元。车距控制单元根据内部算法,规划汽车在何时加速、减速直至停车。发动机控制单元根据规划的策略,对车辆实施加速、减速、制动灯控制指令;转向控制单元根据规划的策略,对车辆实施转向微调等控制指令;车载电控单元根据规划的策略,对车辆实施报警信号提示或解除等信号指令。

触发TJA功能后,系统接管车辆的控制,但是驾驶人的双手必须放在转向盘上,以准备随时接管车辆的控制。这时的车辆控制系统可以控制汽车转向和加速等,根据策略,保持跟车车距,并时刻监测是否有车辆插入,以便于车辆转向微调和跟车。同时,传感器也会监测驾驶人随时接管车辆控制系统的就绪状态,如果驾驶人始终没有任何反应,系统就会以$2m/s^2$的减速度逐渐平稳制动,直至触发电子稳定性控制(ESC)系统停车,警告灯同时闪烁。

交通拥堵辅助系统的功能由自适应巡航系统、预碰撞安全系统和车道保持系统共同实现,应用场景如图17-13所示。该系统利用前方雷达及风窗玻璃上的内置式摄像头,在车速低于60km/h时保持对前车行驶情况的监测。在拥堵路况可以实现自动跟车及制动,并在车辆偏离车道时纠正行驶轨迹,辅助驾驶人控制车辆。同时通过对发动机控制系统、制动系统及转向系统的主动控制实现对前方车辆的自动跟随。

图17-13 交通拥堵辅助系统的应用场景

17.2.4 交叉行驶辅助

交叉行驶警告系统可在车辆驶出停车位及其他复杂的情况下(如在复杂的入口和出口处)为驾驶人提供支持,如图17-14所示。根据车辆配置,该系统可提供后部和前部交叉行驶警告功能。

交叉行驶警告系统能够识别车辆前方或后方(根据车辆配置)从侧面接近的目标,以在车辆驶出停车位和进入交叉行驶车流时提醒驾驶人注意交叉行驶情况,并在必要时发出警告——如果识别出有移动目标按照当前车速会在3s内进入车辆前方或后方区域,则会及时发出视觉和声音警告。

图17-14　交叉行驶警告系统示例（驶出停车位）

此外，该系统还会通过后部交叉行驶警告功能控制车外后视镜上的显示屏，主要通过车道变更警告系统的信号单元显示。根据目标接近车辆的方向控制左侧或右侧车外后视镜上的显示内容。在车速低于7km/h时，启用交叉行驶警告功能。该功能的其他前提条件还包括侧面雷达传感器可探测到街道或正在接近的目标。雷达传感器可探测距离车辆30～40m范围内的目标。

17.2.5　车道保持与变更辅助

车道保持辅助系统具有以下功能：如果道路上有车道标线，或者车道与车道标线之间有足够明显的对比，则可识别道路走向；为驾驶人提供关于车道保持辅助系统工作状态的视觉信息；实施修正性或者辅助性的转向干预；如果车道保持辅助系统的转向干预不足以修正转向，则会通过振动转向盘提示驾驶人；如果驾驶人松开转向盘超过设定的时间，则会向驾驶人发出一个视觉和声音提示（转向盘离手识别）；当驾驶人有意变道，如超车时，系统功能将受限。

车道保持辅助系统借助前部摄像头进行车道识别，通过修正转向干预，帮助车辆在各种行车状况下不超出车道。它可用于双车道线和单车道线，当车速大于65km/h时激活并处于主动模式。

车道保持辅助系统的开启方式：

① 通过信息娱乐系统菜单—设置—驾驶员辅助系统开启（或关闭）；

② 通过控制面板中的驾驶员辅助系统设置菜单开启（或关闭），如图17-15所示。

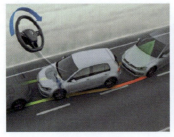

图17-15　车道保持辅助系统开启状态

根据识别到的车道走向，车道保持辅助系统从其内部设定的功能限制和驾驶安全角度出发，计算虚拟车道，如图17-16所示。借助虚拟车道，车道保持辅助系统开始计算车辆相对虚拟车道的侧向定位。如果车辆正在接近虚拟车道边缘或者超出虚拟车道，车道保持辅助系统就会实施转向干预。

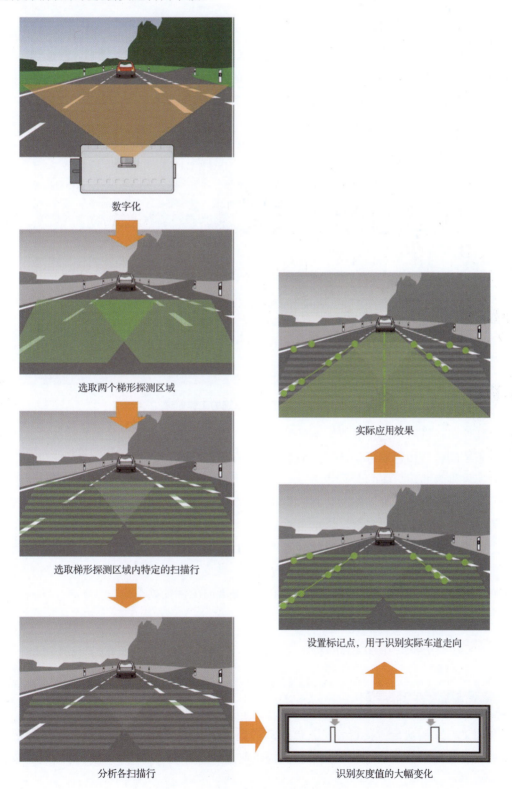

图17-16　根据标记点计算虚拟车道

有不少因变换车道引发的交通事故，主要是在换道时未看清车辆。

通过对相邻车道，尤其是汽车后方区域的持续监控，换道辅助系统为驾驶人在超车和换道过程中提供支持，有助于提高车辆的主动安全性。当相邻车道被一个或多个道路使用者占用时，驾驶人会收到提示。

换道警告系统可识别出本车换道时可能存在的危险交通情况，并分两个等级提示驾驶人。例如，当远处车辆快速从后方驶近本车时，这些车辆会进入图17-17所示的"换车道区域"。驾驶人对此很难做出判断，尤其是在光线阴暗的情况下。雷达传感器工作时完全不依赖于光线强度，因此换道警告系统可为驾驶人提供有效支持。

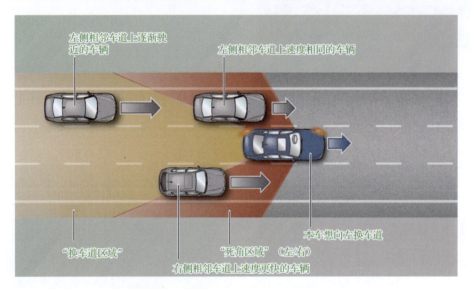

图17-17　换道警告系统的工作原理

其他车辆进入"死角区域"也会引发危险，只有非常谨慎的驾驶人才会发现。换道警告系统的雷达传感器可在直至本车中间区域范围内识别出相邻车道上的其他车辆，为驾驶人提供帮助。

只要换道警告系统已接通且处于准备工作状态，就会在出现换道危险情况时通过第一等级提示驾驶人注意安全。信息通过控制车外后视镜内的警告灯发出。

如果在危险情况下驾驶人想要换道并通过操作转向信号灯做出指示，就会触发第二个更严重的警告等级，相应警告灯高亮度闪烁，转向盘也开始振动，以提示驾驶人注意如何消除危险：驾驶人必须停止换道操作并在必要时返回初始车道。

第3节　视觉辅助系统

17.3.1　盲区监测

如果有车辆从后方接近并进入可探测的范围内，换道辅助系统将向驾驶人发出警告，从而在超车或换道过程中为驾驶人提供帮助，如图17-18所示，这样可以避免车辆在高速公路或类似高速公路的道路上换道时发生交通事故。

图17-18 换道辅助系统

换道辅助系统的开启方式：
① 通过信息娱乐系统菜单—设置—驾驶员辅助系统开启（或关闭）；
② 通过控制面板中的驾驶员辅助系统设置菜单开启（或关闭）。

技术数据：
① 雷达传感器监控车辆后方的距离最大为50m，如图17-19所示；
② 变道辅助系统在车速达到约 10km/h 时会被激活；
③ 雷达传感器的探测角度约为110°。

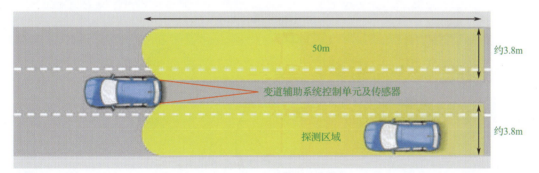

图17-19 有效控制范围

17.3.2 开门警告

当打开驾驶员侧车门时，开门警示辅助系统会发出警告，如图17-20所示。

17.3.3 抬头显示

抬头显示（Head up Display，HUD）系统是将各种车辆系统的信息通过投影显示在驾驶人视野中的光学系统。如果想了解这些信息，驾驶人不用特意改变头部位置，只需在端坐的

图17-20 开门警示辅助系统示例

同时将目光投向前方道路，应用场景如图17-21所示。

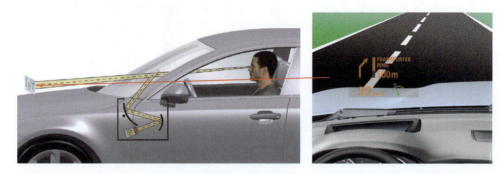

图17-21　HUD系统的应用场景

HUD系统相当于一个投影装置，需要使用光源来投射信息。它利用LED灯组作为光源，通过TFT投影显示屏呈现图像内容。TFT投影显示屏相当于一个滤波器，允许光线通过或阻止光线通过。

通过图像光学元件确定HUD系统投射图像的形状、距离和尺寸，图像仿佛漂浮在道路上，风窗玻璃的作用相当于反光镜。信息投射原理如图17-22所示。

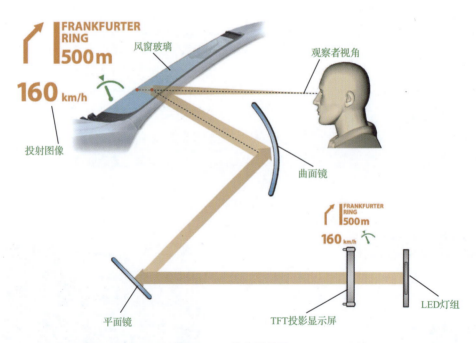

图17-22　信息投射原理

HUD系统投射图像的距离约为2.2m，如图17-23所示。

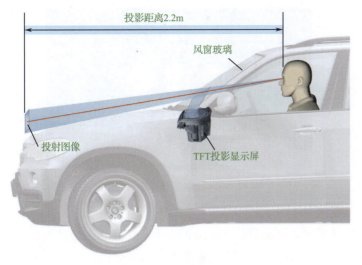

图17-23　投影距离

17.3.4　红外夜视

夜视辅助系统可以帮助驾驶人在黑暗中及时识别车辆前部区域的行人，从而避免发生危险情况。热敏红外摄像头采集车辆前部的热敏图像，并将其显示在组合仪表显示屏上。如果该系统将某物识别为人，则会给图像增加颜色，如图17-24所示。该系统不仅能够探测生命体，还能探测车道和建筑物轮廓。

图17-24　夜视辅助系统识别的行人

第4节　交通警示系统

17.4.1　交通标识提示

基于摄像头的交通标志识别系统不仅使用驾驶员辅助系统前部摄像头识别到的交通标志，还使用导航系统中针对该交通标志的信息，以作为导航规划路段的参考数据，并告知有关前面路段的信息。摄像头识别到的交通标志有更高的优先级。当前部摄像头没有识别到交通标志时，会关闭交通标志识别系统。

自适应巡航（ACC）系统会接受交通标志识别系统识别到的限速，并用于车速控制。

对于识别到的交通标志，有3种显示方法：全屏显示、扩展显示、显示在选装的平视显示器上。如图17-25所示，当采用全屏显示时，可以同时显示识别到的3个交通标志（3个限速标志或两个限速标志和一个禁止超车标志，限速标志可能有不同的附加指示牌）。

图17-25　全屏显示（奥迪Q7）

扩展显示只能显示一个限速标志，如图17-26所示，可能还有一个附加指示牌。在考虑当前形势的情况下，优先显示全屏显示中的限速标志。当前形势可以是时间、识别到挂车、风窗玻璃刮水器的打开状态或前雾灯和后雾灯的打开状态。

图17-26　扩展显示（奥迪Q7）

交通标志识别系统可以在超过显示的限速时警告驾驶人。警告可以是纯视觉警告，即显示的交通标志不停闪烁。如果交通标志下方带有附加指示牌，则在发出警告时保持不动且不闪烁。

17.4.2　疲劳驾驶警告

疲劳驾驶检测通过对转向行为进行分析完成。如果疲劳驾驶警告系统识别到驾驶人有疲劳倾向，将发出声音警告，或在组合仪表的多功能显示屏上显示要求驾驶人休息的信息，如图17-27所示。

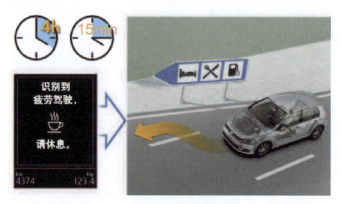

图17-27　疲劳驾驶提醒

第18章
汽车车载网络

第1节　总线系统

18.1.1　车载网络概述

汽车电子技术飞速发展，汽车电器日趋复杂，高度集成的多功能迫使汽车工程师寻求更快速、有效的信息传输方式。

总线技术及车载网络的出现，使汽车能够实现更多更强的功能。为了保证各种汽车电子设备通信顺畅并节省空间，应将各个独立的电子设备连接形成网络。为了保证信号传递的准确性和可靠性，应将原来的模拟信号转变为数字信号，如图18-1所示。

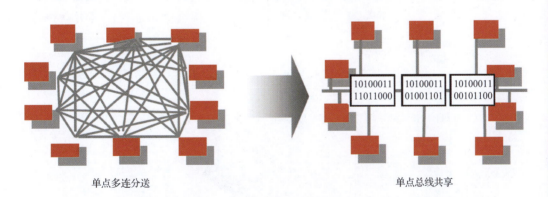

单点多连分送　　　　　　　　　单点总线共享

图18-1　车载网络进化

由于现代汽车的技术水平大幅提高，要求能对更多的汽车运行参数进行控制，导致汽车控制器的数量不断增加，已从开始的几个发展到几十个甚至上百个。数量的增加使汽车控制器之间的信息交换变得更密集。为此德国博世公司研发了一种先进的解决方案——CAN总线，通过提供一种特殊的局域网，实现汽车控制器之间的信息交换，如图18-2所示。

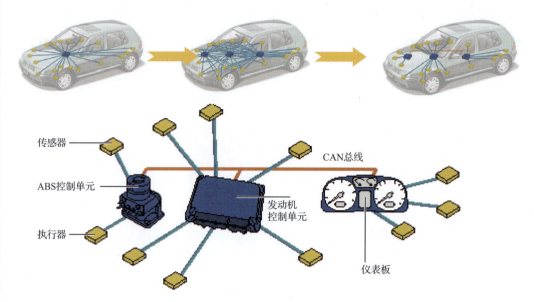

图18-2 汽车总线技术的发展

18.1.2 CAN总线

18.1.2.1 CAN总线的结构与原理

控制器局域网络（Controller Area Network，CAN）总线是双线系统，双线可同时工作，具有很高的可靠性，最大稳定传输速率可达1000kbit/s（1 Mbit/s）。CAN总线的特征如图18-3所示，构件如图18-4所示。

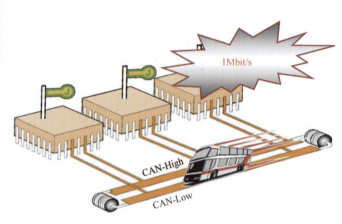

图18-3 CAN总线的特征

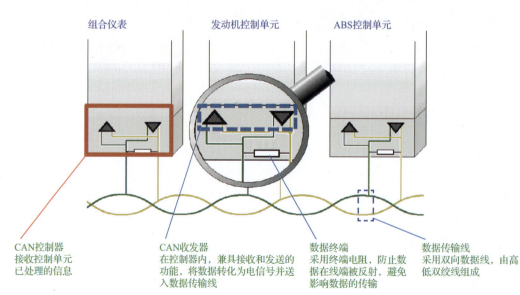

图18-4 CAN总线的构件

当控制器发送信息时,传输的不只是数据本身,还包括属性数据制成的数据包,如图18-5所示。该数据包共有7个数据段,分别用于储存开始区(1位)、有限级别区(11位)、检验区(6位)、数据区(64位)、安全区(16位)、确认区(2位)和结束区。

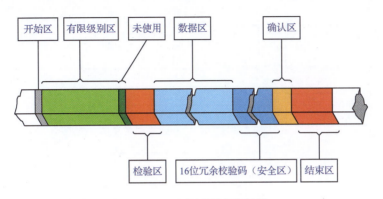

图18-5 CAN总线的数据结构

18.1.2.2　CAN电路检测

1.电阻测量

(1)如果测量的阻值介于60~70Ω之间,表明CAN主线可以正常通信,如图18-6所示。

(2)如果阻值无限大,表明电路断路,可拆下终端电阻模块,单独测量CAN-High和CAN-Low的电阻,应为120Ω左右。

2.电压测量

(1)测量CAN-Low到搭铁之间的电压,正常值为1.5~2.5V,如图18-7所示。

(2)测量CAN-High到搭铁之间的电压,正常值为2.5~3.5V。

图18-6 电阻测量

图18-7 电压测量

18.1.2.3　CAN故障排除

CAN故障排除流程如图18-8所示。

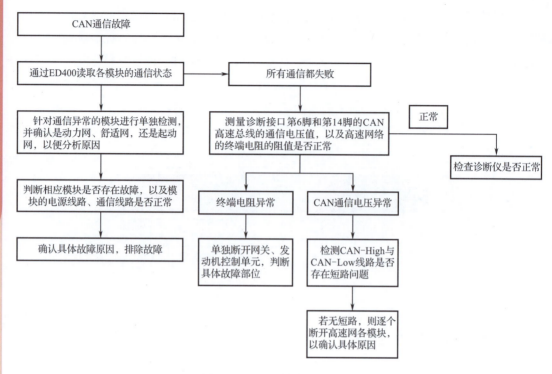

图18-8 CAN故障排除流程

18.1.3 LIN总线

局部互联网络（Local Interconnect Network，LIN）中的"局部互联"，指的是所有控制单元都安装在一个有限的结构空间（如车顶）内，也称为"局部子系统"。

汽车中各个LIN总线之间的数据交换是通过CAN总线进行的，并且每次只交换一个控制单元的数据。LIN总线是一根单线总线，应用示例如图18-9所示。它有基本颜色（紫色）和识别颜色，不需要进行屏蔽。一个LIN主控制单元最多可以和16个LIN从属控制单元进行数据交换，数据传输速率为1～20kbit/s。

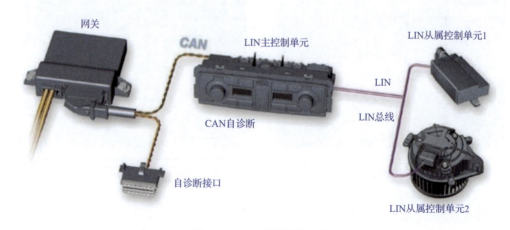

图18-9 LIN总线应用示例

18.1.4 FlexRay总线

FlexRay 联合组织是一个成立于2000年的跨厂商研发组织，其成员包括宝马、通用、克莱斯勒、大众等汽车制造商。该组织的标志如图18-10所示。

使用 FlexRay 的目的是满足车内联网的更高要求，尤其是提高数据传输速率、实现实时功能和确保故障安全性。它可以扩展车辆动态调节、车距控制及图像处理等功能的使用范畴。

图18–10　FlexRay的标志

以奥迪Q7车型的 FlexRay 为例，它具有以下特点：采用电子双线式总线；数据传输速率最高可达10Mbit/s；数据传输有"空闲"、"数据 0"及"数据1" 3种信号状态；采用"活跃"星形的拓扑结构，实现了分部式调节并可在安全相关的系统中使用。

FlexRay使用的两条导线分别为总线正线和总线负线，其电平在1.5～3.5V 之间变化。FlexRay 工作时存在 3 种信号状态：

①"空闲"——两条导线的电平都为 2.5V；

②"数据 0"——总线正线的电平较低，总线负线的电平较高；

③"数据 1"——总线正线的电平较高，总线负线的电平较低。

传输时长取决于导线长度和总线驱动上的过渡时长。信号采用分化传输，因而需要使用两条导线。在接收器中，通过两个信号的差异测定原先的比特状态。典型的值包括 1.8～2.0V的电压差，如图18-11所示。在发送器中，至少存在1200mV的电压差；在接收器中，至少还存在 800mV 的电压差。如果在 640～2660ms 内，总线上没有活动，FlexRay 会自动进入睡眠模式（"空闲"）。

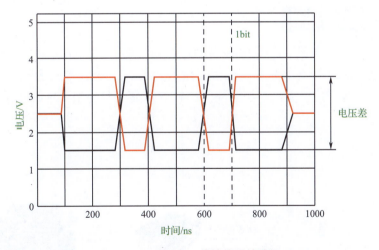

图18–11　FlexRay传输信号的特征

18.1.5 MOST总线

媒体定向系统传输（Media Oriented System Transport，MOST）总线采用光信号传输数据，传输速率可达25Mbit/s，为环形结构。信息娱乐系统为保证声音和画质的质量，对传输速率要求高，故采用MOST总线通信，优点是导线少、重量轻、抗干扰且传输快。

每个MOST控制单元都可以将数据发送到MOST总线上，只有中央网关模块能够实现MOST总线与其他总线之间的数据交换。MOST总线通过不同通道传输数据。由于应用目的不同，数据被发送到数据流（通道）内的不同时间窗上。数据传输通道的结构如图18-12所示。

控制信号通过控制通道发送，如顶级高保真音响放大器音量调节信号和诊断数据。同步通道主要用于传送音频数据。异步通道传输导航系统的图像数据，如地图视图和方向箭头。对MOST总线内的控制单元进行编程时使用控制通道和异步通道，并针对MOST直接存取接口进行相应适配。

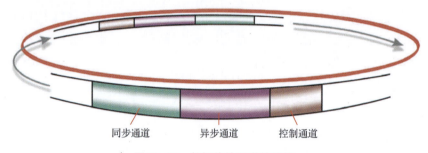

图18-12　数据传输通道的结构

第2节　车联网

18.2.1　车联网硬件

车联网系统包含主机、汽车T-Box（智能车载终端）、手机App及后台系统4部分。其中，主机主要用于影音娱乐和车辆信息显示；汽车T-Box主要用于和后台系统/手机App互联通信，实现后台系统/手机App的车辆信息显示与控制。车联网系统的组成如图18-13所示。

图18-13　车联网系统的组成

汽车T-Box与主机通过CAN总线通信,实现指令与信息的传递,从而获取包括车辆状态、按键状态等信息和传递控制指令等;通过音频连接,实现双方共用麦克风与喇叭输出。汽车T-Box与手机App是通过后台系统以数据链路的形式进行间接通信(双向)。汽车T-Box与后台系统的通信包括语音和短信两种形式,短信形式可实现一键导航及远程控制功能。

18.2.2 远程控制功能

常用的远程控制方式是通过手机App(界面见图18-14)向车辆发送指令。基于车联网平台,用户可以通过手机App发送远程控制的指令,待身份验证成功后,后台系统发送指令给汽车T-Box,如果T-Box处于休眠状态,后台系统会发送短信以唤醒T-Box进行后续操作;如果T-Box处于工作状态,则无须唤醒,直接接收远程控制的指令,并将信号传递给车辆的执行机构,执行后的结果会反馈给T-Box,并通过后台系统发送到手机App,从而形成闭环,实现远程控制交互流程。

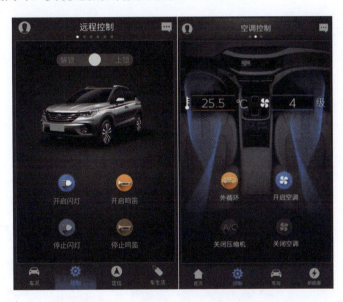

图18-14 车辆远程控制功能界面

第19章 汽车车身系统

第1节 车身控制系统

19.1.1 系统功能

车身控制系统的核心是车身控制模块（BCM），它能够完成多种车身控制功能。与车身控制模块直接连接的部件由车身控制模块控制。该模块基于以下信息控制输出：①从与车身控制模块直接连接的传感器和开关处获得的输入信息；②从与2级串行数据连接的其他车辆系统借用的信息。车身控制系统框图如图19-1所示。

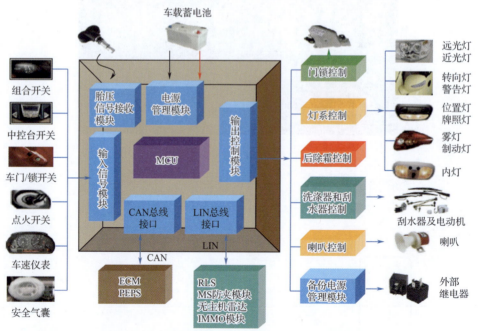

ECM—发动机控制模块；PEPS—无钥匙进入起动系统；MCU—主控制单元；RLS—雨量光照传感器；MS—车窗；IMMO—发动机防盗器

图19-1 车身控制系统框图

19.1.2 系统原理

BCM包括低功率模式的微处理器、电可擦除只读存储器（EEPROM）及CAN、LIN收发机和电源。BCM具有离散的输入和输出端子，能够控制车身大部分功能。它通过高速CAN总线与其他主要电气系统实现交互，通过LIN总线与次要电气系统实现交互，如图19-2所示。BCM的电源模式主控模块（PMM）功能是为大部分车辆电器部件供电。

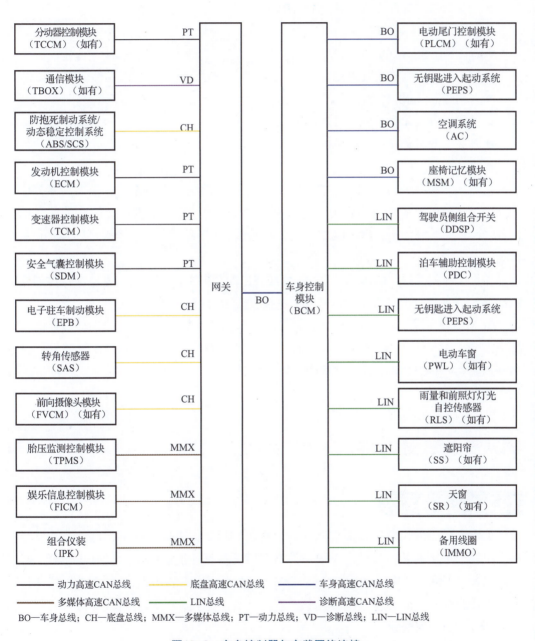

图19-2 车身控制器与车载网络连接

BCM通过车身高速CAN总线与以下部件直接通信：
- 座椅记忆模块（MSM）（如有）；
- 电动尾门控制模块（PLCM）（如有）；
- 空调系统（AC）；
- 无钥匙进入起动系统（PEPS）；
- 网关（Gateway）。

BCM通过LIN总线与以下部件直接通信：
- 雨量和前照灯灯光自控传感器（RLS）（如有）；
- 天窗（SR）（如有）；
- 遮阳帘（SS）（如有）；
- 泊车辅助控制模块（PDC）；
- 备用线圈（IMMO）；
- 无钥匙进入起动系统（PEPS）；
- 驾驶员侧组合开关（DDSP）；
- 电动车窗（PWL）。

在点火开关打开后，BCM唤醒安全系统、照明系统和诊断系统。当点火开关位于"ACC"位置时，BCM允许洗涤器/刮水器和电动车窗系统运行；当点火开关位于"ON"位置时，燃油系统开始工作，BCM通过CAN总线、LIN总线与其他模块进行互联和信息传递。

在点火开关关闭，CAN总线和LIN总线停用的状态下，如果仍与蓄电池保持连接，BCM将一直处于睡眠待命状态，随时准备接收CAN总线和LIN总线的信号。

BCM监控所有信息的输入和输出，当检测到故障时，相应的故障码会被存储在故障记录中。BCM能检测到短路和开路，以及错误的CAN总线和LIN总线信号。在检测到故障后，BCM将关闭相应功能。待故障消除后，相应功能将在下次功能请求时被激活。

第2节 车身饰件

19.2.1 车内饰件

车内饰件一般指轿车车厢的隔板、门内装饰板、仪表板、扶手、地垫及盖板等部件。相较于车辆的其他部件，车内饰件对车辆的运行性能影响不大，但其外形一览无余，代表了车辆的形象，并承担减振、隔热、吸音和隔音等功能，对轿车的舒适性具有十分重要的作用。

19.2.1.1 仪表板

仪表板是汽车驾驶室中安装各种指示仪表和点火开关等的总成。它安装在仪表嵌板上，或者作为附件安装在转向管柱上。仪表板能够随时反映车辆内部运行状态，它也是部分设备的控制中心和被装饰的对象。仪表板既有技术的功能，又有艺术的功能，是整车风格的代表之一。以奥迪Q3车型为例，仪表板的部件分解如图19-3所示。

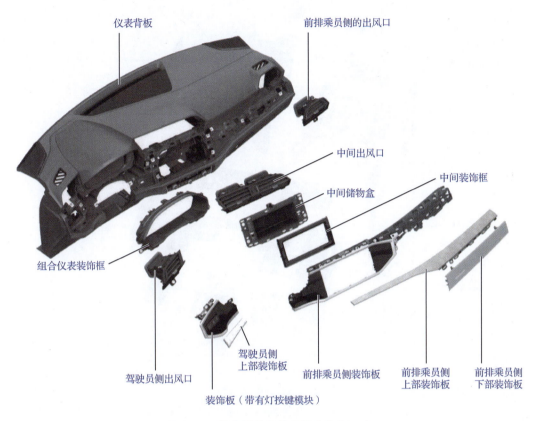

图19-3　仪表板的部件分解（奥迪Q3）

19.2.1.2　地垫及盖板

汽车隔音材料是指针对汽车噪声设计的材料，主要有丁基橡胶、环保的阻尼片、橡塑及EVA/EPDM（乙烯-乙酸乙烯共聚物/三元乙丙橡胶）板材等。

汽车制震胶有两种，一种是丁基橡胶制震胶，另一种是沥青制震胶。丁基橡胶制震胶耐温性好，在高温300℃和低温-80℃的环境下性能稳定，不变形、不开裂，粘贴牢固。沥青制震胶价格实惠，应用普遍，一般用于车底甲盘、行李舱，效果理想。汽车隔音棉和汽车制震胶二者结合可以得到更好的效果。此外，也有使用软塑料作为车内隔音材料的。

以大众途锐车型为例，它有两种隔音套件。汽油发动机隔音套件由沥青薄膜消音垫组成；柴油发动机配套使用4个沥青铝合金夹层形式的消音件，如图19-4所示。

汽车内部常用的地垫及盖板如图19-5所示。

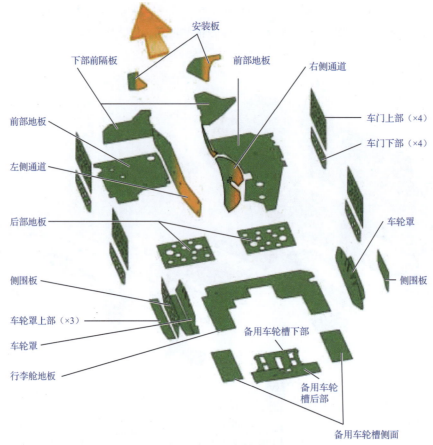

图19-4 汽车隔音垫

（绿色表示沥青塑料薄膜；绿色/橙色表示用于柴油版的铝合金夹层薄膜）

图19-5 汽车内部常用的地垫及盖板

19.2.1.3 座椅

汽车座椅按形状可分为分开式座椅、长座椅；按材质可分为真皮座椅和绒布座椅等；按功能可分为固定式、可卸式、调节式座椅；按乘座人数可分为单人、双人、多人座椅。根据座椅的使用性能，从最早的固定式座椅发展到多功能的动力调节座椅（气垫座椅、立体音响座椅等），再到电子调节座椅。此外，还有一些特殊使用对象的座椅，如儿童座椅和赛车座椅等。空调座椅结构如图19-6所示。

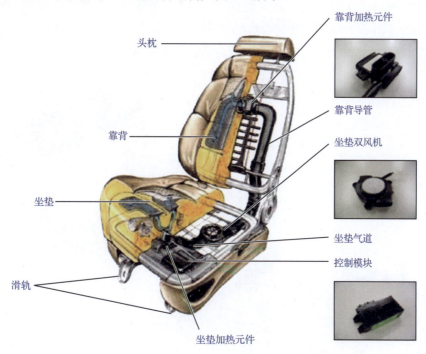

图19-6　空调座椅结构

普通五座轿车的座椅布置采用前2后3的形式；七座的MPV与SUV车型采用2+2+3和2+3+2两种布置形式，如图19-7所示。

图19-7　汽车座椅布置形式（2+2+3）

19.2.2 车外饰件

车外饰件主要指前、后保险杠及轮眉、格栅、散热器装饰罩、防擦条等通过螺栓或卡扣及双面胶条连接在车身上的部件。其功能包括装饰保护及开启等。

19.2.2.1 保险杠

汽车保险杠是吸收和减缓外界冲击力、保护车身前后部的安全装置。轿车的前、后保险杠均用塑料制成，又称为塑料保险杠。一般汽车的塑料保险杠是由外板、缓冲材料和横梁组成。其中，外板和缓冲材料均用塑料制成，横梁用冷轧薄板冲压制成U形槽，外板和缓冲材料附着在横梁上。以奥迪A3车型为例，前保险杠的组成部件如图19-8所示。

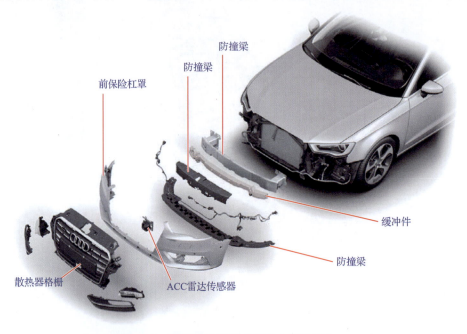

图19-8 前保险杠的组成部件（奥迪A3）

奥迪A3车型的后保险杠主要包括一块焊有连接板的罩和一块内置排气装置尾管扩散器的扰流板，如图19-9所示。连接板上固定有侧向辅助系统的传感器。车尾传感器固定在后保险杠罩上。保险杠通过连接板安装在车身尾部，在侧面通过事先安装好的导向件平齐地固定在车身侧围板上。

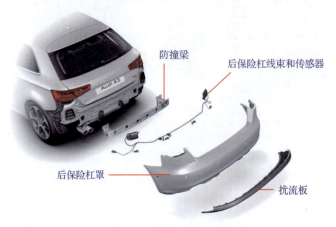

图19-9 后保险杠的组成部件（奥迪A3）

19.2.2.2 天窗

汽车天窗安装在车顶，不仅能够有效地使车内空气流通，增加新鲜空气的流入，也可以开阔视野。汽车天窗大致分为外滑式、内藏式、内藏外翻式、全景式和窗帘式等，主要用于商用SUV、轿车等车型。以奥迪A3车型为例，全景滑动/外翻式天窗粘接在车身的车顶切口内，其部件分解如图19-10所示。

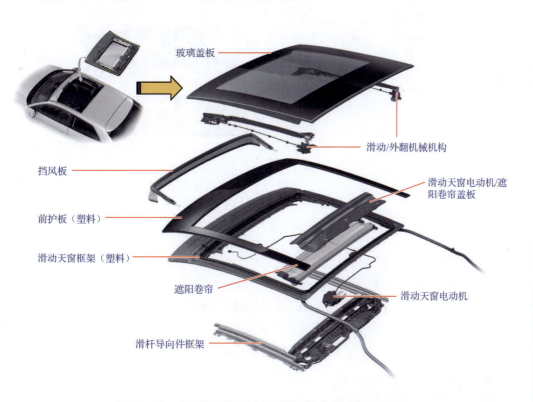

图19-10　全景滑动/外翻式天窗的部件分解（奥迪A3）

19.2.2.3 后视镜

后视镜按安装位置分有外后视镜、下后视镜和内后视镜。外后视镜反映汽车后侧方情况，下后视镜反映汽车前下方情况，内后视镜反映汽车后方及车内情况。用途不同，镜面结构也不同。一般后视镜的镜面主要有两种，一种是平面镜，其镜面是平的，用术语表述就是"表面曲率半径为无穷大"，这与一般家庭用镜相同，可得到与目视大小相同的映像，常用作内后视镜；另一种是凸面镜，其镜面呈球面状，具有大小不同的曲率半径，映像比目视小，但视野范围大，类似相机的"广角镜"，常用作外后视镜和下后视镜。轿车及其他轻型乘用车一般装配外后视镜和内后视镜，大型商用汽车（大客车和大货车）一般装配外后视镜、下后视镜和内后视镜，如图19-11所示。

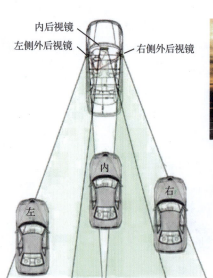

轿车的外后视镜（单一独立）

商用车的外后视镜（上、下分布）

内后视镜

图19-11 后视镜的作用与安装位置

第3节 白车身

白车身（Body in White）按照车身术语标准的定义，是指车身结构件及覆盖件焊接总成，并包括前翼板、车门、发动机罩、行李舱盖，但不包括附件及装饰件的未涂漆的车身。涂装后的白车身加上内、外饰件（仪表板、座椅、风窗玻璃、地毯、内饰护板等）和电子电器系统（音响、线束、开关等），以及底盘系统（制动、悬架系统等）和动力总成系统（发动机、变速器等）就组成了整车。

19.3.1 汽车车身材料

汽车车身常用的材料是钢。钢是含碳量最高为2.06%的铁碳合金。通过与其他元素（铬、锰、镍、硅等）相融合，可以改变钢的特性，见表19-1。含碳量决定了钢的强度。

表19-1 汽车用金属材料的构成元素

合金元素	改变钢的特性
铬	提高钢的耐腐蚀性
锰	细化晶粒；提高强度；增强淬透性；提高硬度、拉伸率和耐磨性，影响焊接性能和锻造性能
钼	提高强度和韧性；提高耐腐蚀性；改善淬透性，促进晶粒形成，改善焊接性能
镍	提高强度和韧性；有助于奥氏体晶格结构的稳定，提高低温下的可塑性
磷	提高强度；有助于平衡可压缩性和强度
硅	提高强度和弹性极限；细化晶粒
氮	提高奥氏体钢的强度；改善高温下的力学性能
钛（铌）	提高强度和韧性；抑制晶粒长大，有助于细化晶粒；抑制铬合金钢中铬碳化物的析出，以抑制晶间腐蚀

因此，按照钢的特性对其进行分类是非常有意义的。例如，可以按照力学性能，如拉伸强度进行分类，示例见表19-2。

表19-2 钢的分类示例

类别	拉伸强度/MPa	钢分类
普通钢	<300	深冲钢
高强度钢	300~480	烘烤硬化钢
	350~730	微合金钢；各向同性钢
	340~480	磷钢；无间隙钢（IF钢）
	500~600	双相钢（DP钢）
	600~800	相变诱发塑性钢（TR IP钢）
超高强度钢	>800	多相钢（CP钢）：含碳量很低，并含有合金元素
超高强度热成型钢	>1000	马氏体钢

质量在汽车制造中变得越来越重要。这是因为汽车要达到节约能源和环保的目标。使用较轻的材料可以减小车辆的质量，如使用铝作为材料。

为了保证车身组件的使用性能，不使用纯铝材质，而使用铝合金材质。因为纯铝的强度很低，但通过熔合其他元素可以改变铝的特性。首先改善其强度和抗腐蚀性。组成铝合金的主要成分为镁和硅。这种合金形式是型材钢、铸件节点、铝板的基础。以奥迪A8车型为例，其车身结构首次采用不同的材质来构建——将铝、钢、镁和碳纤维增强复合材料（CFK）混合使用，即同时使用4种不同的轻结构材质，其中成分最多的是铝，如图19-12所示。

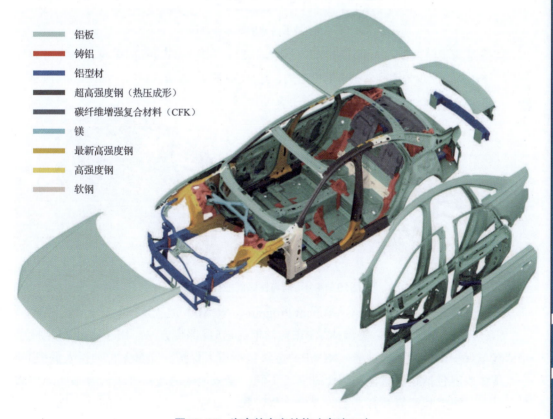

图19-12 汽车的车身结构（奥迪A8）

并不是车身所有的材料强度越高越好，要看用在什么地方。例如驾乘室的框架（如横梁、纵梁、ABC柱等），为了使驾车室的空间尽量不变形（保证驾乘人员安全），就必须采用高强度的材料；而车前和尾部的材料（如引擎盖板、翼子板等），为了能够吸收撞击力，可以使用强度相对较低的材料。

19.3.2 汽车碰撞安全

在汽车碰撞中，重要的是保护车内人员的安全，因而希望驾乘室的变形尽可能小。在设计汽车时考虑到这一点，于是在汽车碰撞时，让一部分机构先溃缩，以吸收部分撞击能量，从而减少传递到驾乘室的撞击力，如图19-13所示。

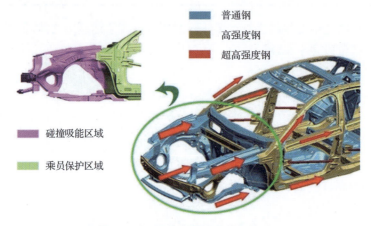

图19-13　碰撞能量的吸收与传递

同样是为了保护车内人员，在汽车受到撞击时，利用特殊设计的车身，将撞击力分散、转移，从而减少传递到驾乘室的撞击力，达到保护车内人员的目的，如图19-14所示。

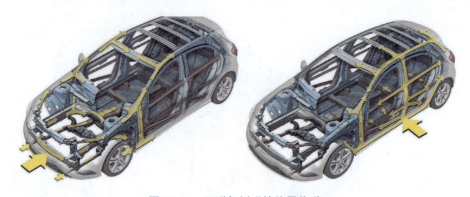

图19-14　正碰与侧碰的能量传递

新车评价规程（New Car Assessment Program，NCAP）是考验汽车安全性的测试。

NCAP最早始于美国，美国NCAP在1978年提出5星评价方法，用于在正面碰撞中评价汽车保护车内乘员的性能。NCAP的星级包括成人保护、儿童保护、行人保护3部分，具体内容包括正面碰撞和侧面碰撞。不同国家或地区的碰撞测试内容不同，如欧盟、日本、澳大利亚等都有自己的评价规程，我国目前也有较为成熟的评价规程。在这些评价规程中，被世界公认最为严苛的是欧盟实施的Euro NCAP。美国NCAP规定：

40%ODB[①]正面碰撞速度为64km/h，侧面碰撞速度为50km/h；我国NCAP规定：正面100%刚性壁碰撞速度为50km/h，40%ODB正面碰撞速度为64km/h，侧面碰撞速度为50km/h。碰撞测试成绩则由星级（★）表示，共有5个星级，星级越高，表示车辆的碰撞安全性能越好。不同的碰撞安全检测体系标识如图19-15所示。

中国

欧洲

日本

澳大利亚

图19-15 不同的碰撞安全检测体系标识

第4节 汽车钣金基础

19.4.1 汽车车身修复

19.4.1.1 小面积矫正

当从板材表面敲击凹陷处时，会出现材料拉伸以从外部恢复正常形状，而内部则由于材料堆积而出现隆起。如果将凹陷从中心点往回敲，隆起区的板材材料会立刻翘起。每次锤击后会产生新的拉伸区和隆起区。在整平时应注意，要消除已有的拉伸区和隆起区，并且保证不要再产生。在一般情况下，整平操作是按照从凹陷边缘到凹陷中心的顺序进行的，如图19-16所示。只要在板材背面使用相应的支架，就能控制敲击的程度并使其有效。

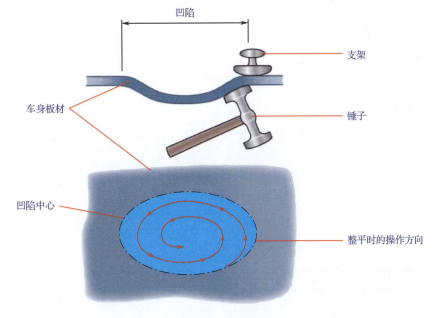

图19-16 击打整平

---

① ODB试验是一种正面偏置碰撞试验，用于模拟车辆与其他车辆发生40%重叠的正面碰撞的交通事故。

金属在加热时会拉伸,在冷却时会收缩。加热整平法对于直径最大为10cm,深度为1～2mm的凹陷效果最好。如果使用燃烧器对凹陷从边缘开始呈螺旋形加热,直至中心,则热量集中在凹陷中心位置,周围的车身面也会同时隆起。这时可以用专用锉刀(通过锉刀导热)将凹陷隆起部分中部锉平。锉刀放在凹陷边缘处,能够吸走大部分的热量。这样就可以将放入较深的材料拉伸到边缘并抬高凹陷中部,如图19-17所示。**注意事项**:锉刀用于快速导热,而非锉平材料。

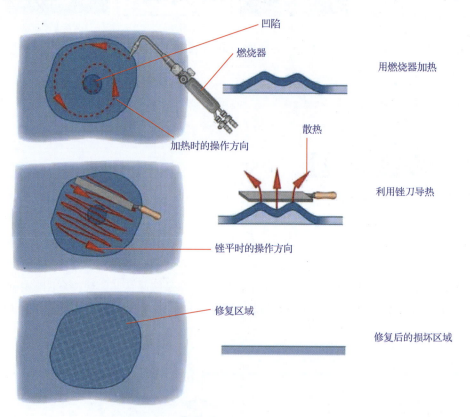

图19-17 加热整平法

19.4.1.2 大面积矫正

如果车身受损严重(变形),使其结构也受损,则须借助矫直台和矫直机矫正或复原,如图19-18所示。

维修车身最常用的方法是变形复原。以向上校准三点牵引为例,牵引链通过液压缸张紧,其一端固定在需要矫正的车身部件(在本示例中借助附加的链环)上,另一端固定在矫直机上。如果操作液压缸并将其向上牵出,链条会张紧并向上拉伸需要矫直的车身部件。

19.4.2 汽车车身焊接

常见的汽车车身焊接方式有气体保护焊、电阻焊、激光焊等,下面主要介绍应用广泛的点焊。

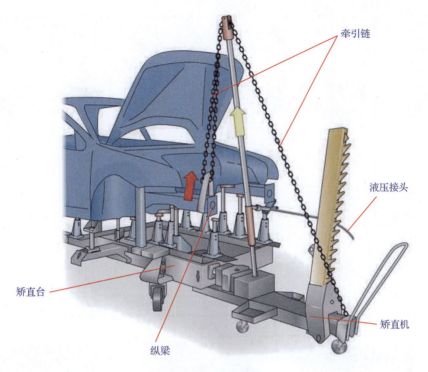

图19-18 车身矫正

点焊是在压力和通电时所产生的热量的共同作用下,将两块工件焊接在一起的。其热量表达式为

$$Q = I^2RT$$

式中,Q是电阻热(J);I是电流(A);R是电阻(Ω);T是通电时间(s)。

点焊原理示意图如图19-19所示。

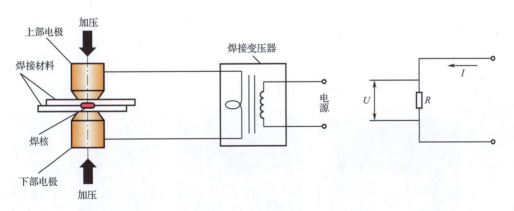

图19-19 点焊原理示意图

点焊过程(见图19-20)就是在热与电极压力作用下形成焊点的过程。其中,热作用使工件贴合面母材金属熔化;电极压力作用使焊接区产生必要的塑性变形。

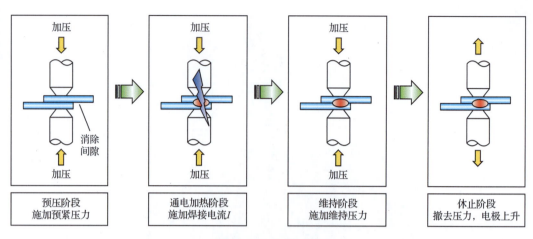

图19-20 点焊过程

点焊常见问题及解决方法见表19-3。

表19-3 点焊常见问题及解决方法

问题	标准	虚焊	裂纹
图例			
原因	焊点完整无缺，表面平滑无异物，颜色正常，焊核直径足够，压痕深度合适，焊点位置准确，无干涉、无分流	1.电极端面直径过大或镀层过硬；2.冷却效果不佳；3.压力过大；4.板材配合不良；5.电流过小	1.电极直径过小；2.电流过大；3.压力不足；4.保持时间过短；5.通电时间过长
对策	无任何表面缺陷，半破坏检查或全破坏检查正常，拉力试验值满足相应标准要求	1.确认电极状态并及时修磨；2.确认冷却效果；3.确认板材配合状态；4.测量实际输出电流和压力；5.增大电流	1.保证电极直径合适；2.保证电极的对中性；3.减小电流；4.增大压力；5.减少通电时间
问题	气孔	穿孔	焊渣飞溅
图例			
原因	1.压力不足；2.电流过大；3.保持时间过短；4.通电时间过长	1.电流过大；2.加压力不足；3.预压不足；4.板材与电极间有粉尘或油污；5.电极形状不良；6.焊接打点姿势不良	1.压力不足；2.电极端面修磨不平整；3.电流过大；4.通电时间过长
对策	1.测量焊枪的实际输出压力；2.增大压力；3.减小电流；4.减少通电时间	1.确认电极状态；2.减小电流；3.增大压力；4.确认板材配合状态	1.增大压力；2.规范电极端面修磨；3.减小电流；4.减少通电时间

续表

问题	压痕过深	电极黏着	表面氧化
图例	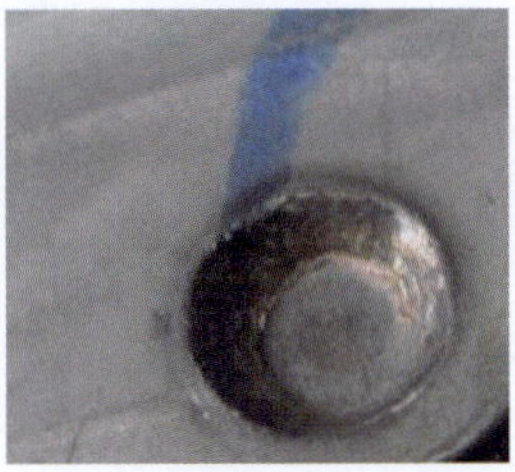		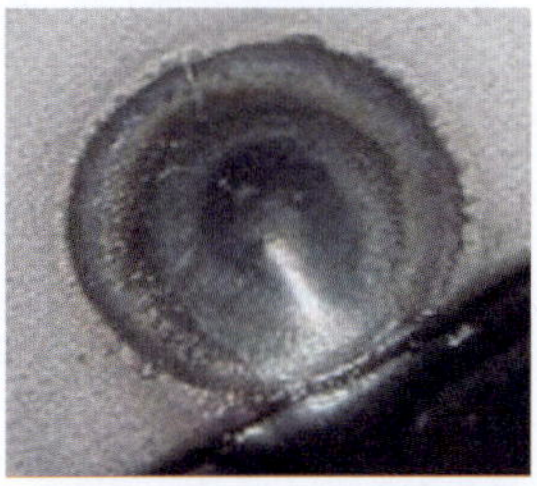
原因	1.电极直径过小；2.电流过大；3.通电时间过长；4.零件间隙过大	1.焊接电流过大；2.冷却效果不佳；3.电极端面过小或不平整	1.板材配合不良或打点位置不佳；2.压力不足；3.电流过大；4.通电时间过长；5.保持时间不足
对策	1.确认电极状态；2.适当调整电流和通电时间；4.确认板材配合	1.减小焊接电流或采用二次通电缓冷的方式；2.确认冷却效果；3.确认电极端面修磨直径及平整度	1.确认零件配合状态和打点位置；2.增大压力；3.减小电流；4.减少通电时间；5.延长保持时间
问题	毛刺	焊核偏小	偏位
图例	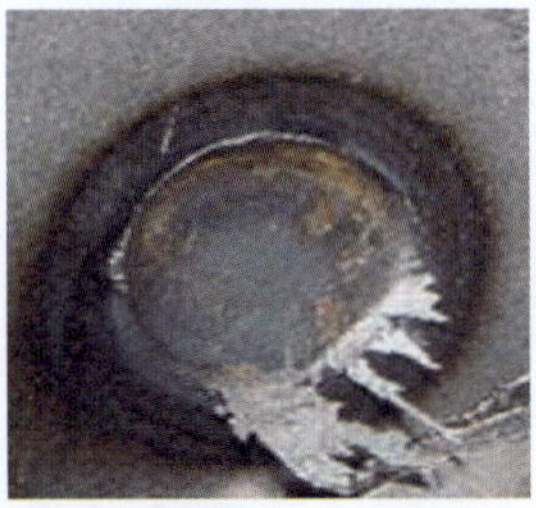		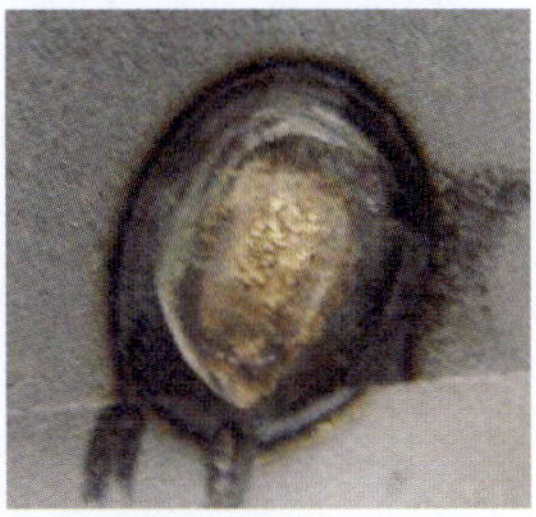
原因	1.电极端面修磨不平整或过小；2.电流过大；3.压力不足；4.预压不足；5.焊枪操作不良；6.冷却效果不佳	（焊点全破坏检查后形貌）1.电极不对中或端面不平；2.电流过小；3.板材间隙较大；4.电极端面直径过大或镀层过硬	1.零件精度偏移；2.焊接打点位置偏移
对策	1.确认电极直径及平整度；2.增大压力；3.减小电流；4.打点示教；5.改善冷却效果	1.确认电极修磨及对中状态；2.增大电流；3.确认板材配合	1.确认焊点位置；2.打点示教；3.确认零件状态

第5节　汽车涂装基础

19.5.1　汽车油漆知识

　　现代化轿车生产线上的车身涂装流程如图19-21所示。因为完成涂装前的车身是一个平整的空壳子，所以涂装过程采用的原材料基本是单组分的（常温下配料，但不起化学反应，能达到管道输送的工艺要求），并选用高温固化工艺。

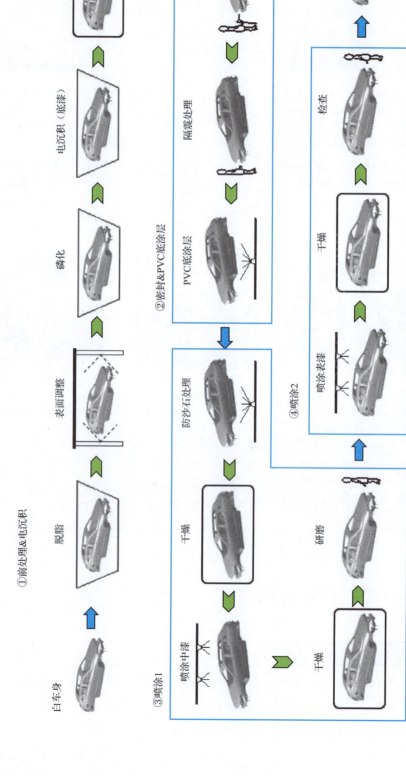

图19-21 现代化轿车生产线上的车身涂装流程

汽车修补涂装是指经钣金修复的平面,通过加工达到原厂漆要求的表面。由于此时汽车内饰件等零部件均已安装到位,考虑到修补涂装过程的安全性、可靠性,所以油漆修补涂装过程所用的原材料基本是双组分的(现用现配,使用时间有严格的限制),并采用室温固化或烘烤强制固化工艺。

汽车修补漆不等于原厂漆,但它正向着与原厂漆效果看齐的方向发展,二者的对比如图19-22所示。

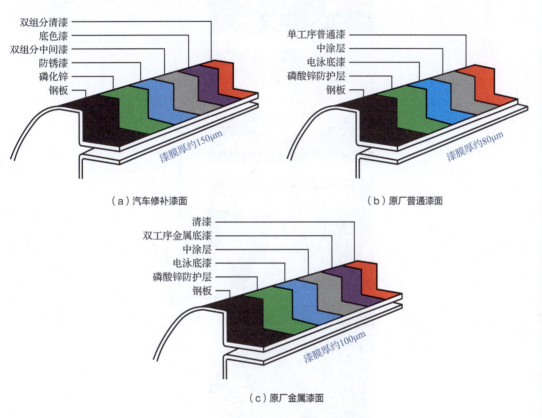

图19-22 汽车修补漆与原厂漆的对比

19.5.2 涂装修复流程

汽车车身局部涂装修复流程见表19-4。

表19-4 汽车车身局部涂装修复流程

步骤	操作项目	图示	说明
1	清洁、除油		使用压力枪和除硅清洁剂清除车身上的灰尘和油渍

续表

步骤	操作项目	图示	说明
2	清除旧漆层	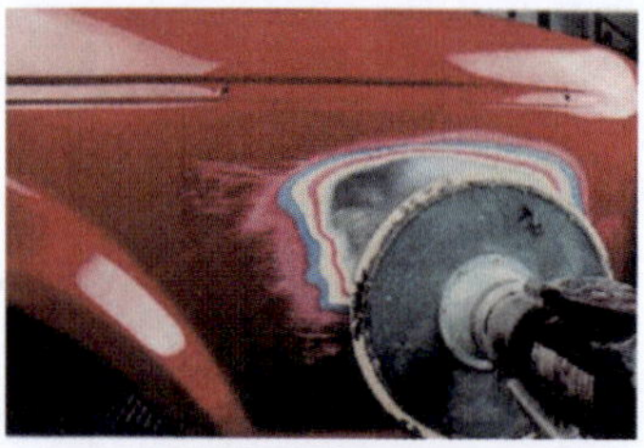	使用P60～120号砂纸配合单向式打磨机清除受损位置的旧漆层
3	打磨羽状边缘	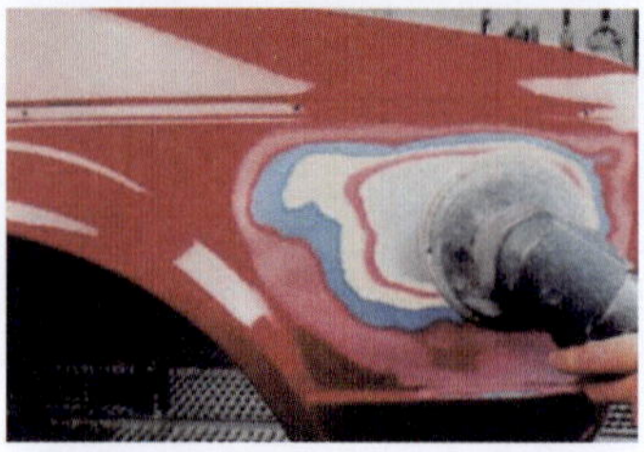	使用P120～180号砂纸打磨羽状边缘
4	清洁、除油、遮蔽	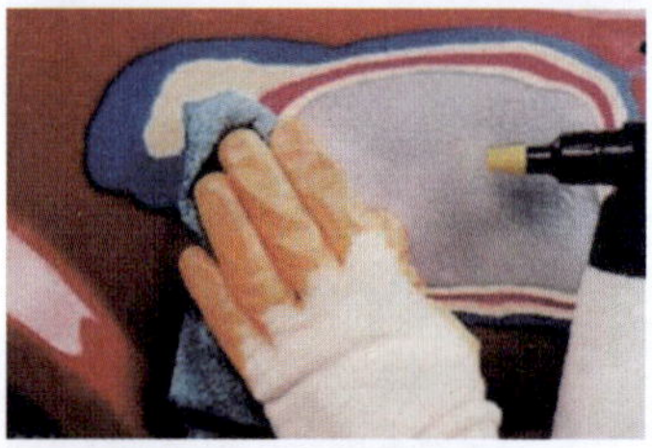	使用压力枪和除硅清洁剂清除车身上的灰尘和油渍，使用反向粘贴法遮蔽车身需要喷涂底漆的位置
5	喷涂底漆		混合底漆并喷涂1～2层于打磨后露出的金属位置，然后烤干或在20℃下自行干燥30min 注：喷涂底漆时须配戴防毒面罩，并在喷涂间内进行操作
6	填补打磨原子灰		混合原子灰填补于车身凹陷的位置，然后烤干或让其在20℃下自行干燥30min
7	打磨原子灰	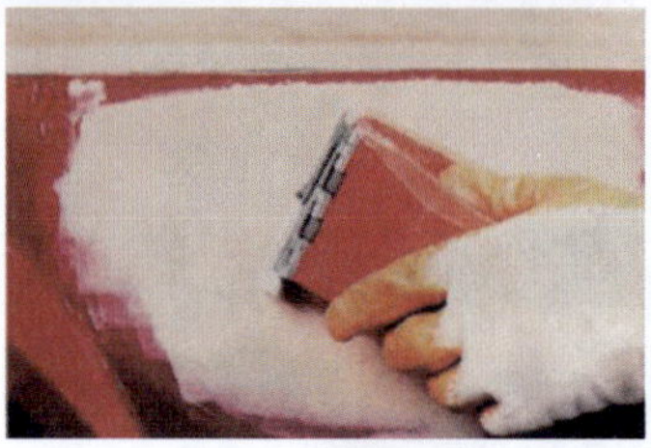	使用P60～280号干磨砂纸打磨干燥后的原子灰，如有需要可使用填眼灰或喷涂原子灰填补针孔、砂纸痕等

续表

步骤	操作项目	图示	说明
8	清洁、除尘、遮蔽	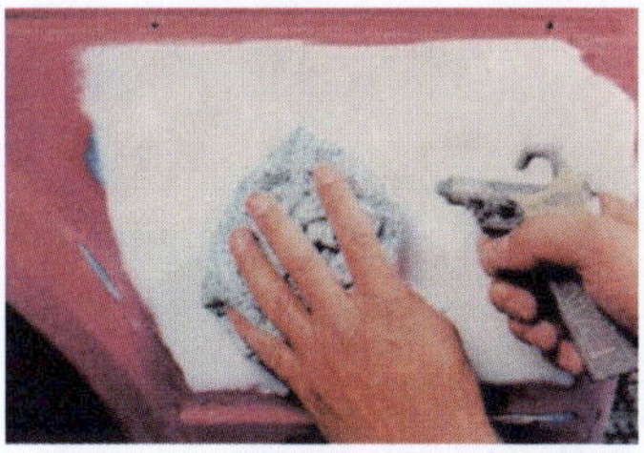	使用吹尘枪和除硅清洁剂清除车身上的灰尘和油渍，若需要可使用反向粘贴法粘贴遮蔽纸
9	喷涂中涂漆	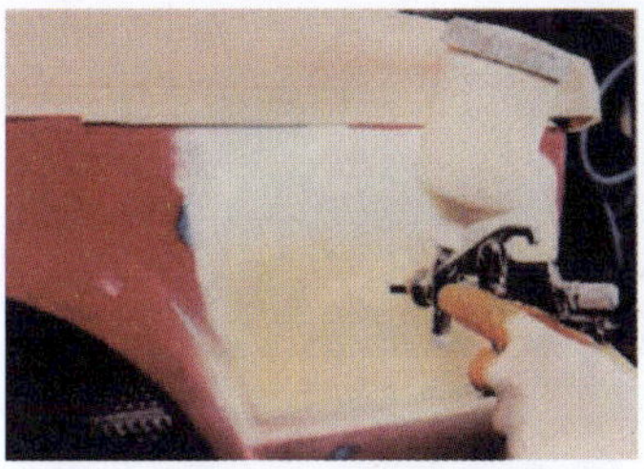	混合中涂漆并喷涂2～3层，每层相隔5～10min，然后按60℃烤干30min或在20℃下过夜干燥
10	打磨中涂漆	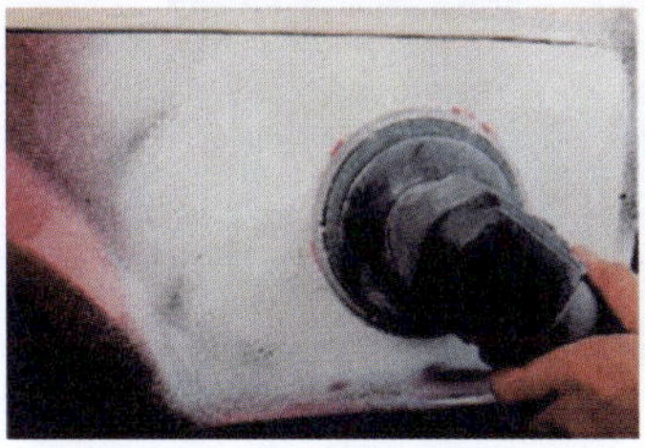	喷涂打磨指示层：使用P320～400号干磨砂纸配合双向式打磨机打磨干燥后的中间漆，如需要可以用P600～800号水磨砂纸进行小面积水磨施工
11	清洁、除尘、遮蔽	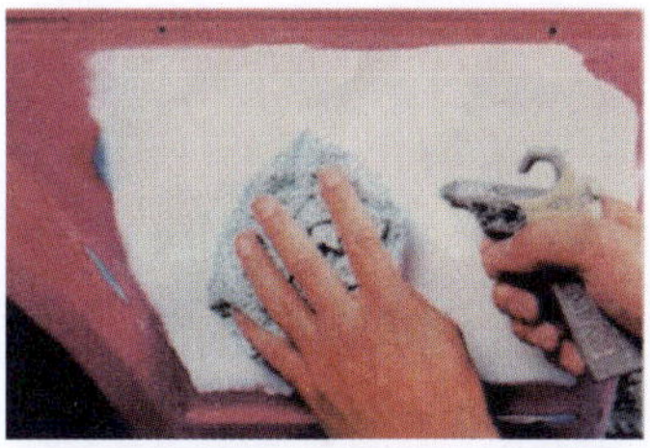	用除硅清洁剂清洁车身上的汗渍和油渍，使用吹尘枪配合粘尘布清除车身上的灰尘和微粒，有需要时可粘贴遮蔽纸
12	喷涂面漆	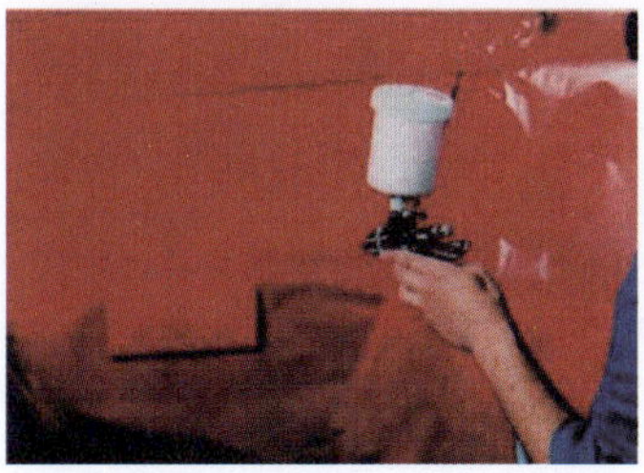	单工序素色漆：混合面漆并喷涂，按60℃干燥30min或在20℃下过夜干燥

续表

步骤	操作项目	图示	说明
13	喷涂面漆		两工序银底漆： 混合两工序银底漆，喷涂2~3层，每层相隔5~10min，静置10~15min后可喷涂清漆
14	喷涂清漆		混合清漆。中浓度清漆喷涂两层，每层相隔5~10min，高浓度清漆喷涂1.5层。按60℃干燥30min或在20℃下过夜干燥
15	打蜡、抛光		待油漆完全干燥后，检查车身效果，如果有需要，可使用P1200~1500号砂纸打磨小流挂或尘点，并用抛光蜡清除砂纸痕或重拾光泽